Nigels Schicksale: Ein Roman, Volumes 1-3...

Walter Scott, Sophie May

Nigels Schicksale.

Ein Roman

von

Walter Scott.

Aus dem Englischen übersetzt

von

Sophie May.

Messerschleifer: Eine Erzählung? — Behüte Gott!
Ich weiß keine zu berichten, Herr!
Gedichte des Anti-Jakobito.

Neue Kabinets-Ausgabe.
Erstes bis drittes Bändchen.

❧

Leipzig 1844.
Verlag der Gebrüder Schumann.
Für Süddeutschland in Commission
der J. B. Metzler'schen Buchhandlung in Stuttgart.

Einleitungs-Schreiben.

Hauptmann Clutterbuck an Se. Ehrwürden den Doktor Dryasdust.

Werther Herr!

Die Artigkeiten, mit welchen Sie mich in Ihrem verbindlichen Brief beehrten, empfange und erwiedere ich mit Vergnügen; auch stimme ich Ihrer Citation, quam bonum et quam jucundum vollkommen bei. Wir können uns wirklich gleichsam zu einer Familie gehörig, ja wie das Sprichwort sagt, als Kinder eines Vaters ansehen, und so war von Ihrer Seite, werther Herr, keine Entschuldigung nöthig, daß Sie von mir irgend einen Bericht fordern, sobald ich nur im Stande bin, Ihnen die gewünschte Auskunft über den Gegenstand Ihrer Neugierde zu geben. Die Zusammenkunft, auf welche Sie hindeuten, fand im vergangenen Winter wirklich statt, und ist mir noch so gegenwärtig, daß auch der pünktlichste Bericht über dieselbe mir keine Anstrengung kostet.

Der Antheil, welchen ich an der Einführung des Romans, „das Kloster," in die lesende Welt hatte, gab mir, wie Sie wissen, in unserer schottischen Hauptstadt einen literarischen Ruf. Nicht mehr stehe ich jetzt im Außenladen unserer Buchhändler, verloren in dem Gewühl der Schulbuben und Mädchen, welche Bindfaden, Schreibbücher und für einen Pfennig Papier kaufen, indem ich mit einem unbedeutenden Ladenjungen die Gegenstände, welche meine Neugier reizen, durchgehe. Nein, freundlich bewillkommt mich der Buchhändler selbst. „Treten Sie ein in das Comptoir, Herr Hauptmann;" heißt es. „Schnell einen Stuhl dem Herrn! Hier sind die Zeitungen — die Journale — das neueste Werk. — Hier ist ein Messer, schneiden Sie ohne Umstände das Buch auf, oder nehmen Sie es mit nach Hause." Oder: „Wir wollen Sie auch zum Buch-

händler stempeln — Sie erhalten es mit dem herkömmli-
chen Rabatt." Ja, wenn es ein eigener Verlagsartikel der
Handlung ist, da heißt's wohl gar noch großmüthiger: —
„Glauben Sie doch nicht, wir würden Ihnen eine solche
Kleinigkeit in Rechnung bringen. Haben Sie die Güte,
es Ihren literarischen Freunden zu empfehlen."

Ich erwähne gar nicht einmal der auserwählten kleinen
literarischen Versammlung bei einer wohlschmeckenden Meer-
butte, einer gemästeten Hammelskeule oder sonst andern
Leckerbissen, noch gedenke ich des wohlthuenden Umkreisens
von Robert Cockburns auserwähltesten Weinen, die unser
Gespräch über alte Bücher, wie unsere Pläne zu neuen,
kräftiger belebt. Alle diese, den Eingeweihten der literarischen Zunft vorbehaltenen Genüsse werden mir jetzt in
Fülle zu Theil.

Doch unter der Sonne ist Alles dem Wechsel unterworfen. Es ist mir äußerst unangenehm, bei meinen jährlichen
Besuchen in der Hauptstadt den herzlichen, gastlichen Gruß
des gütigen, aufgeweckten Freundes vermissen zu müssen,
der mich zuerst bei der Lesewelt einführte, der mehr Witz
besaß, als nöthig ist, ein Dutzend wohlbestallte Schöngeister
damit zu versehen, und mehr ächten Humor, als eben so viele
bedürfen, ihr Glück zu machen. Diese schmerzliche Ent-
behrung vergrößert (doch hoffe ich nur auf einige Zeit) der
Verlust eines andern buchhändlerischen Freundes, dessen
Geisteskraft und freisinnige Denkart sein Vaterland nicht
nur zum Stapelplatz seiner eigenen Literatur erhoben hat,
sondern hier auch ein literarisches Tribunal errichtete, welches selbst denen Achtung gebietet, die sehr geneigt sind,
vielen seiner Gesetze zu widerstreben. Der tief dringende
Blick, die weisen und klugen Berechnungen dieses feinen
Denkers verstanden über alle Erwartung die verschiedenen
mannichfachen Talente, welche sein Vaterland hervorbringt,
zu dem richtigsten Zwecke zu benutzen, und noch deutlicher
wird das Auge der Nachwelt, als das jetzt lebende Geschlecht,
die Wirkung jener Umwandlungen erkennen.

Ich trat in den Laden auf dem Kreuzplatz, mich nach

der Gesundheit meines Freundes zu erkundigen, und hörte
mit Vergnügen, daß sein Aufenthalt in dem Süden wohlthuend auf ihn gewirkt habe. Mich jener Rechte, deren ich
oben erwähnte, bedienend, begab ich mich in das Labyrinth
schmaler, finsterer Gemächer, eigenthümlicher von dem Alter-
thümler Höhlen genannt, welche das Hintergebäude dieses
berühmten Buchladens bilden. Indem ich so von einem
ins andere trat, dies von alten Büchern, jenes mit neuern,
doch wie ihre langen, ungestörten Reihen andeuteten, minder verkäuflichen Gegenständen angefüllt sah, konnte ich
mich eines heiligen Schauers nicht erwehren, wenn ich an
die Gefahr dachte, hier auf irgend einen exaltirten Dichter
in dem Ausbruch seiner poetischen Wuth zu stoßen; oder
vielleicht gar der Willkühr einer Bande von Recensenten
anheimzufallen, in dem Augenblick, daß sie ihr eben er-
korenes Wild zerreißen. Bei diesen Voraussetzungen empfand ich jenes Grauen der Seher des Hochlandes, denen
die Gabe des Hellsehens die dem sterblichen Auge verbor-
gene Dinge zeigt, und welche, wie Collins sagt:

Seelenlos wie trüber Wahnsinn starren,
Der Geisterschaar geheim bereitet Werk zu schauen.

Demunerachtet trieb mich der unwiderstehliche Zug einer
unerklärlichen Neugierde durch die Reihe dieser finsteren
Zimmer, bis ich, wie der Juwelier zu Delhi in dem Hause
des Zauberers Bennaskar, endlich ein gewölbtes Zimmer
erreichte, und hier in dem geheimen und stillen Heiligthume,
bei dem Scheine der Lampe, die Gestalt oder vielmehr das
Schattenbild des Autors des Waverley, einen Korrekturbogen lesend, erblickte. Sie werden sich nicht über den
kindlichen Instinkt wundern, welcher mich sogleich fähig
machte, die Züge dieser ehrwürdigen Erscheinung zu erkennen, ja mich hinriß, seine Kniee mit der klassischen Be-
grüßung salve magne parens! (sey gegrüßt, verehrter
Vater!) zu umfassen. Der Geist aber unterbrach mich, und
auf einen Sitz zeigend, deutete er mir an, daß ich ihm nicht
unerwartet nahe, und er mir etwas mitzutheilen habe.

Demüthig gehorchend setzte ich mich, und strebte die

2 *

Züge meines unerwarteten Gesellschafters mir einzuprägen. Aber über diesen Punkt bedaure ich Ew. Ehrwürden kein volles Genüge leisten zu können; denn außer der Dunkelheit des Zimmers und dem gereizten Zustande meiner Nerven, war ich von dem Gefühl kindlicher Ehrfurcht so befangen, daß ich nicht vermochte, genau zu beobachten, was das mir gegenüber befindliche Wesen vielleicht am meisten zu verbergen wünschte. Seine Gestalt war so dicht verhüllt und durch einen Mantel, Schlafrock oder ein anderes weites Gewand bedeckt, daß jene Verse Spensers nicht unpassend sind:

Gewiß, nicht in Gestalt noch Zügen,
Ob es ein Weib, ob Mann es war,
Schien je schon einem Weisen klar!

Ich muß indessen fortfahren, bei ihm das männliche Geschlecht vorauszusetzen; denn trotz der feinen, scharfsinnigen Gründe, die man fast zum klaren Beweis zu erhöhen wußte, daß zwei vornehme Frauen der Autor des Waverley wären — muß ich dennoch der allgemeineren Meinung beistimmen, ihn in dem strengeren Geschlecht zu suchen. Es gibt in seinen Schriften zu viel Dinge,

„Quae maribus sola tribuntar“ (welche man den Männern allein zuschreibt),

als daß ich noch irgend einen Zweifel über diesen Gegenstand haben sollte. Ich fahre daher fort, genau alles, was zwischen uns sich ereignete, gesprächsweise zu berichten, nur die Bemerkung hinzufügend, daß meine Blödigkeit unvermerkt bei der Vertraulichkeit seines Benehmens verschwand, und ich endlich doch auch mit geziemendem Selbstvertrauen sprach.

Autor des Waverley. Ich wünschte Sie zu sprechen, Hauptmann Clutterbuck, da Sie seit dem Tode des Jedediah Cleisbotham derjenige in meiner Familie sind, den ich am höchsten achte. Ich fürchte, ich habe Ihnen Schaden zugefügt, da ich Ihnen „das Kloster“ als Ihren Antheil meines Nachlasses vermachte. Ich habe mich entschlossen, Sie dadurch wieder zu entschädigen, daß ich Sie Pathenstelle bei diesem neugeborenen Kinde vertreten lasse

— (er berührte den Korrekturbogen mit dem Finger). Doch zuvor das Kloster — wie beurtheilt es die Welt — Sie kommen darin weit umher — Sie können es erfahren.

Hauptmann Clutterbuck. Hm — die Frage will zart behandelt seyn.— Ich hörte keine Klage vom Verleger.

Autor. Das ist die Hauptsache. Zuweilen wird indessen ein unbedeutendes Werk von denen, die es beherbergten, dennoch mit günstigem Winde flott gemacht. Was sagen die Recensenten?

Hauptmann. Alle stimmen in der Meinung überein, — daß die weiße Dame kein Günstling sey.

Autor. Ich halte sie selbst für einen Mißgriff; aber mehr in der Darstellung als im Gedanken. Hätte ich einen esprit follet hervorrufen können, der zu gleicher Zeit phantastisch und anziehend, eigensinnig und mild war; eine Art Feuerstoff der Elemente, keinem bestimmten Gesetz unterworfen; treu und zärtlich, doch unbeständig und neckisch —

Hauptmann. Verzeihen Sie die Unterbrechung, mein Herr, aber Sie schildern, dächte ich, eine schöne Frau?

Autor. Auf mein Wort, ich glaube es selbst. Ich muß meine geistigen Gestalten in ein wenig Fleisch und Blut kleiden — sie sind zu zart gezeichnet für den jetzigen Geschmack des Publikums.

Hauptmann. Man behauptet auch, Ihre Nixe sollte in einem edleren Style gegeben worden seyn. Das Untertauchen des Priesters sey eben keine anständige Kurzweil für eine Najade.

Autor. Ah, sie sollten den Launen eines Wesens, das wenig höher als ein Kobold steht, etwas zu gut halten. Das Bad, worin Ariel, diese ätherisch zarteste Schöpfung der Phantasie Shakspears, unsern lustigen Freund Trinculo verlockt, bestand auch nicht aus Ambra oder Rosenwasser. Aber Niemand soll mich gegen den Strom schwimmen sehen. Ich will es nicht verbergen — ich schreibe zur Unterhaltung des Publikums; und wenn ich mich auch nie unwürdiger Mittel bedienen will, um allgemeinen Beifall zu erlangen, will ich eben so wenig eigensinnig meine Irrthümer gegen die Stimme desselben zu vertheidigen suchen.

Hauptmann. So entsagen Sie in dem jetzigen Werk — erwiederte ich, indem ich nun meinerseits auf den Korrekturbogen blickte — der Mystik, dem Zauber und dem ganzen Systeme von Zeichen, Wundern und Vorbedeutungen? Es enthält keine Träume, Vorhersagungen oder dunkle Vorzeichen zukünftiger Ereignisse?

Autor. Nichts von dem allen; kein weissagendes Hahnengeschrei — nicht einen Schlag auf die Trommel von Tedworth — nicht einmal das armselige Picken einer Todtenuhr im Täfelwerk. Alles ist klar und liegt deutlich vor Augen. Selbst ein schottischer Metaphysiker kann jedes Wort davon glauben.

Hauptmann. Und die Geschichte ist hoffentlich einfach und wahrscheinlich? Sie beginnt anziehend, schreitet natürlich vor, endet glücklich; wie der Lauf eines berühmten Stromes, der irgend einer düstern, romantischen Grotte entspringt, — dahin fluthet, nicht stockt, nicht überströmt; gleichsam aus natürlichem Instinkt im Vorüberfließen jeden bemerkenswerthen Gegenstand berührend, der ihm aufstößt — im Fortschreiten sich erweiternd und vertiefend, daß er endlich an der entscheidenden Katastrophe, wie in einem mächtigen Hafen, anlangt, wo Schiffe aller Gattungen Segel und Masten ruhig niederlegen?

Autor. He da! Was der Tausend ist das alles? Dazu gehört eine herkulische Ader. Das ist leeres Gewäsch, und der mag dem Herkules ähnlicher seyn als ich, der eine Geschichte zu erfinden weiß, welche entspringt, fluthet, niemals stockt, alles berührt, sich erweitert, vertieft, und so in Ewigkeit fort. Ich würde ins Grab sinken, mein Freund, ehe ich diese Aufgabe lösete, und alle Späße und Witzeleien, die ich mir zu des Lesers Belustigung ersonnen hätte, würden in meiner Kehle ersticken, wie Sancho's unterdrückte Scherze, wenn er das Mißfallen seines Herrn erregt hatte. So lange die Welt steht, ward kein Roman so geschrieben.

Hauptmann. Verzeihen Sie — Tom Jones —

Autor. Zugegeben, vielleicht auch die Amelie eben so. Fielding hatte hohe Begriffe von der Würde einer Kunst, für deren Erfinder man ihn ansehen kann. Er forderte zu dem Vergleich zwischen dem Roman und dem epischen Gedicht auf.— Smollet, Le Sage und Andere wagten es kühn, sich den strengen Gesetzen, die er aufstellte, zu entziehen, haben mehr Geschichte der gemischten Begebenheiten einzelner Individuen geliefert, als die Verwickelung einer regelmäßigen und zusammenhängenden Epopee, in welcher jeder Schritt uns dem Schluß der Katastrophe nähert. Diese großen Meister waren zufrieden, wenn sie den Leser während des Weges unterhielten, obwohl der Schluß nur darum kam, weil einmal die Erzählung einen Schluß haben mußte, wie der Reisende im Wirthshaus einkehrt, weil es Abend ist.

Hauptmann. Es ist mindestens für den Autor eine bequeme Art zu reisen. Kurz, mein Herr, ich sehe, Sie sind mit Bayes gleicher Meinung: „Was der Teufel, wozu soll ein Plan sonst taugen, als um hübsche Episoden darin zu verwickeln!"

Autor. Angenommen, ich denke so, und schreibe mit Gefühl und Geist einige Scenen, die nur ungekünstelt und lose zusammengeknüpft sind, aber doch anziehend genug bleiben, um hier körperliche Beschwerden, dort Seelenleiden zu mildern. Am dritten Ort entrunzeln sie eine Stirn, welche die täglichen Berufsgeschäfte gefurcht; hier wecken sie bessere Gedanken, oder verbannen schlechtere; dort retzen sie einen Müßiggänger zum Studium der Geschichte seines Vaterlandes, kurz, sie gewähren überall in den Stunden, welche ernstere Pflichten nicht in Anspruch nehmen, Erholung und harmlose Unterhaltung, — würde nicht der Verfasser eines solchen Werkes, wenn es auch nicht kunstmäßig gestaltet ist, für seine Irrthümer und Nachläßigkeiten die Entschuldigung jenes Sklaven anführen können, den man für eine falsche Siegesbotschaft züchtigen wollte. Er rief: „Bin ich zu tadeln, Athenienser, daß ich Euch einen glücklichen Tag gab?"

Hauptmann. Wollen Sie die Güte haben, mir zu erlauben, Ihnen eine Anekdote von meiner Großmutter zu erzählen?

Autor. Ich sehe nicht ein, Hauptmann, was sie mit diesem Gegenstand für eine Verbindung haben kann.

Hauptmann. Sie mag sich an Bayes Behauptung anschließen. Die wohlweise alte Frau, Ruhe ihrer Seele, war eine eifrige Anhängerin der Kirche, und konnte niemals einen Prediger von einer bösen Zunge angreifen hören, ohne ihn warm zu vertreten. Indessen bei einem Punkte gab sie die Vertheidigung ihrer ehrwürdigen Schützlinge sogleich auf — sobald sie nämlich hörte, daß sie eine Strafpredigt gegen Verläumder und Klätscher gehalten hatten.

Autor. Und was hat dies für Beziehung auf unseren Satz?

Hauptmann. Bloß, daß ich oft von den Ingenieurs sagen hörte, daß man leicht dem Feinde den schwachen Punkt verrathen kann, wenn man ihn zu auffallend vertheidigt.

Autor. Und noch einmal, wie soll das hieher passen?

Hauptmann. Nun denn ohne weiteres Gleichniß: ich fürchte, dies neue Erzeugniß, woran Ihre Großmuth mir einen Antheil zugestehen will, bedarf höchst nothwendig einer Art Vertheidigung, da Sie, noch ehe die Sache zum Spruche vorliegt, schon an die Schutzrede denken. Ich wette eine Bouteille Klaret, die Geschichte ist übereilt zusammen gestoppelt.

Autor. Eine Bouteille Porter meinen Sie doch?

Hauptmann. Ich sage Klaret, guten Klaret aus dem Kloster. Ach, mein Herr, wollten Sie nur dem Rathe Ihrer Freunde folgen, und es versuchen, nur die Hälfte der Gunst des Publikums, die Ihnen zu Theil ward, zu verdienen, so könnten wir Alle Tockayer trinken.

Autor. Ich sorge nicht für das, was ich trinke, wenn das Getränk nur gesund ist.

Hauptmann. So sorgen Sie für Ihren Ruf, für Ihren Ruhm?

Autor. Meinen Ruhm? — Ich will Ihnen antworten, wie ein kluger, geschickter und erfahrener Freund, als Anwalt des berüchtigten Sem Mac Coul, dessen Gegner vor den Schranken widerlegte, als diese, da sein Klient einige Dinge zu beantworten sich weigerte, gewichtig behaupteten, Jedermann, für den sein Ruf Werth habe, würde mit der Widerlegung nicht zögern. „Mein Klient," sagte er, während Sem bei diesem gewichtigen Auftritt hinter ihm stand, „ist so unglücklich, sehr wenig Achtung für seinen Ruf zu haben, und ich würde das Gericht sehr betrüglich behandeln, wollte ich behaupten, daß sein Ruf überhaupt achtungswerth sey." Obwohl aus sehr verschiedenen Gründen, befinde ich mich in Sems glücklicher Gleichmüthigkeit. Mag der Ruhm denen folgen, welche körperliche Gestalt tragen — ein Schatten — und ein unpersönlicher Verfasser ist nicht mehr — kann keinen Schatten zurückwerfen.

Hauptmann. Sie sind vielleicht jetzt nicht mehr so unpersönlich, als sonst. Jene Briefe an das Mitglied der Universität zu Oxford —

Autor. Beweisen den Witz, die Feinheit, den Geist des Verfassers, welchen ich herzlich wünschte, bald mit einem gewichtigeren Gegenstand beschäftigt zu seyn; außerdem zeigen sie noch, daß die Aufrechthaltung meines Inkognito ein frühzeitiges Talent in die scharfsinnige Untersuchung eines seltsamen Beweissatzes verflocht. Aber eine Streitsache, so klug sie auch vertheidigt wird, ist darum noch nicht gewonnen. Erinnern Sie sich, wie jene so fein gewebte Kette umständlicher Beweisgründe, welche so künstlich aufgestellt ward, Sir Philipp Francis Rechte an die Briefe des Junius darzuthun, im Anfang unwiderleglich erschien; aber der Einfluß jener Reden verhallte, und Junius ist, nach der allgemeinen Meinung, noch jetzt eben so unbekannt als jemals. Doch weder Schmeichelei noch Drohung soll mir über diesen Gegenstand noch ein Wort mehr abgewinnen. Zu bekennen, wer ich nicht bin, möchte leicht zu der Erklärung führen, wer ich bin. Da ich nun so wenig wie jener Friedensrichter, dessen Shenstone erwähnt, den

Lärmen oder das Geschwätz liebe, den solche Dinge bei der Welt erregen, werde ich mein Schweigen über einen Gegenstand fortsetzen, der nach meiner Meinung nicht das Aufheben verdient, welches man davon machte, und noch viel weniger würdig ist, ernstlich so feinen Scharfsinn zu beschäftigen, als jener junge Briefsteller aufgewandt hat.

Hauptmann. Aber mein werther Herr, erlauben Sie mir zu sagen, daß wenn Sie sich auch weder um Ihren eigenen Ruf, noch um irgend eine literarische Person, der man Ihre Fehler aufbinden möchte, bekümmern mögen, doch die gewöhnliche Dankbarkeit gegen das Publikum, welches Sie so gütig aufgenommen hat, und gegen die Recensenten, die Sie so nachsichtig behandelten, Sie veranlassen sollte, mehr Sorgfalt auf Ihre Erzählung zu wenden.

Autor. Ich bitte Sie, mein Sohn, wie Doktor Johnson sagen würde, entwöhnen Sie sich solcher Gemeinplätze. Die Recensenten haben ihr Geschäft, ich das meinige. Ein Kindermuhmen=Sprichwort sagt:

> Die Kinder in Holland arbeiten mit Lust,
> Was Kinder in England zerstören mit Lust.

Ich bin gleichsam ihr geschmeidiger Jagdhund; viel zu beschäftigt, ihnen Beute herbeizuführen, um darauf achten zu können, ob sie sie genießen oder verwerfen wollen. — Gegen das Publikum stehe ich gleichsam in dem Verhältniß eines Briefboten, welcher ein Packet abgibt. Enthält es angenehme Nachrichten, den Brief eines Geliebten, eines abwesenden Sohnes, die Zahlung einer verloren gegebenen Schuld — so ist der Brief höchst willkommen, wird gelesen und wieder gelesen, sorgfältig gefaltet, aufgereiht und sicher in dem Büreau aufbewahrt. Ist aber der Inhalt unangenehm, kömmt das Blatt von einem ungestümen Mahner oder Betrüger, so wird der Schreiber verwünscht, der Brief ins Feuer geworfen und das Postgeld herzlich bereuet. Aber des Ueberbringers gedenkt man in all diesen Fällen so wenig, als des Schnees vom letzten Weihnachten. Der höchste Gipfel wahrhafter Uebereinstimmung zwischen dem Publikum und dem Verfasser bleibt immer, wenn die

Welt geneigt ist, ben folgenden Werken eines Lieblings-
schriftstellers einige Nachsicht zu gewähren, wäre es auch
nur eine Folge der einmal angenommenen Gewohnheit, in-
bessen der Autor natürlich ben Geschmack lobend preiset,
der seinen Leistungen so willigen Beifall gewährte. Aber
ich läugne durchaus, baß hier auf irgend einer Seite eine
eigentliche Verpflichtung der Dankbarkeit statt finbet.

Hauptmann. So müßte die Selbstachtung mindestens Sie Vorsicht lehren.

Autor. Ja, wenn die Vorsicht mir die Wahrscheinlichkeit bes Erfolgs vermehren könnte. Aber um Ihnen die
Wahrheit zu gestehen, die Werke und Stellen, welche das
Publikum am meisten angesprochen haben, sind gemeinhin
die am schnellsten niebergeschriebenen, und wenn ich manche
von ihnen als vollenbeter und vollkommener gerundet an-
bern gegenüber gestellt fanb, so kann ich Feder und Schreibzeug zum Zeugen aufrufen, baß eben jene schwächer befun-
benen Stellen die sorglichst bearbeiteteren waren. Ueberdem
bezweifle ich ben wohlthätigen Einfluß einer zu großen Zögerung. Ein Mann muß das Eisen schmieden, wenn es
glüht, die Segel spannen, wenn der Wind günstig ist.
Wenn ein beliebter Verfasser nicht auf der Bühne bleibt,
tritt ein anderer augenblicklich an seinen Plaz. Ruht ein
Schriftsteller zehn Jahre, ehe er ein zweites Werk hervorbringt, so wird er von andern übertroffen; ober ist bas Zeitalter so arm an Geist, baß dies nicht statt finbet, so wird
sein eigener Ruf sein größtes Hinberniß. Das Publikum
erwartet, bas neue Werk soll zehnmal besser als bas erste
seyn, der Verfasser glaubt, es muß zehnfachen Beifall gewinnen, und man mag hunbert gegen zehn wetten, baß
beibe sich täuschen.

Hauptmann. Das mag wohl ein gewisser Grab von
Eile in der Herausgabe, aber nicht bas Ueberhaspeln, wie
man sprichwörtlich zu sagen pflegt, rechtfertigen. Sie sollten sich mindestens die Zeit nehmen, Ihre Erzählung zu
ordnen.

Autor. Das ist ein böser Punkt bei mir, mein Sohn.

Glauben Sie mir, ich bin nicht thöricht genug, die gewöhnliche Vorsicht aus den Augen zu setzen. Ich habe mehreremal mein künftiges Werk erwogen, es in Bände und Kapitel eingetheilt, und gestrebt, eine Erzählung zu bilden, welche nach meinen Gedanken sich allmälig und ergreifend entwickeln, die Erwartung spannen und die Neugierde reizen sollte, und endlich mit einer überraschenden Katastrophe endete. Aber ich glaube, ein dämonisches Wesen bemächtigt sich meiner Feder, wenn ich zu schreiben beginne, und entführt sie meinem Vorsatze. Die Charaktere entwickeln sich mir unter den Händen, die Begebenheiten mehren sich, die Erzählung schreitet nur matt vor, während die Materialien sich anhäufen. Mein regelmäßiges Gebäude artet in gothische Ungleichheiten aus, und mein Werk ist beendet, lange bevor ich das mir gestellte Ziel erreichte.

Hauptmann. Entschlossenheit und Ausdauer würden dem Uebel abhelfen.

Autor. Ach! mein theurer Herr, Sie kennen nicht die Gewalt der väterlichen Liebe. Wenn ich einen Charakter, wie den des Bailief Jarvio oder Dalgetty, entwerfe, dann wird meine Einbildungskraft immer erleuchteter, und mit jedem Schritt, den ich in seiner Gesellschaft thue, tritt mir mein Geschöpf selbst klarer vor Augen, obwohl es mich manche ermüdende Meile abwärts vom regelmäßigen Wege führt, ja mich zwingt, über Hecken und Gräben zu setzen, ihn wieder zu gewinnen. Widerstehe ich der Versuchung, wie Sie mir rathen, so werden meine Gedanken prosaisch, schwach und schwerfällig. Das Schreiben wird mir sauer, ich fühle die Mattigkeit meiner Feder, und dieß Bewußtseyn spannt mich nur noch mehr ab. Der Sonnenblick, mit welchem die Phantasie die Ereignisse belebte, erlischt, und alles sinkt finster und bleiern darnieder. Eben so wenig wie der Hund, der, in ein Rad gesperrt, verdammt ist, stundenlang sich umher zu drehen, dem Hunde gleich ist, der in voller Freiheit seine eigene Jagd fröhlich und springend verfolgt, eben so wenig bin ich dann noch derselbe Schriftsteller. Kurz, mein Herr, bei solchen Veranlassungen glaube ich behext zu seyn.

Hauptmann. Ja, mein Herr, wenn Sie der Zauberei das Wort reden, so läßt sich nichts mehr sagen. — Wen der Teufel treibt, der muß wohl vorwärts! — Dies ist, wie ich vermuthe, auch der Grund, warum Sie, mein Herr, nicht einen theatralischen Versuch machen, wozu Sie so oft aufgefordert wurden.

Autor. Als ein gültiger Grund, kein Schauspiel zu schreiben, mag für mich immerhin gelten, daß ich keinen festen Plan mir bilden kann. Die Wahrheit aber ist, daß jener Gedanke, den einige mir zu günstige Kunstrichter äußern, daß ich Talent für den dramatischen Zweig der Poesie hätte, sich besonders auf die Bruchstücke alter Komödien gründet, die, da sie aus einer, den Forschern und Sammlern unzugänglichen Quelle geschöpft sind, schnell von ihnen als Erzeugnisse meines Mutterwitzes angesehen wurden. Die Art, wie ich zu diesen Fragmenten gekommen bin, ist aber so wunderlich, daß ich nicht umhin kann, sie Ihnen mitzutheilen. Sie müssen wissen, daß ich etwa vor zwanzig Jahren in Worcestershire einen Freund besuchte, der mit mir bei den Dragonern diente.

Hauptmann. So haben Sie gedient, mein Herr? —

Autor. Ich diente — oder diente nicht, das gilt gleich viel. — Für einen Reisenden ist Hauptmann ein bequemer Titel. — Ich fand meines Freundes Haus unerwartet mit Gästen überfüllt, und ward, wie es gewöhnlich war, verdammt, in dem verrufenen Zimmer dieses alterthümlichen Rittersitzes zu wohnen. Wie die neuen Philosophen sagen, habe ich zu viele Geister gesehen, um an sie zu glauben; ich begab mich also ganz ernstlich zur Ruhe, eingewiegt von dem Winde, der in den Linden rauschte, deren wehende Zweige den Strahl des Mondenlichts, welcher sich durch die spitzen Fenster stahl, in wunderliche Formen auf dem Fußboden brachen, bis sich plötzlich ein finsterer Schatten dazwischen stellte, und ich deutlich in dem Zimmer ———

Hauptmann. Ich vermuthe, die weiße Dame von

Avenel erblickten. Sie erzählten dieselbe Geschichte schon einmal.

Autor. Nein! — Ich sah eine weibliche Gestalt mit einer runden Nachthaube, Latz, Küchenschürze, bis an den Ellenbogen aufgestreiften Ermeln, eine Streubüchse in der einen, einen Kochlöffel in der andern Hand. Ich vermu= thete, daß es meines Freundes Köchin sey, die als Nacht= wandlerin umher gehe, und da ich wußte, daß er viel auf Sally hielt, welche einen Pfannkuchen so geschickt als ir= gend ein Mädchen der Gegend umzuwenden wußte, so erhob ich mich, sie sicher zu ihrem Zimmer zu führen. Doch als ich mich ihr nahte, sagte sie: „Halt, mein Herr, ich bin nicht das, wofür Sie mich halten." — Aber diese Worte schienen mir diesem Augenblicke so anpassend, daß ich sie wohl kaum beachtet hätte, wäre mir nicht der sonderbare hohle Ton, in welchem sie gesprochen wurden, aufgefallen. In gleichen geisterartigen Lauten fuhr sie fort: „Wisset, daß ich der Geist Betty Barnes bin!" — Die sich aus Liebe zu einem Postillon aufhing, dachte ich, nun dies ist hier ein passender Platz für solche Wesen. — „Jener unglücklichen Elisabeth oder Betty Barnes (fuhr sie fort), die so lange die Köchin Herrn Wornburtons war, jenes mühsamen Er= forschers, aber leider zu schlechten Aufbewahrers der reich= sten Sammlung alter Schauspiele, von denen großentheils nur der Titel übrig geblieben ist, um die Prolegomena der notis variorum zum Shakspeare zu vervielfältigen. Ja, Fremdling, es waren diese unseligen Hände, welche dem Schmutz und der Vernichtung zwanzig kleine Bände weihe= ten, die, wenn sie noch existirten, den ganzen Rorburgher Klubb außer sich selbst versetzen würden. — Es waren diese unglücklichen Räuber und Diebe, welche mit den verloren gegangenen Werken Beaumonts, Fletchers, Massingers, Johnsons, Websters — ja von Shakspeare selbst — schmu= zige Teller abwischten, oder fettes Geflügel sengten!"

Wie jeder Forscher der bramatischen Alterthümer, war meine brennende Neugierde nur zu oft getäuscht worden, und die Gegenstände meiner eifrigsten Nachsuchungen be=

fanden ſich unter den ſchmählichen Brandopfern, welche dies
unſelige Weib den Göttern eines leckern Mahles darbrachte.
Kein Wunder, wenn ich, gleich dem Einſiedler von Parnell,

> Des Grauens Ketten brach, und wüthend ſchrie:
> „Nachläßig Weib!" — doch kaum erſchallt das Wort,
> Als Betty hoch die Kelle drohend ſchwingt!

„Seht Euch vor," ſagte ſie, „daß Ihr nicht mit Eurem
unzeitigen Aerger mir die Gelegenheit raubt, die Welt für
die Irrthümer, die meine Unwiſſenheit veranlaßte, zu ent-
ſchädigen. In jenem Kohlenbehältniß, das ſeit manchem
Jahr nicht benutzt ward, ruhen die wenigen beſchmutzten
und beräucherten Ueberbleibſel der älteren Dramen, die noch
nicht ganz zerſtört ſind. Mögeſt Du ſie —"

Warum ſtarren Sie mich ſo an, Hauptmann? — Bei
meiner Seele, es iſt wahr; ſo ſagt mein Freund Major
Longbow. Weshalb ſollte ich Ihnen eine Lüge vorer-
zählen? —

Hauptmann. Der Himmel behüte mich, mein Herr,
eine ſo wahrhafte Perſon einer Lüge zu beſchuldigen. Sie
ſind bloß heute früh dazu geſtimmt, Ihrer Laune den
Zügel zu laſſen, das iſt das Ganze. Wäre es nicht beſſer,
dieſe Legende zur Einleitung aufzubewahren von etwa drei
wiederaufgefundenen Dramas, oder etwas dem ähnlichen?

Autor. Faſt haben Sie recht, mein Sohn. — Die
Gewohnheit iſt ein närriſch Ding. Ich habe vergeſſen,
wovon ich ſprach. — Ja wohl, Schauſpiele für das Zimmer
zum Leſen, nicht für die Bühne —

Hauptmann. Richtig! — Dann ſind Sie gewiß,
auf die Bühne gebracht zu werden: denn die Schauſpieler,
ſoviel tauſend Freiwillige ihnen ihre Dienſte darbieten, ſind
immer bewundernswürdig parteiiſch für gedruckte Sachen.

Autor. Ich bin ein lebender Beweis davon, da ich,
gleich einem zweiten Laberius, zu einem Dramatiker gemacht worden bin, gleichviel ob ich es wollte oder nicht.
Ich glaube, meine Muſe würde gewaltſam auf die Bühne
gezwungen werden, ſelbſt wenn ich eine Predigt ſchriebe.

Hauptmann. Wahrlich, wenn Sie dies unterneh-

men, ich fürchte, die Menschen würden eine Poffe daraus
machen. Deshalb sollten Sie sich einer anderen Gattung
der Poeste weihen, so rathe ich immer zu einem Bande
Schauspiele, wie die des Lords Byron.

Autor. Nein, Se. Herrlichkeit hat einen höheren Flug
genommen. Wenn ich es vermeiden kann, will ich mein
Roß nicht gegen das seine spornen. Aber da ist mein
Freund Allom, der hat ein Stück geschrieben, wie ich es
wohl selbst schreiben möchte, an einem recht sonnigen Tage
und mit einer von Bramas extra Patentfedern. Ohne solch
ein Zubehör kann ich kein zierlich vollendet Werk liefern.

Hauptmann. Meinen Sie Allom Ramsay?

Autor. Nein, auch nicht Barbara Allom. Ich meine
Allom Cunningham, der eben seine Tragödie, Marmaduke
Marwell, herausgab; sie ist voll Spaß und Mord, Küssen
und abgeschnittenen Gurgeln, nichtssagenden, demunerachtet aber recht hübsch klingenden Redensarten! Keinen Schatten von Wahrscheinlichkeit bietet der Plan bar, doch in einigen Stellen ist so viel Leben, und eine so poetische Ader
zeigt sich in dem Ganzen, daß ich herzlich wünschte, ich
könnte sie jenen Küchenüberbleibseln einflößen, wenn ich
mich je versucht fühlte, sie herauszugeben. Hätte man ein
günstiges Vorurtheil für ihn, so würden die Menschen Allom
lesen und seine Schönheiten bewundern — so wie er da
ist, werden sie bloß seine Fehler bemerken — oder was noch
schlimmer ist — ihn ganz übersehen. Aber mein ehrlicher
Allom, denkt daran nicht; Ihr seyd trotz dem allen der
Ruhm Kaledoniens. — Es gibt auch einige seiner lyrischen
Ergüsse, Hauptmann, welche Sie lesen sollten. Er kommt
dem Burns gleich.

Hauptmann. Ich will mir den Wink merken. Seit
die Catalani die Abtei besuchte, ist der Klubb zu Kennaquhair langweilig geworden. Eins meiner Lieder ist
kalt aufgenommen, das andere sogar ausgepfiffen worden.
— Tempora mutantur (die Zeiten ändern sich.)

Autor. Sie können nie still stehen, sie ändern sich für

uns Alle. — Was thut's! — Der Mann bleibt Mann bei
alle dem! — Doch die Trennungsstunde naht.

Hauptmann. So sind Sie entschloffen, Ihrem Sy=
steme treu zu bleiben? Haben Sie es bedacht, daß man die=
ser schnellen Folge Ihrer Werke einen unwürdigen Grund
unterlegen kann? Daß man Sie beschuldigen wird, nur für
den Gewinn zu arbeiten?

Autor. Gesetzt den Fall, ich ließe mich nächst andern
Gründen von den größeren Vortheilen, welche demjenigen
werden, deffen Schriften Beifall haben, verleiten, öfter
vor das Publikum zu treten — jener Ertrag ist ja die frei=
willige Ausgabe des Publikums für eine eigenthümliche
Art der Unterhaltung. — Von Niemand erzwungen, wird
sie, wie ich vermuthe, nur von denen entrichtet, welche sie
füglich zahlen können, ja, die einen verhältnißmäßigen Ge=
nuß dafür empfangen. Wenn die Summe, welche diese
Schriften in Umlauf brachten, recht bedeutend ist, hat sie
nur mir Vortheil gebracht? Kann ich nicht vielmehr Hun=
derte fragen, von ihm, dem ehrlichen Durkan, dem Papier=
fabrikanten an, bis zu dem unbedeutendsten Buchdrucker=
jungen: — bringt es Dir nicht Vortheil? erhältst Du
nicht fünfzehn Pfennige? Ich gestehe, daß ich durch so große
Thätigkeit unsere neuere Athens mir sehr verpflichtet zu
haben glaube; ja, wird die allgemeine Stimmgebung erst
Mode, so denke ich mich um einen Parlamentssitz zu be=
mühen, um dort das Interesse aller ungewaschenen Hand=
werker, die mit der Literatur in Verbindung stehen, wahr=
zunehmen.

Hauptmann. Das würde man gewiß die ächte
Sprache eines Kattunfabrikanten nennen!

Autor. Spotten Sie nur, mein lieber Sohn — mir
fehlt es auch nicht an Stoff dazu — Alles hienieden ist ja
nur leere Täuschung! — Trotz Adam Schmidt und seinen
Nachahmern behaupte ich kühn, daß ein beliebter Autor
ein nützlicher Arbeiter ist, und seine Werke, so gut wie jedes
andere Erzeugniß des Fleißes, zum Wohl des Ganzen bei=
tragen. Wenn ein neues Erzeugniß, das einen wirklich

inneren und kaufmännischen Werth hat, aus jenen An=
strengungen hervorgeht, sind denn des Autors Bücherballen
weniger einträglich für das allgemeine Einkommen? Ich
beziehe mich hier auf den Vortheil und den Grad der Be=
triebsamkeit, welche selbst ein so unbedeutendes Werk, als
das gegenwärtige, dem Publikum ertheilen und erregen
muß, ehe die Bände den Laden des Buchhändlers verlassen.
Ohne mich wäre es nicht ins Daseyn getreten, und in die=
ser Hinsicht bin ich ein Wohlthäter des Landes. Mein Ge=
winn ist der Lohn meiner Arbeit, und nur dem Himmel
allein bin ich Rechenschaft schuldig, wie ich ihn benutze.
Der Gutmeinende mag hoffen, daß er nicht ganz eigen=
süchtigem Genusse geweiht ist, und daß nach dem Willen
des Himmels die Armuth sich eines Antheils daran er=
freuen wird.

Hauptmann. Aber im Allgemeinen hält man es un=
würdig, nur um des Vortheils Willen zu schreiben.

Autor. Es wäre niedrig, so zu handeln; ja, diese
Rücksicht nur zu einem Hauptgrund der literärischen Be=
schäftigung zu erheben. Nein, ich behaupte sogar, daß kein
geistiges Werk, welches nur der Gedanke an das Honorar
ins Leben rief, jemals Beifall errang oder erringen kann.
Eben so entwürdigen sich in die Klasse geldgieriger Hand=
werker alle die, welche, ohne Eifer für ihr Fach, ohne Sinn
für dessen Würde, bloß für den Ertrag desselben arbeiten,
mögen es Rechtsgelehrte, Kriegsleute, Aerzte, ja Prediger
seyn — wenn es deren geben kann! — Deshalb sehen zwei
der gelehrten Fakultäten mindestens ihre Dienste als un=
schätzbar an, und kein bestimmter Preis, sondern ein frei=
williges Honorar wird für sie erwartet. Aber lassen
Sie nur einen Klienten oder einen Kranken es versuchen,
den kleinen Gebrauch des Honorars, den man als eine
ganz unbedeutende Nebensache anzusehen scheint, zu ver=
nachläßigen, dann beobachten Sie einmal, wie die Gelehr=
ten über diesen Fall denken. Ohne Spott, es ist eben so
mit dem literärischen Einkommen. Kein vernünftiger Mann
in irgend einem Stande ist, oder sollte zu hoch gestellt seyn,

für die Aufwendung seiner Zeit den gebührenden Lohn, oder einen geziemenden Antheil an dem Vortheil, den seine Betriebsamkeit erwarb, zu empfangen. Als der Czar Peter in den Laufgräben arbeitete, nahm er den Sold eines gemeinen Soldaten, und die ausgezeichnetsten Staatsmänner und Geistlichen ihrer Zeit haben sich nicht geweigert, mit ihren Buchhändlern in Geldverhältnisse zu treten.

Hauptmann (singt):

Ja wär' es ein gemeines Ding,
Dann wär's dem Adel zu gering,
Und sollt' es gar noch sündlich seyn,
Ließ sich kein Pred'ger wohl drauf ein!

Autor. Gut gesagt. Aber kein Mann von Ehre, Geist und Verstand wird die Liebe zum Gewinn zum Hauptgrunde und noch viel weniger zum einzigen Zwecke seines Strebens machen. Ich bin gar nicht böse, wenn das Spiel mir Gewinn bringt, doch so lange ich dem Publikum gefiele, würde ich es auch bloß des Vergnügens am Spiel selbst wegen fortsetzen; denn ich fühle eben so sehr, als irgend Jemand es empfinden kann, die Liebe zur Poesie, was vielleicht der stärkste aller Instinkte ist, und gebieterisch den Autor zur Feder, den Maler zur Palette treibt, obwohl ihnen oft weder Hoffnung des Lohns, noch Aussicht auf Ruhm ward. Vielleicht sagte ich schon zu viel hierüber. Ich könnte mich eben so wahrhaft, wie viele Andere, von der Anklage des Eigennutzes und Geizes lossprechen; aber ich bin nicht Heuchler genug, die gewöhnlichen Gründe zur Schau zu tragen, aus welchen die ganze Welt um mich her unausgesetzt, ja mit Aufopferung der Bequemlichkeit und Genüsse, der Gesundheit und des Lebens, arbeitet. Ich affektire nicht so die Uneigennützigkeit, wie jene Gesellschaft, die Goldschmidt anführt, welche ihr ganzes Waarenlager, das Stück zu sechs Pfennige, bloß zu ihrem eigenen Vergnügen verkaufte.

Hauptmann. Ich habe nur noch eine Sache zu bemerken — die Welt sagt, Sie werden sich ausschreiben.

Autor. Da hat die Welt wahr gesprochen. — Aber was ists mehr. Wenn sie nicht mehr tanzen, werde ich

3 *

nicht mehr auffpielen. Es wird mir nicht an Nackenfchlägen fehlen, die mich an meinen plötzlichen Tod erinnern.

Hauptmann. Und was wird denn aus uns, Ihren armen Angehörigen? — Wir finken in Verachtung und Vergeffenheit!

Autor. Gleich fo manchem armen Teufel, der fchon von der Zahl feiner Kinder erdrückt wird, kann ich nicht umhin, fie dennoch zu vermehren. — „Es ift mein Beruf! Hal." Die unter Euch, welche die Vergeffenheit verdienen — vielleicht ihr Alle — mögt Ihr derfelben anheimfallen! Mindeftens feyd Ihr zu Eurer Zeit gelefen worden, ja, was mehr ift, als man von Euren minder glücklicheren, wenn auch verdienftvolleren Zeitgenoffen fagen kann, fie müffen eingeftehen, daß Ihr die Krone hattet! — Was mich anbetrifft, fo werde ich mindeftens den unfreiwilligen Tribut verdienen, den Johnfon dem Churchill darbrachte, als er von ihm fagte: „Obwohl diefes Menfchen Talent ein Baum fey, der nur Holzäpfel trage, fo fey er mindeftens ergiebig und bringe Früchte in Menge." Es ift immer etwas, fieben Jahre lang die Aufmerkfamkeit des Publikums gefeffelt zu haben. Hätte ich nur den Waverley gefchrieben, fchon lange wäre ich, laut der gebräuchlichen Redensart, „der geiftvolle Verfaffer eines zu feiner Zeit fehr beliebten Romans." Ich behaupte bei meiner Seele, daß der Ruf des Waverley fehr von dem Lob jener erften Lefer aufrecht gehalten wird, die überhaupt geneigt feyn mögen, diefe Erzählung ihren Nachfolgerinnen vorzuziehen.

Hauptmann. Sie find alfo Willens, den künftigen Ruhm der jetzigen Popularität aufzuopfern?

Autor. Meliora opera (auf Befferes hoffe ich). Horaz felbft hoffte nicht in allen feinen Werken fortzuleben. — In einigen der meinigen denke ich nicht unterzugehen. — non omnis morior (nicht ganz werde ich fterben). Es gewährt einigen Troft, zu bedenken, daß die beften Autoren in allen Landen die bänderreichften waren; und oft wollte es fich fo geftalten, daß diejenigen, welche am ehrenvollften zu ihrer Zeit aufgenommen wurden, auch der Nachwelt noch zufagten. Ich setze das jetzige Geschlecht nicht so sehr herab, daß ich in seiner Gunst die nothwendige Ursache künftiger Verwerfung sehe.

Hauptmann. Wollten Alle nach solchen Grundsätzen handeln, würde das Publikum überschwemmt werden.

Autor. Noch einmal, mein Sohn, hüten Sie sich, unverständliches Zeug zu reden. Sie sprechen, als ob das Publikum genöthigt wäre, die Bücher zu lesen, bloß weil sie gedruckt sind! — Ihre Freunde, die Buchhändler, würden es Ihnen sehr danken, wenn Sie den Vorschlag durchführten. Der bedeutendere Einwand, der sich gegen eine solche Ueberschwemmung erheben ließe, wäre, daß sie die Lumpen theurer machte. Die Mannichfaltigkeit der neuen Bücher thut der jetzigen Zeit keine Ueberlast, und kann der folgenden vortheilhaft seyn.

Hauptmann. Ich sehe nicht ein, auf welche Weise.

Autor. Die Klagen über die beunruhigende Fruchtbarkeit der Presse war in der Zeit Elisabeths und Jakobs des Ersten so laut als jetzt — doch blicken Sie hin auf das Ufer, über welches die Ueberschwemmung jener Zeit sich ergoß; es gleicht dem reichen Strand der Feen-Königin,

> Der rings bestreut vom reichen Schmucke
> Der Perlen, Edelstein', erglänzt,
> Den Sand mit goldnem Erz gemischt.

Glauben Sie mir, selbst in dem vernachläßigtsten Werke der jetzigen Zeit mag die Zukunft Schätze entdecken.

Hauptmann. Einige Bücher werden alle Alchymie zu Schanden machen.

Autor. Ihre Anzahl wird nur gering seyn. Denn Schriftsteller, welche gar kein Verdienst haben, werden, wenn sie ihre Werke nicht auf eigene Kosten herausgeben, wie Sir Richard Buckmore, bald es nicht mehr in ihrer Gewalt haben, das Publikum zu langweilen, da es ihnen zu schwer werden wird, unternehmende Buchhändler zu finden.

Hauptmann. Sie sind nicht zu bessern. Hat Ihre Kühnheit keine Gränzen? —

Autor. Sie erkennt die heiligen und ewigen Schranken der Tugend und Ehre. Mein Lauf gleicht den bezauberten Zimmern Britomarts,

> Wo über jeder Thür der Blick entdeckte:
> Sey kühn — sey kühn — und immer wieder kühn!
> Sie sann, und konnte nicht den Sinn erspähen,
> Bis endlich an der Zimmer Reihe Ende
> Ein andres Eisenthor die Worte zeigt:
> Sey kühn — doch nicht zu kühn!

Hauptmann. Wohl, so müssen Sie dies auf die Gefahr Ihrer eigenen Grundsätze wagen.

Autor. Handeln Sie nach den Ihrigen, und tragen Sie Sorge, hier nicht müßig sich umherzutreiben, bis die Mittagsstunde vorüber ist. — Ich will Ihrem Erbtheil das Wort beifügen: Valeat quantum —."

Hier endete unsere Unterredung, denn ein kleiner Apollyon mit rußigem Angesicht kam von Canongate, den Korrekturbogen in Mr. Mac Corkindales Namen zu fordern, und ich hörte in einem Gemache dieses Labyrinths Herrn C... Herrn F... schelten, weil er Jemand verstattet hätte, so weit in das Innere ihres Heiligthums zu bringen.

Ich überlasse es Ihnen, Ihr Urtheil über die Wichtigkeit dieser Unterredung zu fällen, doch kann ich nicht anders glauben, als daß ich den Wünschen unseres gemeinschaftlichen Verwandten nachkomme, wenn ich diesen Brief dem Werke, das er betrifft, voranstelle.

Ich bin

mein theurer und verehrter Herr
mit aufrichtiger Anhänglichkeit
Ihr

Kennaquhair, den 1. April 1822.

Cuthbert Clutterbuck.

Erstes Kapitel.

Vereinet sind jetzt Schott' und Britten,
Die Tweed ist eilig überschritten.
Wie stattlich tritt der Schott' einher,
Die Mutter kennt ihn fast nicht mehr.
Die schlechte Tracht ist schnell verwandelt,
Ein goldgewirktes Kleid erhandelt.
Seht, wo das Schlachtschwert sonst gehangen,
Den reich verzierten Degen prangen!
Die Mütze wird zum feinen Hut —
Wie ihm die Hoffahrt gütlich thut! —

Die Reformation.

Durch des friedliebenden Jakobs I. Besteigung des englischen Thrones sind die Feindseligkeiten, welche seit Jahrhunderten die südlichen und nördlichen Inseln Britanniens trennten, glücklich beigelegt worden. Aber wenn auch die Kronen von England und Schottland auf Einem Haupte vereinigt waren, so waren doch ein großer Zeitraum und mehrere Generationen erforderlich, bis die so fest gewurzelten Nationalvorurtheile der Schwesterreiche verschwanden, und die Bewohner der verschiedenen Ufer des Tweede vermocht wurden, sich als Freunde und Brüder anzusehen.

Unter Jakob's Regierung waren natürlich jene Vorurtheile noch sehr fest eingewurzelt. Die Engländer beschuldigten ihn der Parteilichkeit für seine früheren Unterthanen, während die Schotten ihm mit eben so großem Unrechte vorwarfen, daß er sein Geburtsland vergessen habe, und jene alten Freunde, deren Treue er so vieles verdanke, vernachläßige.

Der bis zur Schwäche friedliebende Charakter des Monarchen machte ihn stets geneigt, zwischen den streitenden Parteien, deren Haber den Hof beunruhigte, als Vermittler einzutreten. Allein ungeachtet aller seiner Vorsichts-

maßregeln haben uns die Geschichtschreiber dennoch manche
Fälle aufbewahrt, wo der tausendjährige Haß dieser zwei so
neu verbundenen Nationen mit einer Wuth hervorbrach, die
eine allgemeine Umwälzung drohte, wie er, unter der höchsten, so wie unter der niedrigsten Klasse sich verbreitend, nicht
nur Streitigkeiten im Kabinet und Parlamente, Faktionen
bei Hof und Duelle unter dem Adel, sondern auch Zänke-
reien und Tumult unter den niederen Ständen erzeugte.

Während diese Reibungen den höchsten Gipfel erreicht
hatten, lebte in der Altstadt London ein erfindungsreicher,
aber höchst seltsamer und ungemein von sich eingenommener
Mechanikus, der sich besonders den abstrakten Wissenschaften
widmete, Namens David Ramsay. Er bekleidete wegen
seiner großen Geschicklichkeit, wie die Hofleute behaupteten,
oder, wie seine Nachbarn einander in die Ohren raunten,
durch den Umstand, daß er in der guten Stadt Dalkeith
unweit Edinburgh geboren war, den Posten eines Königlichen Hof-Uhrmachers. Demunerachtet hielt er es nicht
unter seiner Würde, in Temple-Bar, einige Schritte ost-
wärts von der St. Dunstanskirche, einen offenen Laden zu
halten.

Der Laden eines Londoner Krämers war zu jener Zeit
gar sehr von denen verschieden, die wir jetzt dort sehen. Die
Waaren wurden in Kisten zum Verkauf ausgestellt, und nur
durch eine Bedeckung von Leinwand gegen das Wetter ge-
schützt, wie jene Läden überhaupt mehr den Buden glichen,
welche man jetzt zur Bequemlichkeit der Verkäufer auf länd-
lichen Jahrmärkten aufrichtet, als dem feststehenden Waarenlager eines achtbaren Bürgers. Aber viele der ange-
sehensten Kaufleute, und David Ramsay unter ihnen, besaßen hinter ihrer Bude noch ein kleines Kabinet, welches
mit dem Laden selbst ungefähr in gleichem Verhältniß stand,
wie Robinson Crusoe's Höhle zu dem davor aufgeschlage-
nen Zelte. Dahin pflegte Meister Ramsay sich oft zu seinen
tiefsinnigen Berechnungen zurückzuziehen; er strebte nach
Fortschritten und neuen Entdeckungen in seiner Kunst, und
gleich Napier und andern Mathematikern jener Zeit, ließ

er zuweilen seinen Forschergeist in das Gebiet abstrakter Wissenschaften bringen. Wenn er so beschäftigt war, überließ er die Sorge für den Laden zwei rüstigen und mit kräftigen Stimmen versehenen Ladenburschen, welche den Ruf: „Was wünschet Ihr, was suchet Ihr?" mit einer angemessenen Empfehlung ihrer Waaren begleiten mußten. Dieses unmittelbare persönliche Anrufen der Vorübergehenden findet sich jetzt in London nur in der Straße Montmouth bei den jüdischen Trödlern. Aber zu jener Zeit war es bei Christen und Juden gebräuchlich, und diente, statt unserer jetzigen gedruckten Anzeigen und Nachrichten, dazu, die Aufmerksamkeit des Publikums und insbesondere seiner Gönner, auf die unübertrefflichen Vorzüge der Waaren zu lenken, die man so wohlfeil ausbiete, daß man glauben sollte, es geschähe mehr zum Wohl des Ganzen, als zum eigenen Vortheil.

Diese mündlichen Anpreiser ihrer Waaren hatten vor den jetzigen gedruckten Anzeigen in öffentlichen Blättern den Vorzug, daß sie oft ihr Anerbieten dem persönlichen Bedürfnisse und wahrscheinlichen Geschmacke der Vorübergehenden anpassen konnten. (Wir erinnern uns, daß dies ebenfalls in der Straße Montmouth statt fand, wo man uns selbst auf die Mängel unserer Unterkleider aufmerksam machte und uns ermahnte, uns zur Stelle schicklicher zu kleiden. Doch dies war eine Ausschweifung.) Diese persönliche Aufforderung der Käufer war aber oft eine gefährliche Versuchung für die jungen Fants, welche in Abwesenheit des Herrn dies Geschäft betrieben; auf ihre Zahl und den unter ihnen bestehenden Verein trotzend, ließen sich die Londoner Lehrbursche oft verleiten, sich manche Freiheiten gegen die Vorübergehenden zu erlauben, und ihren Witz auf Kosten derjenigen zu üben, welche sie nicht hoffen konnten, durch ihre Ueberredung als Kunden herbeizulocken. Ward dies durch irgend eine Gewaltthätigkeit vergolten, so eilten sogleich die Lehrbursche aus allen Laden zum Beistand herbei, und wie ein altes Lied sagt, welches Doktor Johnson zu summen pflegte:

„Londons Lehrlinge strömten herbei,
Einander zu helfen kräftig und treu.

Wüthende Aufstände wurden oft so herbeigeführt, besonders
wenn die Studirenden von Templars-Inn, oder andere der
Aristokratie angehörige junge Leute beleidigt wurden, oder
es zu seyn wähnten. Bei solchen Veranlassungen wurde den
Knütteln der Bürger oft der blanke Stahl entgegengesetzt,
so daß es häufig Todte auf beiden Seiten gab. Die lang-
same und unwirksame Polizei jener Zeit hatte kein anderes
Mittel, als durch den Alderman des Viertels sämmtliche
Hausväter aufbieten zu lassen, um durch die Ueberzahl dem
Streite ein Ende zu machen, wie die Kapulets und die
Montagues auf der Bühne getrennt werden.

In dem Zeitraume, wo jener erwähnte Gebrauch bei
dem bedeutendsten wie dem geringfügigsten Kaufmann statt
fand, zog sich David Ramsay an dem Abend, für welchen
wir um die Aufmerksamkeit unserer Leser bitten, zu geheimen abstrakten Arbeiten zurück, und überließ die Besorgung
der Ladengeschäfte den obenerwähnten thätigen, schlauen,
wohlgestalteten, mit kräftiger Lunge begabten Lehrlingen,
Jenkin Vincent, und Frank Thunstall genannt.

Vincet war in der herrlichen Stiftung des Hospitals
der Christkirche erzogen, und folglich als Londoner geboren
und gebildet, mit dem eigenthümlichen Scharfsinn, der
Kühnheit und Gewandtheit der Zöglinge einer großen
Hauptstadt ausgerüstet. Er war damals zwanzig Jahre
alt, klein, jedoch ungemein stark gebaut, berühmt wegen
seiner Gewandtheit beim Ballschlagen und anderen gym-
nastischen Uebungen, und unerreicht im Rappieren, welches
jedoch damals nur mit Stöcken gehandhabt wurde. Er war
mit jedem abgelegenen Gäßchen, jedem einsamen Hof, jedem Winkel ohne Ausgang im ganzen Stadtviertel besser,
als mit seinem Katechismus, bekannt. Gleich thätig bei
seines Herrn Angelegenheiten, wie bei seinen eigenen Aben-
teuern, wußte er sich dennoch immer so zu benehmen, daß
das Verdienst, welches er sich bei den ersteren erwarb, seinen Thorheiten die Wage hielt, oder mindestens ihm zur

Entschuldigung diente, wenn er durch jene in Verlegenhei-
ten gerieth, die aber, zu seiner Ehre sey es gesagt, bis
jetzt nie niedriger oder verächtlicher Gattung waren. Von
einigen Abweichungen freilich versuchte sein Herr, David
Ramsay, als er sie entdeckte, ihn ernstlich zur gehörigen
Ordnung zurückzuführen, doch bei andern schloß er fast absichtlich das Auge, weil er sie den Unregelmäßigkeiten einer
Uhr gleich stellte, welche aus der zu großen Federkraft des
Triebwerks entstehen.

Die Physiognomie Jin-Vins, mit welcher Namensab-
kürzung er in dem ganzen Viertel vertraulich bezeichnet
ward — stimmte mit der Skizze überein, die wir von seinem Charakter gaben. Das Lehrlingskäppchen, nachlässig
auf ein Ohr geworfen, bedeckte einen Kopf, den dickes, ra-
benschwarzes, in natürliche Locken fallendes Haar zierte,
welches in reicher Fülle herabgeflossen wäre, wenn ihn die,
von seinem Herrn streng aufrecht gehaltene Sitte seines
Standes nicht gezwungen hätte, es kurz abgeschnitten zu
tragen. Ungern fügte er sich darein, da er mit Neid die
wallenden Locken sah, womit die Hofleute und die vornehm-
men Studierenden in Templars-Inn sich als Zeichen des
Rangs und Adels zu schmücken begannen.

Vincent hatte tiefliegende, kohlschwarze, schelmische
Augen, voll Feuer und Leben, die selbst während den her-
kömmlichen Redensarten seines Geschäftes einen humori-
stischen Ausdruck hatten, als mache er sich über Alle lustig,
die im mindesten geneigt wären, einiges Gewicht auf diese
Gemeinplätze zu legen. Er war schlau genug, etwas von
seinem Mutterwitz beizufügen, welches dem gewöhnlichsten
Ladengeschäft etwas Launiges gab, und sein lebendiges
Benehmen — sein eifriger, angelegentlicher Wunsch, gefällig zu seyn — seine Klugheit und Höflichkeit, wenn er
letztere für nöthig hielt — machten ihn zum Liebling der
Kunden seines Herrn.

Seine Züge waren nicht regelmäßig, denn er hatte eine
etwas platte Nase, einen ziemlich großen Mund und eine
bräunlichere Gesichtsfarbe, als es damals zur männlichen

Schönheit erforderlich war; aber, obwohl er immer die Luft
einer übervölkerten Stadt eingesogen hatte, so zeigten doch
seine Wangen die frische männliche Fülle der Gesundheit.
Seine aufgeworfene Nase gab allem, was er sagte, einen
Anstrich von Scherz und Geist, und stimmte wohl zu der
lächelnden Miene; die rothen, wohl geformten Lippen des
etwas großen Mundes zeigten, wenn er lachte, zwei Reihen
dichter Perlenzähne. Dies war der ältere Lehrling David
Ramsays, Hofuhrmacher Sr. königlichen Majestät Jakobs I.

Jenkins Gefährte war der jüngere Lehrling, obwohl
älter an Jahren und von weit gesetzterem ernsterem Charakter. Francis Thunstall stammte aus einer jener Familien,
die sich mit Stolz „unbefleckt" nannten, weil jene Geschlechter, während des mannigfaltigen Glückswechsels der langen, blutigen Kriege zwischen der rothen und weißen Rose,
mit unverletzter Treue dem Hause Lancaster angehangen
hatten. Der geringste Sprößling eines solchen Geschlechtes
legt große Wichtigkeit auf seine Abstammung, und man
vermuthete, daß Thunstall im Stillen einen Theil des Fa-
milienstolzes nährte, welcher seiner verwittweten und höchst
bedürftigen Mutter Thränen auspreßte, als sie sich gezwungen sah, ihn einem Berufe zu widmen, der nach ihren
Vorurtheilen unter der Würde seiner Vorfahren war. Aber
trotz aller dieser aristokratischen Grillen fand Meister David
den vornehmer geborenen Zögling ordentlicher, gelehriger
und aufmerksamer auf seine Dienstpflicht, als seinen thäti-
geren und gewandteren Genossen. Eben so machte Thunstall seinem Herrn Freude durch die besondere Aufmerksamkeit, welche er den abstrakten Theorien seiner Kunst widmete, deren Gränzen sich mit dem Wachsthum des mathematischen Wissens ebenfalls erweiterten. Vincent übertraf
dagegen seinen Gefährten bei Weitem in allen praktischen
und mechanischen Zweigen derselben, und noch mehr in den
eigentlichen Handelsgeschäften des Ladens. Dennoch pflegte
David Ramsay zu sagen, zwar wisse Vincent Alles besser
anzugreifen, hingegen Thunstall kenne die Gründe, nach
welchen es geschehen müsse, und äußerte oft gegen den Let-

teren: er sey zu vertraut mit der Theorie, als daß er je mit praktischer Mittelmäßigkeit zufrieden seyn werde.

Thunstall war von Natur schüchtern und hatte Hang zum Studiren; so schien er, obwohl er immer höflich und gefällig war, sich nie an seinem Platz zu fühlen, wenn er am Ladentische stand. Er war groß und wohl gewachsen, hatte schönes Haar, hellblaue Augen, eine griechische Nase und Gesichtszüge, in denen sich Verstand und Gutmüthig= keit, zugleich aber ein für seine Jahre nicht passender, an Niedergeschlagenheit grenzender Ernst aussprach. Er lebte in der besten Eintracht mit seinem Gefährten und stand ihm bereitwillig bei, wenn er in eine der häufigen Schlägereien verwickelt war, welche, wie wir schon bemerkten, damals in der Altstadt Londons sich oft ereigneten. Doch, obwohl Thun= stall den Knüttel (die Waffe der Nord=Engländer) sehr wohl zu führen wußte und von Natur stark und gewandt war, so schien er immer nur nothgedrungen Theil an solchen Hän= deln zu nehmen, und so stand er in der Meinung der jun= gen Leute des Stadtviertels in weit geringerem Ansehen, als sein lustiger und lebendiger Freund Jin=Vin. Ja, ohne den Einfluß seines Gefährten Vincents möchte viel= leicht Thunstall in der Gefahr gewesen seyn, aus der Ge= sellschaft der ihm gleich stehenden jungen Leute verwiesen zu werden, die ihn schon spottweise den Ritter Cubby und den vornehmen Thunstall nannten. Der Jüngling selbst, die frische Luft und die Lebensart entbehrend, in welcher er im väterlichen Hause erzogen war, verlor allmälig seine blühende Farbe, ward mit jedem Tage bleicher, magerer, ohne wirkliche Symptome einer Krankheit zu zeigen, noch irgend eine wahrhafte Klage aussprechen zu können. Er mied die Gesellschaft und die Spiele seiner Jugendgenossen; und widmete seine Mußestunden dem einsamen Studium, sogar das Theater wurde von ihm vernachläßigt, das da= mals der Haupt=Versammlungsort seines Gleichen war, wo diese Bursche, wie achtungswerthe Zeugen behaupten, um halbzernagte Aepfel sich balgten, Nüsse knackten und auf den oberen Gallerien großen Lärmen machten.

So waren die beiden Jünglinge, welche David Ramsay
Meister nannten, die er vom Morgen bis zum Abend zu
bekritteln pflegte., wenn ihre Eigenthümlichkeiten mit den
seinigen oder mit dem ruhigen, einträglichen Gang seines
Gewerbes Reibungen veranlaßten.

Im Ganzen fühlten die Jünglinge warme Anhänglich=
keit für ihren Herrn, der, ein gutmüthiger, wenn auch ein
launiger und zerstreuter Mann, fast eben so herzlich an
ihnen hing; ja, hatte ihn bei Festgelagen der Wein er=
wärmt, so pflegte er in seinem nördlichen Dialekt auf das
Wohl seiner netten Ladenburschen zu trinken, denen die
Hofdamen gar freundliche Blicke gönnten, wenn sie bei
Gelegenheit einer Lustbarkeit in der City in ihrem Wagen
seinen Laden besuchten. Doch verfehlte David Ramsay nie=
mals, dann sein eigenes langes skeletartiges Gebilde bedeu=
tend in die Höhe zu recken, seine breiten Kinnbacken in ein
grinsendes Lächeln zu zwingen, und mit einem listigen
Augenwink anzudeuten, daß es in der Fleet=Straße noch
mehrere Gesichter als die des Franks und Jenkins geben
möge, welche würdig wären, die Blicke der Schönen auf
sich zu ziehen. Seine alte Nachbarin, die Nähterin Wittwe
Simmons, welche in ihrer Jugend die zierlichsten Wüst=
linge der Bewohner von Templars=Inn mit Halskrausen,
Manschetten und Tüchern versorgte, wußte besser die Art der
Aufmerksamkeit zu würdigen, welche die Damen vom Hofe,
die David Ramsays Laden zu besuchen pflegten, seinen Be=
wohnern zollten. Sie gab zu: „daß Frank wohl die Auf=
merksamkeit der jungen Damen auf sich zöge; es liege
etwas sehr Angenehmes, Bescheidenes in seinen niederge=
schlagenen Blicken; aber weiter vermöchte er nichts aus=
zurichten, denn der arme Junge wüßte kein Wort hervor=
zubringen. Dagegen wäre Jin=Vin so voller lustiger Ein=
fälle, so willig, so dienstfertig, manierlich und gefällig,
leichtfüßig wie ein junges Reh im Walde, seine Augen
blitzten so kohlschwarz wie die einer Zigeunerin, daß keine
Dame, welche die Welt kenne, nur eine Vergleichung zwi=
schen beiden Jünglingen machen würde. Was nun den

guten Nachbar Ramſay ſelbſt anginge, ſagte ſie, der arme Mann ſey ein höflicher Nachbar, gewiß auch ein ſehr unterrichteter Mann; ja, wenn er Verſtand genug hätte, ſeine Gelehrſamkeit etwas bei Seite zu ſetzen, ſo möchte er ſogar ein reicher Mann werden, als Schotte wäre dabei Nachbar Ramſey nicht einmal häßlich zu nennen, er ſey aber immer ſo vom Rauch geſchwärzt, durch Feilſpähne vergoldet und mit Lampenſchwärze und Oel beſchmutzt, ſo daß das ganze Uhrenmagazin ſchwerlich irgend ein anſtändiges Frauenzimmer vermögen könnte, ihn anders als mit der Zange anzurühren.“

Eine noch bedeutendere Autorität, Frau Urſula, die Gattin des Benjamin Sudlechops, des Barbiers, theilte ganz dieſe Meinung.

An einem ſchönen Apriltage, als die oben beſchriebenen Jünglinge, nachdem ſie zuvor achtungsvoll ihrem Meiſter und ſeiner Tochter bei dem Mittagstiſche aufgewartet (ſo, ihr Londoner Jünglinge, forderte es die ſtrenge Sitte eurer Voreltern), und dann ſich in Geſellſchaft der Köchin, die zugleich die Geſchäfte des Hauſes verſah, und der Dienerin von Miß Margareth an den Ueberbleibſeln des Mahls gelabt hatten, löſeten ſie jetzt ihren Herrn in den Ladengeſchäften ab, nach gewohnter Weiſe durch dringende Aufforderungen und Empfehlungen der Waaren die Aufmerkſamkeit der Vorübergehenden zu erregen ſuchend.

Natürlich ſteht es zu erwarten, daß hierbei Jenkin Vincent ſeinen beſcheideneren, ſchüchternen Gefährten bei weitem übertraf. Nur mit Schwierigkeit, ja als eine Pflicht, die zu erfüllen er ſich faſt ſchämte, vermochte dieſer die hergebrachten Worte auszuſprechen: „Was befehlen Sie? — Was ſuchen Sie — Stubenuhren — Taſchenuhren — Brillen? — Was iſt Ihnen gefällig, Madame? — Was ſuchen Sie, mein Herr? — Brillen — Uhren — Stubenuhren?“

Allein ganz anders klang dieſer unaufhörlich wiederholte einförmige Anruf, wenn er durch die unerſchöpfliche, anpreiſende Beredſamkeit des kecken, witzigen, mit einer

Stentorstimme begabten Jenkin Vincent vermannigfaltigt
wurde.

„Was ist Euch gefällig, mein edler Herr? — Was suchen
Sie, schöne Dame?" rief er mit einem zugleich dreisten und
süßen Tone, der oft so modulirt ward, daß er zugleich der
angeredeten Person schmeicheln und ein Lächeln der Zuhörer
hervorlocken konnte. „Der Himmel segne Ew. Hochwürden,"
so sprach er zu einem wohlbefründeten Geistlichen; „das
Griechische und Hebräische haben die Augen Ew. Hochwürden geschwächt. Kaufet Euch eine von den Brillen David
Ramsay's. Der König, Gott segne Se. geheiligte Majestät,
liest niemals Griechisch oder Hebräisch, ohne sich derselben
zu bedienen."

„Wisset Ihr das gewiß?" fragte ein wohlgenährter
Pfarrherr aus dem Thale von Evesham. „Nun, wenn das
Haupt der Kirche, Gott segne Se. geheiligte Majestät, sich
ihrer bedient, so will ich versuchen, was sie bei mir vermö-
gen werden; ich war nicht im Stande, einen hebräischen
Buchstaben von dem andern zu unterscheiden, seit — ich
weiß die Zeit nicht mehr — seit ich ein böses Fieber hatte.
Mein guter Bursche, wählet mir von der Sorte aus, die
Se. Majestät selbst trägt."

„Dies ist eine davon," sagte Jenkins, eine Brille her-
vorholend, die er mit scheinbarer Ehrfurcht berührte, „eine
Brille, welche, mit Ew. Hochwürden Erlaubniß, Se. Majestät drei Wochen lang auf ihre geheiligte Nase zu setzen
pflegten, und noch jetzt diesem geheiligten Gebrauch widmen
würden, wäre die Einfassung nicht, wie Ew. Hochwürden
gefälligst bemerken werden, von dem reinsten Achat gewesen,
die, wie Se. Majestät sich zu äußern beliebte, sich mehr für
einen Bischof, als einen weltlichen Fürsten zieme."

„Se. heilige Majestät, der König," entgegnete der würdige Geistliche, „war immerdar ein wahrer Daniel in seinem
Urtheile; gebt mir die Brille, mein guter Sohn, wer kann
es voraussagen, wessen Nase sie nach zwei Jahren zieren
möchte. Unser hochwürdiger Bruder von Glocester ist
sehr bejahrt!" Er zog seine Börse, bezahlte die Brille und

verließ den Laden mit noch gewichtigerem Schritte, als er ihn betreten hatte.

„Schäme Dich," sagte Thunstall zu seinem Gefährten, „diese Gläser werden nie einem Mann von seinem Alter zusagen."

„Du bist ein Thor, Frank," erwiederte Vincent; „hätte der gute Doktor Brillen zum Lesen gewünscht, so würde er sie versucht haben, ehe er sie kaufte. Er hat es gar nicht nöthig, hindurch zu sehen, und, um sich damit vor andern zu brüsten, dazu kann diese so gut dienen, als das schönste Vergrößerungsglas im ganzen Laden."

„Was ist Euch gefällig!" rief er, seine Aufforderungen wieder fortsetzend. „Einen Spiegel zu Eurer Toilette, meine schöne Dame? Euer Kopfputz sitzt ein wenig schief — sehr Schade, da er so hübsch ist." Die Frau blieb stehen und kaufte einen Spiegel. „Was ist Euch gefällig? Eine Uhr, Herr Licentiat — eine Uhr, die eben so richtig und zuverläßig ist, als Eure eigene Beredsamkeit?" —

„Laßt mich in Ruhe!" entgegnete der Federheld, welcher durch Vincents Anrede in einer wichtigen Berathung mit einem bedeutenden Advokaten unterbrochen ward. „Ihr seyd der vorlauteste Ladenbursche, von der Teufelsschenke bis nach Guildhall."

„Eine Uhr," wiederholte der unerschrockene Jenkins, „welche in einem dreizehnjährigen Prozeß nicht dreizehn Minuten nachgehen soll." — Da jener ihn nicht mehr hören konnte, fuhr er fort: „Eine Uhr mit vier Rädern und einem Hemmewerk — eine Uhr, welche Euch, Herr Dichter, sagen kann, wie lange die Geduld des Publikums zum schwarzen Stiere bei Eurem nächsten Stücke aushalten wird." Lachend suchte der Dichter in den Taschen seiner faltigen Beinkleider herum, bis er in einem Winkel ein Fünfpencestück auffand. „Dies für Deinen Witz, mein guter Bursche."

„Großen Dank," entgegnete Vin; „bei der Aufführung Eures nächsten Stückes will ich einen Trupp lärmender Bursche mitbringen, welche allen Kritikern im Parterre und

den Stutzern hinter den Coulissen Höflichkeit lehren werden,
sonst soll der Vorhang in Rauch aufgehen."

„Des armen Poeten Geld anzunehmen, der so wenig
hat, das nenne ich gemein," sagte Thunstall.

„Du mürrischer Kauz," entgegnete Vincent, „hat er
nicht Geld mehr, sich Käse und Radieschen zu kaufen, so
wird er nur einen Tag früher bei einem Gönner oder irgend
einem Schauspieler essen, wie es in sieben Tagen fünfmal
sein Loos ist. Es ist ganz unnatürlich, daß ein Dichter
seinen Krug Bier selbst bezahlt. Ich will dies Geld für
ihn vertrinken, um ihn vor solcher Schande zu bewahren,
und wenn der Abend der Vorstellung seines Schauspiels
herankommt, verspreche ich Dir, er soll den vollen Werth
seiner Münze reichlich ersetzt erhalten. — Doch hier kömmt
ein anderer muthmaßlicher Kunde. — Betrachte den sonderbaren Burschen. Sieh, wie er jeden Laden anglotzt, als
wollte er die Waaren verschlucken. — Ha, jetzt fällt sein
Auge auf die St. Dunstanskirche; hilf Himmel, daß er nur
die Bildsäulen nicht verschluckt. Sieh, wie er erstaunt da
den metallenen Adam und Eva betrachtet, wie sie die Glocken
läuten. Komm, Frank, Du bist ja ein Gelehrter; erkläre
mir, wer ist der Bursche da? — Seine blaue Mütze mit
der Hahnenfeder soll wahrscheinlich seine vornehmere Geburt anzeigen — seine grauen Augen — gelben Haare —
sein Schwert, mit einer Tonne Eisen am Degengefäß —
sein grauer abgeschabter Mantel — und sein Blick verrathen einen Spanier, sein Gang einen Franzosen; das Buch
in seinem Gürtel und der Dolch an der andern Seite zeigen, daß er halb als Pedant, halb als Eisenfresser zu bezeichnen ist. Wofür hältst Du den Prahlhans, Frank?" —

„Für einen ungehobelten Schotten," erwiederte Thunstall, „der eben hierher gekommen ist, seinen andern Landsleuten beizustehen, Alt-Englands Knochen abzunagen. Eine
rauhe Raupe, welche aufzuzehren denkt, was die Heuschrek-
ken übrig ließen."

„Gerade so, Frank," bemerkte Vincent, „wie der Dichter singt:

Genug, wenn er nur stammt vom schott'schen Herd,
Wenn auch ein Bettler, wird er doch ernährt.

„Still!" rief Thunstall, „denk an unsern Meister!"

„Pah!" erwiederte sein lebhafter Gefährte; „er weiß recht gut, wo er sein Brod verdient, und lebte zu lange unter Engländern und von Engländern, um mit uns zu zanken, daß wir englischen Sinn bewahren. Aber sieh nur, unser Schotte hat sich jetzt an der Dunstanskirche satt gegafft und kommt hieher. Nun sehe ich erst, daß es, trotz seiner Sommersflecke und verbrannten Angesichts, ein netter, fecker Bursche ist. — Er kömmt näher, ich will ihn ein wenig foppen."

„Dann magst Du Dir leicht eine tüchtige Kopfnuß holen; er sieht mir nicht aus, als würde er Dir die Kohlen gutwillig aus dem Feuer langen."

„Ich lache Deiner Drohung," entgegnete Vincent, und wandte sich sogleich an den Fremden. „Kauft eine Uhr, sehr edler nordischer Than — kauft eine Uhr, die Stunden des Ueberflusses seit dem gesegneten Augenblick zu zählen, wo Ihr Berwick verließet. — Kauft Brillen, das englische Gold für Euch auf den ersten Griff bereit liegen zu sehen. — Kauft, was Ihr wollt, Ihr sollt auf drei Tage Kredit haben, denn mögen Eure Taschen auch kahl seyn, wie die des Pater Fergus, Ihr seyd ein Schotte in London, und müßt folglich in drei Tagen versorgt seyn." — Finster blickte der Fremde den muthwilligen Ladenburschen an, und schien seinen Knüttel fast drohend fester zu fassen. Aber der unerschrockene Vincent fuhr fort: „Kauft Arzneimittel, wenn Ihr weder Zeit noch Licht kaufen wollt — Arznei für einen stolzen Magen, Herr; — dort ist ein Apothekerladen auf der andern Seite des Weges."

Jetzt nahm der Schüler Galens, der vor der Thüre seines Herrn mit seiner flachen Mütze, kanevasnen Aermel und einem großen hölzernen Stößel in der Hand stand, den Ball auf, welchen ihm Jenkins Muthwille zuwarf, und begann ebenfalls:

„Was ist Euch gefällig, mein Herr? — Kauft etwas

4*

kaledonische Salbe, Flos sulphur cum butyro quant. suff. (Schwefelblumen mit Butter gemischt.)"

„Sanft einzureiben mit einem guten eichenen englischen Handtuche!" rief Vincent.

Der ehrliche Schotte hatte diesem Witzspiel der kleinen Krämer-Artillerie vollen Spielraum gelassen, indem er, langsam fortschreitend, bald den einen, bald den andern seiner beiden Angreifer finster betrachtete, als ob er eine Gegenrede oder wohl gar thätigere Vergeltung im Schilde führte. Doch Phlegma oder Vorsicht siegte über seine Erbitterung, und den Kopf zurückwerfend, als achte er nicht des Spottes, dem er ausgesetzt war, ging er in die Fleetstraße hinab, von dem wiehernden Gelächter seiner Plagegeister verfolgt.

„Ein Schotte schlägt sich nur, wenn er sein eigen Blut sieht." sagte Thunstall, welcher durch seine nordenglische Abstammung mit allen Sprichwörtern vertraut war, die man gegen seine noch nördlicher wohnenden Nachbarn zu gebrauchen pflegte.

„Ich weiß doch in der That nicht," meinte Jenkins, „der Bursche sieht mir gefährlich genug aus. — Er wird einem eins über den Hinterkasten versetzen, ehe er weit hinweg ist. — Hört! Hört! — Schon ist alles in Aufruhr."

Der wohlbekannte Ruf: „Lehrbursche! Lehrbursche! — Knüttel her!" flog jetzt die Fleetstraße herauf; Jenkins, seine Waffe ergreifend, welche immer bereit hinter dem Comptoirtisch lag, sprang, Thunstall zur schnellen Folge auffordernd, über die Halbthür des Ladens hinweg, und eilte, so schnell er es vermochte, zu dem Auflauf hinab, alles, was ihm in den Weg trat, bei Seite stoßend. Sein Gefährte, nachdem er seinen Herrn zuvor herbeigerufen hatte, auf den Laden Acht zu geben, folgte ihm zwar so schnell er es vermochte, doch mit mehr Achtsamkeit für die ihm Begegnenden; der alte David Ramsay kam indessen mit einer grünen Schürze, ein Augenglas, welches er eben polirte, in den Busen verbergend, Augen und Hände gen Himmel erhebend, zum Vorschein, auf seine Waaren Acht zu geben, wohl wissend, daß wenn der Ruf: „Zu den Knütteln!" erscholl, wenig mehr auf die Hülfe seiner Lehrlinge zu rechnen sey.

Zweites Kapitel.

Dies, Herr, ist einer jener edlen Bürger,
Der Reichthum hat und Willen, ihn zu nützen;
Ja, der Verstand besitzt, ihn zu vermehren.
Allein gar oft treibt thöriges Erbarmen
Ihn an, Bedürftige sich aufzusuchen,
Die, sieht er sie, ein Kluger zu vermeiden weiß.
Das alte Ehepaar.

Der alte Herr schritt verdrießlich in seinem Laden umher, höchst ungehalten, so schnell bei seinen abstrakten Arbeiten gestört und hieher beschieden zu seyn. Sehr unwillig, die Folgereihe seiner Berechnungen unterbrechen zu müssen, vermischte er seinen Anruf an die Vorübergehenden mit den Bruchstücken derselben und den Aeußerungen seines Unwillens über seine leichtsinnigen Lehrlinge. „Was ist Euch gefällig, mein Herr? — Werthe Dame, was suchet Ihr? — Haus- und Tischuhren? — oder Taschenuhren, Nachtuhren, Taguhren? — Das Schlagrad zu 48 angenommen, die zurückwirkende Kraft zu acht — dann sind die Schrauben 48. — Was befehlet Ihr, geehrter Herr? — das Facit — die Vervielfachung — daß die Buben auch gerade in diesem gesegneten Augenblick fortgehen mußten! — Das Triebwerk steht im Verhältniß von fünf Minuten, fünf Sekunden, 55 Drittel, 59 Viertel. — Ich will sie beide durchbläuen, wenn sie nach Hause kommen — ich will es, ich schwöre es bei den Gebeinen des unsterblichen Napier —"

Hier ward der ärgerliche Mechanikus durch den Eintritt eines ernsten Bürgers von sehr ehrwürdigem Ansehen unterbrochen. „Nun, mein alter Freund," fragte vertraulich der Eintretende mit herzlichem Händedruck, „was hat Euch so außer Fassung gebracht!"

Der Fremde war, obwohl sehr einfach, doch reicher, als
es gebräuchlich war, gekleidet. Seine faltenreichen Unterkleider waren von schwarzem Sammet, mit Purpurseide gefüttert, welche sich in den Puffen der Schlitzen zeigte. Sein
Wamms war von purpurfarbnem Tuche; sein kurzer Mantel von schwarzem Sammt paßte zu den Unterkleidern, und
beides war mit einer großen Menge silberner Knöpfe von
Filagranarbeit verziert. Eine dreifache goldene Kette hing
um seinen Nacken, und statt eines Schwertes oder Dolches
trug er im Gürtel ein gewöhnliches Tischmesser nebst einer
silbernen Kapsel, welche Schreibmaterialien zu enthalten
schien. Er konnte für irgend einen Rechtsgelehrten oder
Schreiber in öffentlichen Diensten genommen werden, hätte
seine niedrige Mütze ohne allen Zierrath, seine wohlge-
schwärzten Schuhe ihn nicht zu einem ehrsamen Bürger ge-
stempelt. Er war wohlgewachsen, mittlerer Größe, der,
wenn auch schon bei Jahren, sich einer trefflichen Gesundheit zu erfreuen schien. Sein Blick verkündigte Klugheit
und gute Laune, und sein klares Auge, seine frische Gesichtsfarbe und graues Haar standen mit der Wohlhaben-
heit seines Anzuges vollkommen im Einklang. Bei der ersten Anrede sprach er im schottischen Accente, jedoch so, daß
man nicht unterscheiden konnte, ob er sich über seinen Freund
etwas lustig machen wolle, oder ob er im heimischen Dialekt rede, denn in seiner Unterhaltung verrieth er wenig
Provinzialismen.

Wie ein Echo erwiederte Ramsay die Frage seines achtbaren Freundes. „Was mir fehlt, Meister Georg? Ei,
alles fehlt mir. Ich versichere Euch, daß ich eben so gern
im Feenlande, als in dem Stadtviertel von Faringdon
wohnen möchte. Meine Lehrlinge sind wahrhafte Kobolde
geworden; wie Irrlichter erscheinen und verschwinden sie,
und sind eben so regellos, wie eine Uhr ohne Regulator.
Gibt es einen Ball zu schlagen, einen wüthenden Stier
einzufangen, eine gemeine Dirne fürs Schimpfen unterzu-
tauchen, oder eine Rauferei — bestimmt ist Jenkins mitten
darunter, und dann säumt auch Franz Thunstall nicht, ihm

Gesellschaft zu leisten. Ich glaube, lieber Freund, alle
Preisfechter, Bärenführer und Marktschreier stehen gegen
mich im Bunde, und gehen immer zehnmal öfterer vor meinem Hause, als vor irgend einem in der City vorbei. Da
ist zum Beispiel neulich auch ein Kerl, ein Italiener gekommen, den sie Punchinello nennen. Kurz, alles zusammen —"

„Schon gut," unterbrach ihn Meister Georg, „doch was
hat dies alles mit dem jetzigen Falle zu schaffen?"

„Ei," erwiederte Ramsay, „hier entstand eben ein Die-
bes= oder Mordgeschrei (ich glaube aber gewiß, bei diesen
englischen Puddingfressern wird es nichts Bedeutendes seyn),
aber ich werde dadurch in den tiefsinnigsten Berechnungen
unterbrochen, worin je ein Sterblicher versunken war."

„Nun, Freund, Ihr müßt Geduld haben," entgegnete
Meister Georg. „Ihr seyd ein Mann, der mit der Zeit
handelt, und sie nach seinem Vergnügen aufhalten und beschleunigen kann. Ihr habt in der Welt am wenigsten Ursache, Euch darüber zu beklagen, wenn hier und da ein wenig davon verloren geht. — Doch da kommen Eure Bursche schon; sie tragen einen erschlagenen Mann hieher,
glaube ich — ich fürchte, es ist ein Unglück geschehen."

„Je größer das Unheil, desto größer ihre Lust!" murrte
der verdrießliche alte Uhrmacher. „Heil mir, daß nur keiner von den beiden Bengels erschlagen ist. — Was schleppt
Ihr mir hier eine Leiche her, Ihr Schlingel," fügte er hinzu, sich zu seinen Lehrlingen wendend, welche an der Spitze
eines beträchtlichen Haufens ihrer Gesellen, wovon mehrere
sichtliche Zeichen einer eben vorgefallenen Schlägerei an
sich trugen, den Körper herbeibrachten.

„Er ist noch nicht todt, Herr," erwiederte Thunstall.

„So bringt ihn zu dem Apotheker," entgegnete sein
Herr. „Glaubt Ihr, ich könne eines Menschen Leben wieder in Bewegung setzen, als ob er eine Uhr oder ein Chronometer wäre?"

„Um Gotteswillen, alter Freund," rief sein Bekannter,
„laßt uns ihn jetzt nur hier in der Nähe behalten. Er
scheint mir nur ohnmächtig zu seyn."

„Ohnmächtig?" sagte Ramsay; „wer heißt ihn auf der Straße ohnmächtig werden? Doch um Meister Georg, meinem werthen Freund, gefällig zu seyn, würde ich alle todte Leute des St. Dunstans Kirchspiel aufnehmen. Ruft Sam Porter, daß er auf den Laden Obacht gebe."

Der Ohnmächtige, eben derselbe Schotte, welcher kurz vorher den Spott der Lehrlinge auf sich zog, ward in die Hinterstube des Künstlers getragen und dort in einen Armstuhl niedergelassen, bis daß der Apotheker zu seinem Beistande herbeikam. Dieser Mann besaß, wie es zuweilen den Herrn Gelehrten zu gehen pflegt, viel mehr Wortkram, als ächtes Wissen, und schwatzte von Sinciput und Occiput, vom cerebrum und cerebellum so weitläufig, daß er bald David Ramsay's geringen Geduldvorrath erschöpfte.

„Bell-um! Bell-ell-um!" wiederholte er sehr ärgerlich; „was sollen alle diese Redensarten helfen, wenn Ihr kein Pflaster auf einen zerschellten Kopf legt."

Mit besser geregeltem Eifer fragte Meister Georg, ob ein Aderlaß hier nicht nützlich seyn könne, und, nach einem kurzen Sinnen und Räuspern, selbst nichts Zweckmäßigeres für den Augenblick findend, räumte der Arzneikundige ein, daß er in jedem Falle das Gehirn erleichtern würde, besonders wenn etwa eine Ergießung ausgetretenen Blutes dies zarte Organ drücke. Glücklicherweise verstand der Pharmaceute diese Operation. Jenkin Vincent, wohlerfahren bei solchen Folgen der Schlägereien, stand ihm kräftig bei, und wandte kaltes Wasser und Essig kunstverständig zu Umschlägen an, bis der Mann sich auf seinem Stuhl zu regen anfing, und endlich wie ein Träumender, der seine Sinne und Erinnerung wieder zu erlangen strebt, um sich blickte.

„Er würde besser auf dem Bette in dem kleinen Hinterstübchen liegen," sagte Herrn Ramsay's Freund, der vollkommen mit allen Bequemlichkeiten, welche das Haus darbot, bekannt schien.

„Meinen Antheil daran überlasse ich ihm gern," rief Jenkin — denn von dem Bett, welches die beiden jungen

Leute gemeinschaftlich benutzten, war eben die Rede — „ich kann im Comptoir schlafen."

„Das kann ich ebenfalls," sagte Frank, „so hat der arme Bursch diese Nacht das Bett allein."

„Nach der Meinung Galens," sagte der Apotheker, „ist der Schlaf ein erquickendes, das Fieber beruhigendes Mittel, und würde hier am passendsten in dem vorgeschlagenen Bette abzuwarten seyn."

„Besonders wenn kein besseres zu haben ist," erwiederte Meister Georg; „aber ihr seyd zwei brave Bursche, daß ihr euer Bett so bereitwillig hergebt. Kommt, hinweg mit seinem Mantel; laßt uns ihn nach dem Lager tragen. — Ich will nach dem Chirurgus des Königs, dem Doktor Irving, schicken — er wohnt nicht weit von hier, und das soll mein Antheil an dem Werk des Samariters seyn, Nachbar Ramsay."

„Ganz wohl, mein Herr;" ließ sich jetzt der Apotheker vernehmen. „In Eurem Belieben steht es, Doktor Irving, oder sonst einen Arzneikundigen zu Rath zu ziehen; ich werde mich nicht weigern, mit ihnen zu konsultiren, noch die benöthigte Medizin aus meiner Apotheke zu liefern. Was aber auch Doktor Irving, der, wie ich glaube, in Edinburgh promovirte, oder sonst irgend ein anderer Arzt, er mag Schotte oder Engländer seyn, dagegen sagen mögen, ich behaupte noch einmal, der Schlaf zur rechten Zeit ist ein antifibrisches oder beruhigendes, folglich ein stärkendes Mittel."

Er murmelte noch einige gelehrte Worte, schloß aber, indem er in weit verständlicherem Englisch dem Meister Georg zu verstehen gab, daß er ihn als Zahler für die Dienstleistungen und Medikamente, welche er für diesen Unbekannten angewendet hätte und noch anwenden könnte, ansehen würde.

Meister Georg erwiederte, er möge nur das bisher Geleistete ihm in Rechnung stellen und sich nicht weiter bemühen, bis er zu ihm sende. Der Apotheker, welchem ein Blick auf das, was der ein wenig zurückgefallene Mantel zeigte, keine große Meinung von der Zahlungsfähigkeit des Kranken einflößte, sah doch kaum, daß ein wohlhabender Bürger sich seiner annehme, als er einigen Widerwillen blicken ließ, die Sache aus den Händen zu geben, und es bedurfte einer kurzen, ernsten Mahnung, die Meister Georg bei aller Freundlichkeit zur rechten Zeit zu geben verstand, den Aeskulap von Temple=Bar nach Hause zu senden.

Als sie sich des Mr. Rarebrench entledigt hatten, gaben sich Jenkin und Frank Mühe, ihren Patienten von seinem Mantel zu befreien. Jedoch dieser widersetzte sich ihren Bemühungen, indem er die Worte murmelte: „ich lasse mir lieber mein Leben nehmen, als meinen Mantel."

Zu schwach indessen, diese gegenseitigen Anstrengungen zu ertragen, gab dies verhüllende Kleidungsstück plötzlich mit einem lauten Risse nach, welcher den Kranken fast in eine neue Ohnmacht warf, und ihnen denselben in einer Unterkleidung zeigte, deren zerrissene, geflickte, höchst elende Beschaffenheit zugleich Lachen und Mitleid erweckte, und sichtlich die Ursache war, warum er seinen Mantel nicht ablegen wollte, der gleich jenem der christlichen Liebe dazu diente, so manche Unvollkommenheiten zu bedecken.

Der Fremde warf den Blick auf sein armseliges Gewand und schien sich seiner Enthüllung so sehr zu schämen, daß er zwischen den Zähnen murmelnd, „er würde sich verspäten," einen Versuch machte, aufzustehen, um den Laden zu verlassen, welches Vorhaben aber von Jenkins und Frank leicht vereitelt ward, die ihn auf einen Wink von Meister Georg auf seinem Stuhl festhielten. Der Kranke blickte um sich her, und sagte dann schwach in seiner breiten schottischen Mundart: „Was ist das für ein Betragen, Gentlemen, gegen einen Eure Stadt besuchenden Fremden? Ihr habt mir den Kopf zerschlagen — den Mantel zerrissen, und nun wollt Ihr mir meine persönliche Freiheit beschränken! Sie waren klüger als ich," fuhr er nach einer augenblicklichen Pause fort, „die mir gerathen haben, daß ich meine schlechteste Kleidung in den Londoner Straßen anziehen sollte, und

hätte ich etwas Schlechteres erhalten können, als diese al=
ten Kleider — (das möchte schwer gewesen seyn, flüsterte
Jin=Vin seinem Gefährten zu), so würden sie für die Fäuste
von Menschen, die so wenig die Regeln der Höflichkeit ken=
nen, noch zu gut gewesen seyn."

„Die Wahrheit zu sagen," bemerkte Jenkin, unfähig
sich zurückzuhalten, obgleich die häusliche Zucht jener Zeiten
jungen Leuten in seiner Lage in Gegenwart von Eltern,
Meistern und bejahrten Personen eine ehrfurchtsvolle Be=
scheidenheit vorschrieb, wovon wir in unsern Zeiten keinen
Begriff haben, „die Wahrheit zu sagen, die Kleidungs=
stücke des guten Gentleman scheinen keinen starken Angriff
vertragen zu können."

„Ruhig, junger Mann," unterbrach ihn Meister Georg
mit gebietendem Tone, „spottet nie des Fremden oder des
Armen — Ihr seyd noch ein Gelbschnabel und wißt nicht,
wohin Euch das Schicksal führen, und zu welcher Kleidung
es Euch nöthigen kann, bevor Ihr Euer Haupt in die Grube
legt."

Vincent schlug beschämt die Augen nieder, allein der
Fremde verschmähte die von dem redlichen Bürger zu seinen
Gunsten gemachte Apologie.

„Ich bin ein Fremder, Herr," sagte er, „das ist ge=
wiß. Aber mich dünkt, daß ich als solcher ein wenig rauh
in Eurer Stadt behandelt worden bin; — was aber meine
Armuth anbetrifft, die, denke ich, braucht mir Niemand vor=
zuwerfen, bis ich von irgend Jemand Geld erbitte."

„Ueberall der alte vaterländische Sinn!" flüsterte Mei=
ster Georg David Ramsay zu. — „Stolz und Armuth!"

David hatte seine Schreibtafel und Silberstift zur Hand
genommen, und tief in Berechnungen versenkt, worin er
durch alle Regeln der Arithmetik von der einfachen Zahl
bis zu den Millionen, Billionen, Trillionen stieg, hörte und
beantwortete er die Bemerkungen seines Freundes nicht, der,
seine Geistesabwesenheit bemerkend, sich wieder zu dem
Schotten wandte.

„Ich glaube fast, Jockey, wenn ein Fremder Euch

einen Rosenobel anböte, Ihr würdet ihn ihm an den Kopf werfen."

"Keineswegs, wenn ich ihm einen Dienst dafür leisten könnte," entgegnete der Schotte. "Ich bin bereit, Alles zu thun, was ich vermag, um nützlich zu seyn, obwohl ich aus einem achtbaren Hause stamme, und mich einigermaßen wohlhabend nennen kann."

"So?" fuhr der Frager fort. "Und welches Haus kann Anspruch auf die Ehre Eurer Abstammung machen?"

"Einen alten Wappenrock hat es, wie der Dichter sagt," flüsterte Vincent seinem Gefährten zu.

"Nun, Jockey, nur heraus damit!" fuhr Mr. Georg fort, wohl bemerkend, daß der Schotte, wie seine Lands= leute es zu thun pflegen, wenn man ihnen eine grade zum Ziel führende Frage vorlegt, etwas Zeit zu gewinnen suchte, ehe er sie beantwortete. Endlich erwiederte der Fremde, beleidigt wie es schien, durch eine Benennung, welche da= mals für einen Schotten eben so üblich war, als jetzt das Wort Sawney: "Ich habe nicht mehr Anrecht auf die Be= nennung Jockey, mein Herr, als Ihr auf den Namen John. Mein Name, wenn Ihr ihn durchaus wissen müßt, ist Ri= chard Moniplies; ich stamme aus dem alten achtbaren Hause von Castle=Collop, wohlbekannt im Westport von Edinburgh."

"Was versteht Ihr unter dem Westport?" fuhr der Fra= ger fort.

"Mit Eurer Erlaubniß, werther Herr," erwiederte Ri= chard, der jetzt hinlänglich zu sich gekommen war, um das ansehnliche Aeußere Meister Georgens zu bemerken, und daher ein höflicheres Wesen annahm: "Der Westport ist ein Thor unserer Stadt, wie jene von Ziegelsteinen ge= wölbte Bogen, die zu Whitehall hier den Eingang des kö= niglichen Pallastes bilden, nur daß der Westport von wirk= lichen Steinmassen erbaut, und reich mit Zierrathen und Bildhauerarbeit geschmückt ist."

"Wisset, mein Freund, zum Thor von Whitehall entwarf der große Holbein den Plan," erwiederte Meister Georg.

„Ich vermuthe, Euer Unfall hat Euch das Gehirn ver=
wirrt. Ohne Zweifel werdet Ihr auch behaupten, daß Ihr
zu Edinburgh einen eben so schiffbaren schönen Fluß besitzet,
als die Themse."

„Die Themse?" rief Richard mit dem Tone der höchsten
Geringschätzung — „Gott segne Ew. Gnaden Urtheil.
Wir haben zu Edinburgh die Waffer des Leith und das
Nor=Loch."

„Und den Steinbruch und. den Gänseteich, Ihr Auf=
schneider!" rief Meister Georg eifrig im kräftigen schotti=
schen Dialekt; „solche Landläufer, wie Ihr seyd, die alles
falsch und übertrieben schildern, bringen eben unser Vater=
land in üblen Ruf!"

Höchst erstaunt, den geglaubten Engländer so plötzlich
in einen geborenen Schotten umgewandelt zu sehen, sagte
Richard: „Der Himmel mag es mir vergeben, ich sah Ew.
Gnaden für einen Engländer an! Doch ich denke, es ist so
unrecht nicht, sein Vaterland in der Fremde zu vertheidigen,
wo alles dahin strebt, es zu erniedrigen."

„Nennt Ihr das eine Ehre für Euer Vaterland, zu
zeigen, daß es lügenhafte Windbeutel hervorbringt?" fragte
Meister Georg. „Doch jetzt nichts mehr davon, grämt Euch
nicht weiter darüber. — In dem Landsmanne, den Ihr
fandet, ward Euch zugleich ein Freund — besonders wenn
Ihr mir aufrichtig antwortet."

„Ich wüßte nicht, was es mir für Vortheil bringen
sollte, unwahr zu seyn," sagte der würdige Nord=Engländer.

„Wohlan denn!" — begann Meister Georg, „ich ver=
muthe, Ihr seyd ein Sohn des alten Mungo Moniplies,
des Fleischers, am Westthore?"

„Ew. Gnaden sind ein Hexenmeister, wie ich fürchte!"
erwiederte Richard mit gezwungenem Lächeln.

„Wie könnt Ihr behaupten, daß Ihr von einem edlen
Hause abstammet?"

„Ei nun, ich weiß nicht," sagte Richard, sich am Kopf
kratzend, „aber ich hörte viel von dem Grafen Warwick hier
in Süd=England, der einen großen Ruf durch seine Ge=

schicklichkeit, wilde Schweine und solche Thiere zu erlegen, erlangte, und ich bin überzeugt, mein Vater hat nicht nur Eber, sondern mehr Stiere, Kälber, Schafe, Hammel, Lämmer und Schweine getödtet, als die ganze englische Pairschaft zusammen."

"Ihr seyd ein durchtriebener Bursche!" versetzte Meister Georg, "hütet Eure Zunge, daß Ihr nicht derbe Antworten erhaltet. Euer Vater war ein achtbarer Bürger und der Vorsteher seiner Zunft. Es thut mir leid, seinen Sohn in so ärmlicher Kleidung zu sehen."

"Das hat nichts auf sich, mein Herr," erwiederte Richard, sich betrachtend. "Ganz und gar nichts; es ist die gewöhnliche Tracht der armen Bürgersöhne unseres Vaterlandes. Es ist die Livrei des Mangels; wir tragen sie mit Geduld. Des Königs Entfernung von Schottland hat allen Verdienst in Edinburgh zerstört. Auf dem Kreuzplatze wird Heu gemäht, und eben solche niedliche Ernte bietet der Großmarket dar. Wo sonst meines Vaters Stall stand, wächst jetzt so viel Gras, daß es gute Weide für die Thiere geben würde, welche er ehedem zu tödten pflegte."

"Es ist nur zu wahr," sagte Meister Georg, "während wir hier unser Glück machen, verhungern unsere Angehörigen daheim! — Man sollte öfter daran denken! — Wie aber kamt Ihr, Richard, zu dem zerschellten Kopfe? — Sagt es mir ehrlich."

"Gewiß, Herr, ich sage Euch keine Unwahrheit," entgegnete Moniplies. "Während ich die Straße hinunter ging, übte Jedermann seinen Spott und Muthwillen an mir. Allein ich dachte, ihrer sind zu viele, um mich zu widersetzen, könnte ich sie aber in Barfordpark, oder bei einem Faustkampf in Bennel fassen, da sollten sie mir anders pfeifen! Da tritt mir plötzlich ein alter, humpelnder Töpfer in den Weg, mir ein Gefäß anbietend, schottische Salbe darin aufzubewahren; ich gab ihm natürlich einen Stoß; der hinkende Teufel fiel auf seine eigene Waaren und zertrümmerte einen Theil davon. Da brach alles auf mich los, und hätten die beiden Herren hier mir nicht herausgeholfen, ich wäre ohne Weiteres todtgeschlagen worden. Denn eben, als sie meinen Arm ergriffen, mich aus dem Gedränge zu ziehen, versetzte mir ein linkischer Bootsmann den Schlag, der mich darniederschmetterte.“

Meister Georg sah die Lehrbursche fragend an, um sich von der Wahrheit der Erzählung zu überzeugen.

„Es verhält sich genau so, wie er es erzählt,“ bemerkte Jenkin. „Die Leute sagten, er habe einiges Töpferzeug zerbrochen, und fügten hinzu — verzeihet, Sir, daß ich es erwähne, in der Nähe eines Schotten könne Niemand fortkommen.“

„Gleichviel, was jene sagten, Ihr seyd ein braver Bursche, daß Ihr dem Schwächeren beistandet,“ erwiederte Meister Georg. „Und Ihr, Patron,“ fuhr er zu seinem Landsmann fort, „könnt, wenn es Euch recht ist, morgen früh bei mir vorsprechen.“

„Ich will Ew. Gnaden aufwarten,“ versetzte der Schotte, sich tief verbeugend, „wenn es nämlich mein gnädiger Herr erlaubt.“

„Euer Herr?“ fragte Georg — „habt Ihr noch einen andern, als den Mangel, dessen Livrei Ihr die Eurige nennt?“

„Mit Ew. Gnaden Erlaubniß, ich diene in einer Hinsicht wahrhaft zweien Herren,“ erwiederte Richard, „denn sowohl mein Herr als ich, wir sind die Sklaven derselben bösen Fee, welcher wir bei der Abreise von Schottland den Rücken zu zeigen gedachten. Demnach sehet Ihr, mein Herr, daß ich eine Art von Unterlehnsmann, nämlich der Diener eines Dieners bin.“

„Und wie nennt sich Euer Herr?“ fragte Georg, doch bemerkend, daß Richard mit der Antwort zögerte, setzte er hinzu: „Nein, sagt's mir nicht, wenn es ein Geheimniß ist.“

„Es brächte wenig Nutzen, es zu verschweigen,“ entgegnete Richard. „Nur wisset Ihr wohl, daß unsere schottischen Magen viel zu stolz sind, Zeugen ihrer Leiden zu wünschen. Es versteht sich,“ fuhr er mit einem Blicke auf die englischen Lehrbursche fort, „daß mein Herr sich nur in augenblicklicher Verlegenheit befindet, da er eine große Summe im königlichen Schatze liegen hat — nämlich" — flüsterte er Mr. Georg zu — „der König ist ihm schweres Geld schuldig, aber schwer auch ist's, es von ihm zu erhalten. — Mein Herr ist der junge Lord Glenvarloch."

Ueberrascht und erstaunt fragte Mr. Georg: „Ihr seyd einer der Diener des jungen Lord Glenvarloch, und befindet Euch in diesem Zustande?"

„Ja, und was noch mehr ist, in mir besteht seine ganze Dienerschaft — für diesen Augenblick versteht sich. Glücklich wollte ich mich preisen, wenn er sich selbst in einer viel bessern Lage befände, müßte ich auch schon so bleiben, wie ich bin."

„Ich kannte seinen Vater, der vier Edelleute und zehn Lakeien in Sammt und Treffen gekleidet, in seinem Gefolge führte," rief Mr. Georg. „O! wandelbar ist dies Leben, doch ein besseres wird ihm folgen! — Fünfhundert Jahre lang diente das gute alte Geschlecht der Glenvarlochs dem Könige und dem Vaterlande!"

„Sagt nur: tausend Jahre, geehrter Herr;" bemerkte Richard.

„Nur das, was ich als wahr erkenne, nicht ein Wort mehr werde ich sprechen, mein Freund!" erwiederte der Bürger. „Ihr scheint jetzt ganz erholt. Könnt Ihr gehen?"

„Vollkommen, mein Herr! Es war nur ein Bischen Betäubung. Ich bin am Westport erzogen, und meine Hirnschale kann einen Schlag ertragen, der eine weichere zertrümmern würde."

„Wo wohnt Euer Herr?" —

„Wir haben uns, mit Ew. Gnaden Erlaubniß, in einer der kleinen Gassen eingemiethet, welche zu dem Wasser führen, bei einem Schiffshändler, wie sie es nennen, einem rechtlichen Manne, John Christie mit Namen. Sein Vater stammt aus Dundee. Den Namen des Gäßchens weiß ich nicht, aber es führt gerade auf die große Kirche zu. Auch bitte ich Ew. Gnaden, nicht zu vergessen, daß wir hier nur

unsern einfachen Familiennamen, Mr. Nigel Olifaunt,
führen, weil wir uns jetzt noch verborgen halten; in Schottland wurden wir aber immer Lord Nigel genannt."

„Daran handelt Euer Herr sehr klug," sagte der Bür-
ger, „ich denke Eure Wohnung wohl aufzufinden, wenn
Eure Bezeichnung auch nicht zu den deutlichsten gehört."
Damit drückte er dem Moniplies ein Stück Geld in die
Hand, ihn ermahnend, nach Hause zu gehen, ohne sich in
neue Händel zu mischen.

„Jetzt, da ich gewarnt bin, werde ich mich zu hüten
wissen!" entgegnete der Schotte mit wichtiger Miene. —
„Und so wünsche ich Euch einen guten Abend, diesen beiden
jungen Gentlemen aber meinen besondern Dank."

„Ich bin kein Gentleman!" rief Jenkin, seine Mütze
auf den Kopf werfend, „ich bin ein ächter Londoner Lehrbursche, und hoffe, einst ein Freisasse zu werden. Frank
mag sich einen Gentleman nennen, wenn er Lust hat."

„Ich war einst ein Gentleman," sagte Thunstall, „und
ich hoffe nichts gethan zu haben, welches mir den Namen
rauben könnte."

„Gut! gut! Wie es Euch beliebt, aber ich bin Euch beiden sehr verpflichtet," entgegnete Richard, „und ich trage
den Dank darum nicht schwächer im Herzen, so wenig ich
ihn auch auszudrücken vermag. Eine gute Nacht biete ich
Euch, mein gütiger Landsmann!" — Mit diesen Worten
streckte er aus dem Aermel seines zerlumpten Wammes eine
große knöcherne Hand hervor, auf welcher die Muskeln
gleich Peitschenschnüren lagen.

Meister Georg drückte sie ihm herzlich, während Frank
und Jenkins listige Blicke mit einander wechselten. Richard
Moniplies würde jetzt auch dem Ladenherrn seinen Dank
gesagt haben, aber er sah ihn, wie er späterhin erwähnte,
auf seinem kleinen Buche wie ein Gestörter kritzeln, begnügte sich also, ihn stumm zu grüßen, und verließ den
Laden.

„Da geht nun der schottische Jockey mit all seinen
lobens- und tadelnswerthen Eigenschaften hin!" sagte Mei-

ster Georg zu Herrn David, der, obwohl ungern, jetzt
seine Berechnungen unterbrach, und seinen Freund mit
großen, glanzlosen Augen, die nichts weniger als irgend
einen Antheil an seiner Rede ausdrückten, anstarrend, den
Bleistift etwa einen Zoll weit von der Brieftasche entfernte.
Ohne die Geistesabwesenheit seines Freundes zu beachten,
fuhr Mr. Georg fort: „dieser Bursch zeigt in den lebendig-
sten Farben, wie uns schottischer Stolz und Armuth zu
Lügnern und Großprahlern machen. Und doch stehe ich dafür, dieser Mensch, dessen drittes Wort gegen einen Engländer eine prahlende Lüge ist, wird ein treuer, liebevoller
Freund und Diener seines Herrn seyn; er würde ihm gern
in der Kälte seinen Mantel überlassen, wenn er auch selbst
in cuerpo, ganz entblößt einher gehen müßte. Sonderbar, daß Muth und Treue — denn ich bürge dafür, der
Bursch ist unerschrocken — nicht bessere Gefährten, als
diese aufschneidende Großprahlerei haben. Aber Freund
David, Ihr hört mich nicht.“

„Freilich, freilich, sehr aufmerksam!“ entgegnete David.
„Denn da die Sonne ihren Kreislauf in vierundzwanzig
Stunden vollendet, so müssen wir für den Mond fünfzig
und eine halbe Minute hinzurechnen.“

„Ihr seyd im siebenten Himmel, Freund!“ erwiederte
Georg.

„Ich bitte um Verzeihung,“ entgegnete David. „Lasset
das Rad A in vierundzwanzig Stunden seinen Kreislauf
vollenden. — Ich hab es — und das Rad B in vierundzwanzig Stunden fünfzig und eine halbe Minute — und
siebenundfünfzig sich zu vierundfünfzig verhält, wie neun-
undfünfzig zu vierundzwanzig Stunden fünfzig und eine
halbe Minute — oder — doch beinahe so. — Ich bitte Euch
um Verzeihung, Mr. Georg, und wünsche Euch herzlich
gute Nacht.“

„Gute Nacht?“ sagte Meister Georg, „Ei, Ihr habt
mir ja noch nicht einmal guten Tag bis jetzt gewünscht!
Kommt, mein Freund, legt Eure Schreibtafeln bei Seite,
sonst werdet Ihr das innere Triebwerk Eures Gehirns zer-

stören, wie unser Landsmann die Außenschale des seinigen beschädigte. Gute Nacht, sprecht Ihr! Ei, ich denke gar nicht so schnell von Euch zu gehen, ich wollte mein Vesper= brod bei Euch einnehmen, und noch außerdem von meinem Pathchen, Mistreß Margareth, durch Lautenspiel erfreut werden."

„Wahrhaftig! ich war zerstreut, vertieft, Meister Georg. Ihr kennt mich ja — wenn ich einmal unter die Räder komme — so —"

„Ein Glück, daß Ihr es nur mit der kleinen Sorte zu thun habt," sagte lächelnd Mr. Georg, als ihn der aus seinen Träumereien und Berechnungen erwachte David Ramsay eine kleine Hintertreppe nach dem ersten Stockwerk hinaufführte, der für seine Tochter und seinen kleinen Haus= halt eingerichtet war.

Die Lehrbursche nahmen ihre Plätze im Laden wieder ein, den Sam Porter ablösend, und Jenkins sagte zu Thunstall: „Sahst Du es, Frank, wie der alte Goldschmied sich mit seinem bettelhaften Landsmann gemein machte? Wann hätte wohl einer seines Gleichen einem armen Eng= länder so vertraulich die Hand geschüttelt! Das muß man den Schotten lassen; sie werden Hals über Kopf ins Was= ser stürzen, um einem ihrer Landsleute einen Dienst zu leisten, wenn sie sich auch nicht den Finger naß machen, einen Südländer, wie sie uns Engländer nennen, vom Er= trinken zu retten. Und doch ist Meister Georg in dieser Hinsicht nur ein halber Schotte, denn ich weiß viel Gutes und Liebes, was er auch an Engländern gethan hat."

„Nimm Dich in Acht, Jenkins," rief Thunstall, „Du selbst, glaube ich, bist ein halber Schotte. — Wie kommst Du nur dazu, des Schotten Partei zu nehmen?"

„Ei, Du thatest es auch!" antwortete Vincent.

„Ich folgte Deinem Beispiele und überdieß ist es in der Grafschaft Cumberland nicht Sitte, zu fünfzig über einen herzufallen," erwiederte Frank.

„Auch in der Erziehungsanstalt der Christkirche ist es nicht der Gebrauch," bemerkte Jenkins. „Rechtlicher Kampf

und Alt=England für immer! Ueberdem, Dir ein Geheim=
niß anzuvertrauen — sein Ton hat einen Zauber in sich —
nämlich in der Aussprache meine ich — er erinnert mich an
eine zarte, kleine Stimme, die ich süßer finde — süßer als
der letzte Schlag von St. Dunstan mir klingen wird, wenn
er die Endstunde meiner Lehrjahre verkündet! — O, Du
räthst, wen ich meine, Frank!"

„Nein, gewiß nicht," erwiederte Thunstall; „vielleicht
die schottische Janet, die Wäscherin?"

„Hinweg mit der Janet, in ihren Waschkorb hinein!
— Nein, nein, nein! Du blinder Tropf — merkst Du
nicht, daß ich die hübsche Mistreß Margareth meine?" —

„Hm!" sagte Thunstall trocken.

Ein Strahl von Aerger, nicht ohne einen Anflug von
Argwohn, brach aus Jenkins kühnen, schwarzen Augen.
„Hm! Was bedeutet dies Hm? — Ich bin nicht der
erste Lehrbursche, der seines Meisters Tochter freite, denke
ich?" —

„Sie behielten mindestens, glaube ich," entgegnete
Thunstall, „ihr Geheimniß so lange für sich, bis daß die
Lehrzeit vollendet war."

„Höre, Frank," versetzte Jenkins bitter, „das mag un=
ter Euch vornehmen Leuten Sitte seyn, die Ihr von der
Wiege an gewöhnt werdet, zwei Gesichter unter einer Mütze
zu tragen, aber es soll nie die meine seyn."

„Da ist die Treppe," sagte Frank kalt. „Geh' hinauf
und fordere jetzt gleich Mistreß Margareth von unserm
Meister, und gib Acht, was für eine Art von Gesicht er
unter seiner Mütze Dir zeigen wird."

„Nein, ich will nicht," antwortete Jenkins. „Solch
ein Narr bin ich nicht; aber ich werde die rechte Zeit schon
zu finden wissen, und alle cumberländische Grafen sollen
mich nicht abhalten, darauf kannst Du rechnen."

Frank antwortete nicht, und sie setzten wieder ihr Laden=
geschäft, die Aufmerksamkeit der Vorübergehenden aufzu=
fordern, mit gewohnter Thätigkeit fort.

Drittes Kapitel.

Bobadil. Ich bitte Euch, Ihr verrathet doch keinem
Eurer vornehmen Freunde meine Wohnung.
Master Mothew. Wer? ich, mein Herr? Mein
Gott —

Ben Johnson.

Der nächste Morgen fand Nigel Olifaunt, den jungen
Lord von Glenvarloch, traurig und einsam in seinem Zim=
mer sitzend, welches sein Wirth, John Christie, der Schiffs=
bauherr, vielleicht aus Dankbarkeit gegen das ihn ernäh=
rende Gewerbe, möglichst treu einer Schiffskajüte nach=
gebildet hatte.

Dies Haus lag nahe am St. Pauls=Kay, am Ende
einer jener schmalen, engen Gassen, welche, bis das
große Feuer von 1666 diesen Theil der City verzehrte, ein
unermeßliches Labyrinth von schmalen, finstern, dunkeln,
ungesunden Winkeln und Gassen bildete, worin in einer
oder der andern Ecke sich die Pest eben so sicher, als in un=
sern Tagen in Konstantinopel versteckte. Aber John Chri=
stie's Haus hatte die Aussicht auf den Strom, und folglich
den Vortheil der frischen Luft — wenn sie auch mit den
üblen Gerüchen der Waarenartikel, mit welchen der Schiff=
bauer handelte, vorzüglich des Pechs, wie mit den Dünsten
des Schlammes der Ebbe, reichlich geschwängert war.

Im Ganzen war der junge Lord fast eben so bequem
eingerichtet, als er am Bord der kleinen Handelsbrigg sich
befand, die ihn von Kirkaldy, in der Grafschaft Fife, nach
London führte; ausgenommen, daß seine Wohnung nicht
mit der Fluth flott ward, und sich mit der Ebbe auf den
Grund legte. Ihm ward jede Aufmerksamkeit zu Theil,
welche in seines rechtlichen Wirthes John Christie's Gewalt
stand; denn Richard Moniplies hatte es nicht für nöthig
erachtet, seines Herrn Incognito so streng zu behaupten,
daß der Schiffshändler nicht vermuthen konnte, der Stand
seines Gastes sey weit über seine äußere Erscheinung er=
haben.

Frau Nelly, seine Gattin, ein rundes, flinkes, gern lachendes Weibchen, mit schwarzen Augen, einem knappen Mieder, grüner Schürze und rothem Unterröckchen, mit schmaler Silberschnur am Saum besetzt, das wohlberechnet kurz genug war, den feinen Knöchel und das kleine Füßchen mit blank polirtem Schuh zu zeigen — sie fühlte natürliche Theilnahme für den jungen Mann, der nicht nur sehr hübsch, freundlich und gern mit Allem zufrieden war, was ihm das Haus darbot, sondern auch sichtlich, sowohl im Stande als in dem Benehmen, bei weitem über alle Schiffer oder Kapitäns der Kauffahrteischiffe, wie sie sich nannten, hervorragte, welche sonst die Miether dieses Zimmers gewöhnlich zu seyn pflegten. Zu ihrem größten Aerger pflegte Dame Nelly bei der Abreise dieser Herren immer die wohlgescheuerten Dielen, mit den Ueberresten des Tabacks (der, trotz König Jakobs Verbot, stark in Gebrauch kam) beschmutzt, ihre besten Vorhänge von dem Geruch des Branntweins und anderer gebrannten Wasser durchzogen zu finden, und, wie sie ganz richtig sagte, der Geruch des Ladens und Waarenlagers war ohne diesen Zusatz schon schlecht genug.

Aber Mr. Olifaunt war reinlich und ordnungsliebend, und sein Benehmen, wenn auch einfach und ungesucht, zeigte doch so sehr den vornehmen Mann, daß es einen auffallenden Gegensatz mit dem lauten Halloh, plumpen Späßen und lärmender Ungeduld ihrer seefahrenden Miethsleute bildete. Auch sah Dame Nelly, daß ihr Gast, trotz seiner Anstrengungen, zufrieden und froh zu scheinen, verstimmt war; kurz, sie nahm, ohne sich dessen selbst bewußt zu seyn, einen solchen Antheil an ihm, daß ein minder gewissenhafter Jüngling leicht hätte versucht seyn können, ihn zum Nachtheil des ehrlichen John zu vermehren, der mindestens zwanzig Jahre mehr als seine eheliche Hälfte zählte. Olifaunt war aber nicht nur mit ganz andern Dingen beschäftigt, sondern würde auch eine solche Intrigue, wäre ein Gedanke davon in ihm erwacht, als einen abscheulichen, undankbaren Eingriff in die Gesetze der Gastfreund-

schaft angesehen haben, da seine Religionsbegriffe von sei=
nem Vater auf die strengsten Grundsätze des Glaubens
seiner Nation, und seine Moral auf das zarteste Ehrgefühl
gegründet wurden. Er war der herrschenden Schwäche sei=
nes Vaterlandes nicht entgangen, besaß ebenfalls einen
übermäßigen Stolz auf seine Geburt, und einen Hang,
den Werth und die Wichtigkeit anderer, nach der Zahl und
dem Ruhme ihrer Voreltern, abzuschätzen; doch durch seinen
natürlichen Verstand und sein freundliches Benehmen ward
dieser Familienstolz im Allgemeinen unterdrückt, oder den
Blicken Anderer mindestens fast ganz verborgen.

Nigel Olifaunt, oder vielmehr der junge Lord von
Glenvarloch, den wir so eben beschrieben haben, war in
dem Augenblicke, wo er in unsere Erzählung eintritt, in
großen Sorgen über das Schicksal seines treuen und einzi=
gen Dieners.

Richard Moniplies war von seinem jungen Herrn früh
am vergangenen Morgen nach Westmünster gesandt worden
und noch nicht zurückgekehrt. Der Leser kennt schon seine
Begebenheiten am vergangenen Abende, und weiß deshalb
mehr von Richard, als sein Herr, der ihn seit vierund=
zwanzig Stunden nicht sah. Frau Nelly beobachtete in=
dessen ihren Gast mit großer Theilnahme und dem Wunsche,
ihn wo möglich zu beruhigen. Sie stellte auf den Früh=
stückstisch ein vortreffliches Stück kaltes Pöckelfleisch mit
seinen gewöhnlichen Begleitern, Möhren und Rüben, pries
ihren Senf, der direkt von ihrem Vetter aus Tewksbury
komme, schmierte mit eigenen Händen das geröstete Brod
und schenkte ebenfalls kräftiges, schäumendes Bier ein, wel=
ches zu jener Zeit die Bestandtheile des gebräuchlichen nahr=
haften Frühstücks waren.

Als sie sah, daß ihres Gastes Besorgniß ihn hinderte,
der trefflichen Mahlzeit Gerechtigkeit widerfahren zu lassen,
begann sie ihre wörtlichen Tröstungen mit der Geläufigkeit
der Frauen ihres Standes, welche, sich eines guten Aeußern,
guter Absichten und guter Lungen bewußt, niemals Furcht
empfinden, sich oder ihre Zuhörer zu ermüden.

„Nun, was soll denn das seyn? Sollen wir Euch nach Schottland eben so mager zurücksenden, als Ihr hierher kamet? — Das wäre ja ganz außer der Ordnung! — Da war mein Schwiegervater, der alte Sandie Christie, der kam aus dem Norden hierher, leicht wie ein Sonnenstäubchen, und als er starb (zehn Jahr war es auf St. Barnabas) wog er gewiß zwanzig Stein! Ich war damals noch ein unbedeutendes Ding, die hier in der Nachbarschaft wohnte, und dachte wohl wenig daran, den John zu heirathen, der wohl ein zwanzig Jahre älter ist, als ich. — Aber er ist ein wackerer Arbeiter und ein freundlicher Ehemann — und sein Vater, wie ich schon sagte, starb so fett wie ein Kirchenvorsteher. — Nun, mein Herr, ich hoffe, mein kleiner Scherz da hat Euch nicht beleidigt — auch denke ich, Ew. Gnaden werden das Bier gut finden — und das Fleisch — den Senf?"

„Alles vortrefflich, alles viel zu gut," antwortete Olifaunt. „Ihr gebt alles so reinlich und wohlschmeckend, daß ich nicht weiß, wie ich wieder in der Heimath leben soll — wenn ich nämlich je dahin zurückkehre."

Unwillkührlich, wie es schien, und mit einem tiefen Seufzer begleitet, fügte er die letzten Worte hinzu. —

„Ich stehe dafür, Ew. Gnaden kehren zurück, sobald Ihr Lust dazu habt," rief Frau Nelly, „Ihr müßtet denn, wie viele Eurer Landsleute, eine schöne, reiche englische Dame zu heirathen gedenken. Ich versichere Euch, einige der ersten Damen in der City haben Schotten geheirathet. Da war des großen Kaufmanns, der nach der Türkei handelte, Sir Thomas Threblepumbs Wittwe, welche den Sir Awley Mac-Auley heirathete, den Ew. Gnaden gewiß kennen; und die hübsche Tochter des alten Rechtsgelehrten Donblesen sprang gar aus dem Fenster und ward zu Mayfair mit einem Schottländer getraut, der einen sehr schweren Namen hatte, und des alten Holzhändlers Pitchpost Töchter machten es auch nicht viel besser, denn sie heiratheten zwei Irländer; kurz, wenn mich die Leute necken, daß ich einen Schotten zum Miethsmann habe, nämlich Ew. Gnaden, so erwiederte ich immer, sie fürchteten für ihre Töchter oder Bräute. Gewiß, ich thue meine Pflicht, wenn ich die Schotten vertheidige, der John Christie ist ein halber Schotte, und dabei ein wackerer Arbeiter, ein guter Ehemann, obwohl wir fast ein zwanzig Jahre auseinander sind; und so möchte ich, daß Ew. Gnaden sich aller Sorge entschlügen und einen Bissen Brod nebst einem Trunk zum Frühstück genößen."

Olifaunt erwiederte: „Offen gestanden, meine freundliche Wirthin, ich vermag es nicht. Ich bin meines Dieners wegen besorgt, der in Eurer gefährlichen Stadt so lange ausbleibt."

Es muß im Vorübergehen bemerkt werden, daß Frau Nelly's gewöhnliche Art zu trösten darin bestand, den Grund irgend eines Kummers ganz abzuläugnen; und man behauptete von ihr, daß sie dies so weit getrieben habe, eine Nachbarin, welche ihren Mann verlor, mit der Versicherung aufzurichten, daß der arme Erblaßte sich gewiß am andern Tage wieder erholen würde, eine Versicherung, welche vielleicht, wenn ihre Erfüllung möglich gewesen wäre, sich nicht einmal als der beste Trost bewiesen hätte. So läugnete sie jetzt beharrlich, daß Richard schon zwanzig Stunden abwesend sey; was das Todtschlagen der Leute auf den Londoner Straßen anbeträfe — freilich wären im Tower-Graben vorige Woche erst zwei Menschen todt gefunden worden, aber das geschah im östlichen Theile der Stadt — und der arme Teufel, dem man auf der Landstraße den Hals abgeschnitten hatte, das ereignete sich wieder nah bei Islington — und der Mann, den der junge Student zu St. Clemens am Strande im Rausche erschlug, das war ja ein Irländer. Und alle diese Fälle, behauptete Frau Nelly, paßten doch gar nicht auf Richard, der ja ein Schotte, und des Weges nach Westmünster gesendet war.

„Mein größter Trost ist," erwiederte Olifaunt, „daß der Bursch kein Zänker noch Lärmmacher ist, wenn er nicht hart gereizt wird, und daß er nichts bei sich hat, als Papiere von einiger Bedeutung."

„Ew. Gnaden sagen sehr recht," fuhr die unerschöpfliche Wirthin fort, welche ihr Geschäft des Hinwegräumens und Ordnens verlängerte, damit sie ihre Plaudereien fortsetzen konnte. „Ich behaupte auch, Mr. Moniplies ist weder ein Windbeutel noch Zänker; denn liebte er solche Dinge, könnte er hier in der Nachbarschaft oft mit den andern Burschen spielen und trinken; aber er denkt nicht daran; ja selbst wenn ich ihn aufforderte, mit mir zu meiner Gevatterin, Frau Drinkwater, zu gehen, um ein Glas Anisette und ein Stück fetten Käse zu genießen — Frau Drinkwater hat eben Zwillinge bekommen, wie ich Ew. Gnaden schon erzählte — und ich meinte es gut mit dem jungen Menschen — er zog es vor, bei John Christie zu Hause zu bleiben; und doch behaupte ich, zwischen ihnen ist wohl ein zwanzig Jahre Unterschied, denn Ew. Gnaden Diener sieht nicht viel älter aus als ich. Ich wundere mich, was sie mit einander zu reden hatten, auch fragte ich hernach John Christie, aber er hieß mich zu Bette gehen."

„Kommt er nicht bald," rief Richards Gebieter, „so werde ich es Euch danken, wenn Ihr mir sagt, an welche Magistratsperson ich mich wenden muß; denn außer der Sorge, welche ich für ihn persönlich empfinde, hat er auch noch wichtige Papiere bei sich!" —

„Ew. Gnaden können darauf rechnen, in einer Viertelstunde ist er da!" sagte Dame Nelly; „er ist nicht ein Bursch darnach, vierundzwanzig Stunden hintereinander wegzubleiben. Was die Papiere anbetrifft, Ew. Gnaden werden es ihm nicht übel nehmen, daß er mich ein wenig hineinblicken ließ, als ich ihm einen kleinen Schnaps, keinen Fingerhut voll, reichte, seinen Magen gegen die bösen Nebel zu verwahren; sie waren an des Königs allervorzüglichste Majestät gerichtet, und ohne Zweifel hat Se. Majestät aus Höflichkeit den Richard zurückbehalten, um Ew. Gnaden Brief in Ueberlegung zu ziehen, und eine passende Antwort zurückzusenden."

Frau Nelly traf hier zufällig einen viel wirksameren Trostgrund, als die vorher berührten, denn der junge Lord

hegte selbst einige unbestimmte Hoffnungen, es könne sein Diener bei Hof aufgehalten worden seyn, ihm eine zweckdienliche
günstige Antwort zurückzusenden. So unerfahren er aber
auch eigentlich im Gang der öffentlichen Angelegenheiten
war, doch bedurfte es nur einer augenblicklichen Ueberlegung, um ihn von der Unwahrscheinlichkeit einer Hoffnung
zu überzeugen, die so ganz gegen alles stritt, was er von
der Hofetiquette und von dem zögernden Gang jedes Gesuches daselbst gehört hatte. Er antwortete also seiner gutmüthigen Wirthin, er zweifle, ob der König die ihm über-
sandten Papiere jemals ansehen, vielweniger also sie unmittelbar seiner Aufmerksamkeit würdigen würde.

„Ei, wie kann ein edler Herr so kleinmüthig seyn!" rief
die gute Frau. „Warum soll er nicht eben so viel für uns
thun, als unsere gnädige Königin Elisabeth! Die Leute
reden allerlei über eine Königin und einen König; aber ich
finde, ein König paßt sehr gut für uns Engländer; und der
gute Herr geht eben so oft zu Wasser nach Greenwich, beschäftigt eben so viel Bootsleute und Schiffsleute aller
Gattungen, schenkt auch seine königliche Huld dem alten
John Taylor, dem Wasserpoeten, der immer ein Boot und
ein Paar Ruderer zu seinen Diensten hat. Auch in Whitehall, dicht am Fluß, hat er eine stattliche Hofhaltung er-
richtet; und da der König der Themse so wohl will, so kann
ich nicht einsehen, mit Ew. Gnaden Erlaubniß, warum
alle seine Unterthanen, und Ew. Gnaden insbesondere, bei
ihm nicht Gerechtigkeit finden sollten."

„Wohl wahr, meine gute Frau, wohl wahr! Laßt uns das
Beste hoffen. Aber ich muß jetzt Mantel und Degen nehmen und Euren Mann bitten, mir den Weg zum Richter
zu zeigen."

„Gewiß, mein Herr," entgegnete die flinke Frau, „das
kann ich so gut als er, der sein Lebelang ein wenig träge
zum Reden war, obwohl ich ihm, als einem sehr freundlichen Ehemann, und einem Mann, der sich so gut in der
Welt zu benehmen weiß, als nur irgend einer in der ganzen
Gasse hier, alle Gerechtigkeit widerfahren lassen muß. Da

ist also der bienstthuende Alberman, der immer in Guildhall, dicht bei St. Paul, seine Sitzungen hält; der bringt
in der City alles in Ordnung, was nur durch Weisheit
verbessert werden kann: was das Uebrige anbetrifft, da muß
man schon Geduld haben! — Ich wollte aber, mir wären
vierzig Pfund eben so gewiß, als des jungen Mannes un-
gefährdete Rückkehr!" —

Nigel, in ängstlichem Zweifel über dasjenige, was die
gute Frau so zuversichtlich behauptete, warf seinen Mantel
über die Schulter und war im Begriff, sich mit dem Schwerte
zu umgürten, als Richard Moniplies Stimme sich auf der
Treppe vernehmen ließ, und dann dieser treue Diener in
eigener Person im Zimmer erschien. Nachdem Frau Nelly
Richard zur Rückkehr Glück gewünscht, und ihrem eigenen
Scharfsinn, es vorhergesagt zu haben, reichliches Lob ge-
zollt hatte, verließ sie endlich das Gemach, indem sie wohl
einsah, daß Richard seinen Bericht in ihrer Gegenwart
nicht abstatten werde, folglich entfernte sie sich, hoffend, es
werde ihr leichter werden, durch ihre Schlauheit, das Geheimniß von einem der beiden jungen Leute unter vier
Augen zu erpressen.

„In des Himmels Namen," rief Nigel Olifaunt, „sag',
wo warst Du? Was hast Du unternommen? Du stehst
bleich wie der Tod aus. Blut ist an Deiner Hand und
Deine Kleider sind zerrissen. In welches Gemetzel bist Du
gerathen? Richard, Du hast getrunken und Dich geschlagen?"

„Geschlagen habe ich mich ein wenig," sagte Richard,
„aber was die Trunkenheit anbetrifft, so ist es ein schwer
auszuführender Scherz in dieser Stadt, ohne Geld Branntwein zu erhalten! — Und das Gemetzel? Der Teufel soll
mich holen, ist anders etwas zerbrochen, als mein Kopf. —
Er ist leider nicht von Eisen, noch meine Kleider panzerar-
tige Schuppen; solch ein Knüttel macht ganz windelweich!
Einige unnütze Buben spotteten meines Vaterlandes, aber
ich denke, ich wies ihnen die Wege. Doch wurde mir endlich
der Haufe zu groß, ich erhielt diesen Hieb auf den Schädel,
und ward ohne Bewußtseyn nach einer kleinen Bude, nahe

an dem Thore des Tempels getragen, wo sie die kleinen Drehmaschinen verkaufen, welche die Zeit so ausmessen, wie ein Mann ein Stück Tuch ausmißt. Da ließen sie mir, mir nichts dir nichts zur Ader, waren auch sehr höflich, besonders ein alter Landsmann von uns, von welchem ich nachher noch mehr berichten werde."

„Zu welcher Zeit trug sich das zu?" fragte Olifaunt.

„Jene beiden eisernen Figuren dort an der Kirche, nahe bei dem Thore, läuteten eben die sechste Stunde ein."

„Und warum kamst Du nicht zurück, sobald Du Dich erholt hattest?"

„In der That, Mylord, jedes Warum hat auch sein Darum, und dies gerade hat ein unverwerfliches! Die Heimath zu finden, mußte ich doch wissen, wo sie war? — Nun hatte ich aber den Namen des Gäßchens vergessen, und je mehr ich fragte, je mehr log man mir vor und schickte mich in die Irre umher; so gab ich endlich mein Suchen auf, bis das Tageslicht mir dazu behülflich seyn konnte, und kroch, da ich mich nahe bei der Kirche in der breiten Straße befand, in den Kirchhof, dort mein Nachtquartier aufzuschlagen."

„Auf den Kirchhof? — Doch ich brauche nicht zu fragen, was Dich in solche Klemme setzte!" rief Lord Nigel.

Mit geheimnißvollem gewichtigen Tone entgegnete Richard: „Es war nicht so sehr der Mangel des Geldes, Mylord, denn ich war nicht so ganz davon entblößt, wie Ihr vielleicht denkt; aber ich glaube, ich werde nie sechs Pfennige an einen der unverschämten Kellner in den Gasthöfen zahlen, so lange ich frisch und ruhig eine schöne trockene Frühlingsnacht im Freien verschlafen kann. Mehr als einmal, wenn ich zu spät rückkehrend das Westthor verschlossen und den Wächter desselben unfreundlich fand, mußte mich St. Cuthberts Kirchhof beherbergen. Aber dort gibt es reichlich schönes, dichtes Gras, auf welchem man so sanft wie auf Flaumenbetten ruht, bis man die Lerche über sich hoch, wie das Kastell, in der Luft wirbeln hört. Dagegen sind diese Londoner Kirchhöfe mit Quadersteinen eng und dicht an einander gefügt, gepflastert, und mein Mantel, der etwas abgenutzt ist, gibt nur eine dünne Matratze ab, so daß ich mich eilen mußte, mein Bett aufzugeben, bevor alle Glieder mir gelähmt wurden. Die Todten mögen dort gut genug schlafen, aber der Teufel hole es für die Lebenden."

„Und was ward dann weiter aus Dir?" fragte sein Gebieter.

„Ich fand gerade einen netten Ladentisch in meinem Wege, solch eine Art von Vordach vor einer Bude; da legte ich mich hinunter und schlief so ruhig, als wäre ich in einem Schlosse. Zwar störten mich wohl einige umherwandelnde schlechte Dirnen, als sie aber sahen, daß bei mir nichts zu erbeuten war, als einen Hieb meines guten Andreas Ferrara (das Schwert), wünschten sie mir, mich einen bettlerischen Schotten scheltend, gute Nacht, und ich war sehr froh, sie los zu werden. Am Morgen gelangte ich endlich hieher, aber mühsam genug, denn ich hatte mich ganz östlich, wohl sechs Meilen weit, glaube ich, verirrt."

„Gut, Richard! Ich bin sehr erfreut, das dies Alles noch so gut endete. — Geh', genieße jetzt etwas — Du hast es nöthig — gewiß."

„In der That, Sir, dem ist so," entgegnete Moniplies; „doch mit Ew. Gnaden Erlaubniß —"

„Vergiß für jetzt die Titel, Richard, wie ich es Dir schon sagte."

„Ei," entgegnete der Diener, „ich könnte wohl vergessen, daß Ew. Gnaden ein Lord sind, aber dann müßte ich auch vergessen, daß ich eines Lords Diener bin, und das ist nicht so leicht gethan." — Jetzt nun seine Rede mit der Bewegung der beiden ersten Finger und des Daumens der rechten Hand unterstützend, welche wie eine Vogelklaue ausgebreitet waren, während der kleine und der Ringfinger sich an die Hand schlossen, fuhr er fort: „Ich ging nach Hofe, und der Freund, welcher mir den Anblick der allergnädigsten Person des Königs versprochen hatte, erfüllte sein Wort pünktlich. Er führte mich in die Lakeienstube, wo ich das beste Frühstück bekam, welches ich genossen habe, seit wir hieher ka=

men, das mir auf den übrigen Tag sehr wohl gethan hat,
denn Alles, was ich bisher in dieser verwünschten Stadt
speisete, wurde schon durch den Gedanken verbittert, daß
man dafür bezahlen muß. Ueberdem waren es auch nur
Rindsknochen und fette Brühe; doch wie Euer Gnaden
wissen, des Königs Spreu ist noch immer besser als anderer
Leute Korn, und in jedem Fall war die Zehrung doch frei!
Doch ich sehe," sagte er, sich unterbrechend, "Ew. Gnaden
werden ungeduldig."

"Durchaus nicht, Richard," sagte der junge Lord mit
einer Art Ergebung, denn er wußte, daß der Bericht seines
Dieners durch Treiben nicht zu beschleunigen war; "Du
hast genug bei dieser Sendung gelitten, um nicht das Recht
zu haben, den Bericht nach Deiner Weise abzustatten. Nur
um den Namen des Freundes bitte ich Dich, der Dich vor
den König führen wollte. Du warst sehr geheimnißvoll
über ihn, als Du es unternahmst, durch seine Hülfe die
Bittschrift in Sr. Majestät eigene Hände zu bringen, weil
ich alle Ursache habe, zu glauben, daß die früher einge-
sandten nicht weiter als zu seinem Geheimschreiber gelangten."

"Wohl, Mylord! Ich sagte Euch nicht seinen Namen
und Stand sogleich, weil ich fürchtete, Ihr würdet Euch
beleidigt finden, daß seines Gleichen in Ew. Herrlichkeit
Angelegenheit etwas zu thun haben sollten. Aber mehr als
einer steigt bei Hofe durch schlimmern Beistand. Es war
Niemand anders, als Laurie Linklater, einer der Küchen-
trabanten, der vor langer Zeit Lehrbursche bei meinem Vater war."

"Ein Küchentrabant — ein Küchenjunge!" rief Lord
Nigel aus, höchst unmuthig auf und nieder schreitend.

"Aber bedenkt, Herr," fuhr Richard ruhig fort, "daß
alle Eure vornehmen Freunde sich zurückziehen, ja sich
scheuen, Euch anzuerkennen, oder Eure Bitte zu unterstützen; überdem müssen Ew. Herrlichkeit überlegen, obwohl ich sowohl zum Besten Ew. Herrlichkeit, als zu seinem
eigenen Wohle, denn es ist ein gar guter Junge, dem

Laurie einen höhern Dienst wünsche, — daß ein Küchen=
junge — wenn anders ein Diener der Allerhöchsten Küche
der Majestät Küchenjunge genannt werden kann — mit
allen andern wirklichen Köchen gleichsteht, weil, wie ich
schon vorher sagte, des Königs Spreu besser ist —"

„Du hast recht, ich unrecht," sagte der junge Edelmann.
„Meine Sache anzubringen, bleibt mir keine Wahl der
Mittel, sobald sie nur rechtlich sind."

„Laurie ist der rechtlichste Bursche, der je den Kochlöffel
schwang," rief Richard, „wenn er auch so schlau und klug,
wie die andern, seinen Vortheil wahrzunehmen weiß. —
Doch kurz, denn ich sehe, Ew. Gnaden werden ungeduldi=
ger; er brachte mich zum Pallast, als der König auf die
Jagd nach Blakheath, so glaube ich, hieß es, sich begeben
wollte. Da stand ein Pferd vollkommen aufgeschirrt, ein
so schöner Grauschimmel, als es jemals einen gab. Und
Sattel, Steigbügel, Zaumbeschlag und Gebiß von laute=
rem Golde, mindestens vergoldetes Silber. Und, Herr,
nun kam der König herab mit allen seinen Edelleuten, in
seiner grünen Jagdkleidung, mit doppelten Tressen besetzt
und reich mit Gold gestickt. Ich erkannte gleich sein Gesicht,
obwohl es lange ist, daß ich ihn nicht sah. Ach, dachte ich,
mein lieber Herr, wie haben sich die Zeiten geändert, als
Ihr die Hintertreppe von Holyrood=House hinabeiltet, die
Unterkleider in der Hand, ohne Zeit zu haben, sie anzu=
ziehen, und Frank Stuart, der wilde Graf von Bothwell,
Euch so dicht auf den Fersen war, daß, wenn der alte Lord
von Glenvarloch nicht seinen Mantel über den Arm gewor=
fen und manche blutige Wunde für Euch empfangen hätte,
Ihr Euch schwerlich heute so blähen würdet. Von diesem
Gedanken erfüllt, konnte ich es nicht anders erwarten, als
daß Ew. Herrlichkeit Bittschrift sehr wohl aufgenommen
werden würde, und so drängte ich mich keck zwischen die
Lords. Laurie glaubte, ich sey toll geworden und hielt mich
beim Mantelzipfel zurück, bis er entzwei riß. So gelangte
ich glücklich bis vor den König, eben als er zu Pferde stieg,
und drückte ihm die Bittschrift in die Hand, die er, erstaunt,

wie es schien, erbrach. Gerade, als er die erste Zeile las,
dachte ich daran, einen Bückling zu machen, hatte aber das
Unglück, seinen Schimmel mit meiner Kappe an die Nase
zu schlagen. Die Bestie scheute sich, sprang zur Seite,
und der König, der nicht besser als ein Klumpen schwarzer
Wäsche im Sattel sitzt, war nahe daran, herabgeworfen zu
werden, und das hätte mir den Kopf kosten können — da
schleuderte er das Papier unter die Füße des Pferdes und
rief: 'Fort mit dem Taugenichts, der es brachte!' und damit packten sie mich und riefen „Hochverrath!" Ich gedachte der Ruthvens, die in ihrem eigenen Hause für ein
eben so geringes Vergehen ermordet wurde. Aber die mich
ergriffen hatten, sprachen nur vom Durchpeitschen, und
zogen mich nach des Thürstehers Wohnung, den Ochsen-
ziemer auf meinem Rücken zu versuchen. Ach, ich schrie so
laut ich es vermochte, und der König, als er wieder festen
Sattel und zu Athem gekommen war, rief ihnen zu, mir
kein Leid zu thun. 'Denn,' sagte er, 'es ist einer von unsern
nordischen Tölpeln, ich kenne sie am Geschrei!' — Und da
lachten Alle und schrieen ebenfalls laut genug. Und dann
sagte er: 'Gebt ihm ein Exemplar der Proclamation und
laßt ihn mit dem nächsten Kohlenschiffe heimwärts gehen,
ehe noch mehr Nebel daraus entsteht.' Da ließen sie mich
los, und ritten lachend und spottend davon. Einen schlimmern Stand hatte ich mit Laurie Linklater, denn er sagte,
das würde sein Unglück seyn. Aber als ich ihm erklärte,
daß es Eure Angelegenheit galt, da erwiederte er, hätte er
es früher gewußt, so würde er sich gern um Euretwillen
einem Verweis ausgesetzt haben, weil er sich des braven
alten Herrn, Eures Vaters, erinnere. Und nun zeigte
er mir, wie ich es hätte anstellen müssen, — daß ich die
Hand an meine Stirn legen sollte, als ob die Hoheit des
Königs und das reiche Geschirr seines Pferdes meine Augen
geblendet hätten, und mehr solche Affenstreiche, die ich hätte
ausüben müssen, statt ihm die Bittschrift, wie dem Vieh
sein Futter, zuzustecken. 'Denn,' sagte er, 'der König ist
von Natur ein gütiger und gerechter Herr; aber er hat son-

Nigels Schicksale. I. 6

derbare Grillen, die man fein behandeln muß; und dann, Richard, flüsterte er sehr leise, ich möchte es Niemand, als einem klugen Manne, wie Ihr es seyd, sagen, aber der König hat Menschen um sich, die einen leibhaftigen Engel verderben würden; ich hätte Euch indessen darüber Raths- schläge geben können, wie er zu leiten ist, aber jetzt ist's lei- der Senf nach der Mahlzeit.' — Gut, gut, Laurie, entgegnete ich, es mag seyn, wie Ihr es sagt: da ich aber dem Ochsen- ziemer und der Wache entgangen bin, überreiche in Zukunft Bittschriften, wer Lust hat; der Teufel soll Richard Moni- plies holen, wenn er sich noch einmal dabei betreffen läßt. — So ging ich fort, bis mich, nah am Temple-Bar, das neue Mißgeschick traf, welches ich Euch berichtete."

„Nun, mein ehrlicher Richard," sagte Lord Nigel, „Dein Versuch war redlich gemeint und nicht so schlecht ausgedacht, daß er einen so übeln Erfolg verdient hätte. Geh' indessen zu Deinem Pöckelfleisch und Senf, wir wollen das Uebrige nachher bereden."

„Es ist weiter nichts zu erwähnen, Herr," erwiederte Richard, „als daß ich einen sehr braven, wohl redenden, schön gekleideten Edelmann, oder noch wahrscheinlicher einen reichen Bürger traf, der in des Uhrmachers hintern Laden- stube war, und als er erfuhr, wer ich sey, sich als Schotte, ja was noch mehr ist, als eingeborenen Sohn unserer guten Stadt Edinburgh kund gab, und mich zwang, dies portu- giesische Goldstück anzunehmen, um, wie er sagte, eins dafür zu trinken — meiner Treu' dacht' ich, das verstehen wir besser, wir wollen dafür essen — auch sprach er davon, Ew. Herrlichkeit einen Besuch abzustatten."

„Bursche, Du sagtest ihm doch nicht, wo ich wohne?" fragte Lord Nigel ärgerlich. „Beim Himmel, das wär' mir eben recht, jedem plumpen Bürger aus Edinburgh den Anblick meiner Dürftigkeit zu geben, damit er sagen kann, er habe für sein Geld das Original zum bekannten Mario- nettenspiel: der arme Edelmann gesehen."

„Ich sollte ihm gesagt haben, wo Ew. Gnaden woh- nen?" fragte Richard, der geraden Antwort ausweichend,

„Wie konnte ich ihm sagen, was ich selbst nicht wußte. Hätte ich mich des Namens der Gasse erinnert, so würde ich nicht auf dem Kirchhof geschlafen haben."

„Nimm Dich ja in Acht, daß Du Niemanden von unserer Wohnung Kunde gibst," sagte Lord Nigel, „diejenigen, mit welchen ich Geschäfte habe, kann ich zu St. Pauls oder im Bittschriftgericht finden."

„Das heißt, die Stallthür verschließen, wenn der Hengst gestohlen ist," dachte Richard bei sich selbst, „aber ich muß ihn auf andere Gedanken bringen."

Demnach fragte er den jungen Lord, was in der Proclamation eigentlich enthalten sey, die er noch immer zusammengefaltet in Händen hielt. „Denn," sagte er, „da ich wenig Zeit hatte, sie durchzubuchstabiren, so werden Ew. Herrlichkeit wohl denken, daß ich nichts daran gesehen haben kann, als das große Wappen oben auf. Der Löwe hält jetzt unser altes schottisches Schild in den Klauen, aber es ward eben so gut aufrecht gehalten, da es noch ein Einhorn zu beiden Seiten hatte."

Lord Nigel las die Proclamation, und erröthete tief vor Scham und Aerger, denn ihr Inhalt wirkte auf sein beleidigtes Gefühl wie ätzende Tropfen, auf eine frische Wunde geträufelt.

Richard, unfähig, sein Erstaunen zu bergen, als er den plötzlichen Farbenwechsel seines Herrn erblickte, fragte: „Was hat der Teufel in dem Papiere angezettelt, Mylord? Ich würde so etwas nicht fragen, doch solch eine Proclamation ist kein Geheimniß, es ist für aller Ohren bestimmt."

„Ja wohl, dazu ist es in der That bestimmt," erwiederte Lord Nigel, „es verkündet die Schande unseres Vaterlandes, den Undank unseres Fürsten."

„Behüte Gott! Und das wird in London bekannt gemacht?" rief Moniplies aus.

„Höre, Richard, in diesem Papiere sagen die Räthe Sr. Majestät, daß, hinsichtlich der großen Menge Müßiggänger von geringem Stande, welche aus Sr. Majestät

6 *

Königreich Schottland nach dem englischen Hofe strömen
— ihn mit ihren Gesuchen und Bittschriften überschwem=
mend, und den königlichen Umgebungen durch ihre gemei=
nen, armseligen und bettelhaften Personen zur eigenen Her=
abwürdigung ihres Vaterlandes in den Augen der Eng=
länder Schande bringen, den Schiffern, Schiffsherrn, und
wer es sey, in jedem Theile Schottlands bei Geld und Ge=
fängnißstrafe untersagt werden solle, solche elende Geschöpfe
nach Hofe zu bringen."

„Ich wundere mich, daß der Schiffer uns an Bord ge=
nommen hat," sagte Richard.

„So brauchst Du Dich mindestens nicht zu wundern,
wie Du zurückkommen wirst," fuhr Lord Nigel fort, „denn
hier ist eine Klausel, welche sagt, daß solch unnützes Gesin=
del auf Kosten Sr. Majestät zurück nach Schottland gebracht,
und für seine Kühnheit nach Verhältniß seiner Unwürdig=
keit mit Kerker und Streichen gezüchtigt werden soll; wahr=
scheinlich nach dem Grad seiner Armuth, denn keiner andern
Unwürdigkeit wird hier erwähnt."

„Das wird schwerlich mit unserm alten Sprichwort
stimmen," sagte Richard:

Ein Königs-Angesicht
Gewährt der Gnade Licht.

Was aber enthält das Papier noch weiter, Mylord?"

„Bloß noch eine kleine Klausel, welche uns persönlich
betrifft, worin diejenigen noch ernstlicher bedroht werden,
welche unter dem Vorwand, die Bezahlung alter Schulden
einzufordern, sich dem Hoflager zu nahen suchen, welches
unter allen Zudringlichkeiten dem Könige die unange=
nehmste ist."

„In diesem Punkte kann der König viel übereinstim=
mende Gemüther finden," rief Richard, „einem jeden möchte
es nur nicht so leicht werden, wie ihm, sich aus der Verle=
genheit zu ziehen."

Ein Klopfen an der Hausthüre unterbrach hier die Un=
terredung. Olifaunt trat an's Fenster, und sah einen wür=

bigen älteren Mann, der ihm unbekannt war. Auch Richard hatte flüchtig hingeblickt, den Nahenden zwar erkannt, aber eben deshalb vorgezogen, den Freund des vergangenen Abends jetzt zu verläugnen. Fürchtend, sein Antheil an dem Besuche könne entdeckt werden, flüchtete er sich, unter dem Vorwande, zum Frühstück zu eilen, aus dem Zimmer, und überließ der Wirthin das Geschäft, Mr. Georg in Lord Nigels Gemach zu führen, welches sie mit großer Höflichkeit vollzog.

Viertes Kapitel.

Verachtet nicht den Kern in rauher Schaale,
Denn Eures Bürgers Wamms, die flache Mütze,
Birgt oft so klugen Sinn, so ächte Weisheit,
Als weder Eures Höflings Federhut,
Noch Eures Staatsmanns sammtnes Käpplein deckt.
Rathet mein Räthsel.

Der junge schottische Edelmann empfing den Bürger mit der zurückhaltenden Höflichkeit, durch welche die Vornehmeren dem Geringeren zuweilen zu verstehen geben wollen, daß er zudringlich erscheint. Doch Meister Georg ward deshalb weder unmuthig noch verlegen. Er nahm den Stuhl an, welchen Lord Nigel aus Achtung für sein höchst anständiges Aeußere ihm anbot, und nach einer augenblicklichen Pause, in welcher er aufmerksam den jungen Mann mit Ehrerbietung und Theilnahme betrachtete, sagte er: „Ihr müßt meine Unbescheidenheit verzeihen, Mylord, aber ich strebte, in Eurem jugendlichen Angesicht die Züge des guten alten Herrn, Eures vortrefflichen Vaters, aufzufinden."

Nach einem kurzen Schweigen erwiederte Lord Glenvarloch noch immer zurückhaltend: „Man will behaupten, ich sey meinem Vater ähnlich, Sir, und ich freue mich, Jemand zu sehen, der sein Andenken ehrt. Aber das Geschäft, welches mich nach dieser Stadt rief, ist eben so eilig als geheim, und —"

„Ich verstehe den Wink, Mylord," sagte Mr. Georg, „ich werde nicht die Schuld auf mich laden, Euch lange Euren Geschäften oder besseren Unterhaltungen zu entziehen. Mein Gesuch hier ist vollbracht, wenn ich Euch gesagt habe, daß ich Georg Heriot heiße, durch Eures Vaters warme Fürsprache vor mehr denn zwanzig Jahren bei der königlichen Familie von Schottland meine Anstellung erhielt, und daß, da ich gestern von einem Eurer Diener erfuhr, daß Ew. Herrlichkeit zur Ausführung eines Geschäfts von einiger Wichtigkeit sich in dieser Stadt befinden, ich eine Pflicht — eine Freude darin setzte, dem Sohne meines verehrten Gönners aufzuwarten, ihm — da ich einige Bekanntschaften bei Hof und in der Stadt habe — den Beistand anzubieten, den mein Einfluß und meine Erfahrung ihm gewähren können."

„Ich bezweifle beide nicht, Meister Heriot," sagte Lord Nigel, „ja, ich danke Euch herzlich für die Freundlichkeit, mit welcher Ihr sie dem Fremden darbietet; doch mein Geschäft bei Hofe ist vollendet, und ich gedenke London, ja diese Insel, binnen Kurzem zu verlassen, um im Auslande Kriegsdienste zu suchen. Ich muß hinzusetzen, daß meine schleunige Abreise mir nur noch wenig freie Augenblicke läßt." .

Mr. Heriot verstand den Wink nicht, sondern blieb still sitzen, obwohl ihm einige Verlegenheit anzusehen war, gleich als wisse er nicht genau, wie er dem, was er zu sagen hatte, Eingang verschaffen wollte. Endlich sprach er mit zweifelndem Lächeln: „Ihr seyd sehr glücklich, Mylord, Euer Geschäft bei Hof so schnell beendigt zu haben. Eure redselige Wirthin benachrichtigte mich, Ihr wäret erst vierzehn Tage hier. Gewöhnlich vergehen sonst Monate, ehe der Hof und ein Bittsteller sich mit gegenseitiger Zufriedenheit trennen."

Mit jener absprechenden Kürze, welche alle weitere Fragen unterdrücken sollte, sagte Lord Nigel: „Mein Geschäft ward summarisch abgethan."

Immer noch blieb Mr. Heriot sitzen, doch war so viel zutrauliche Freundlichkeit mit seinem Achtung einflößenden

Aeußern verbunden, daß es dem Lord Nigel unmöglich ward, noch deutlicher auf seine Entfernung zu bringen.

Der Bürger, die Unterhaltung im Gange zu erhalten strebend, fuhr fort: „Ew. Herrlichkeit hatten bis jetzt noch nicht Zeit, die öffentlichen Vergnügensörter, die Schauspielhäuser und die Versammlungsplätze der jungen Edelleute zu besuchen. Aber ich seh' in Ew. Herrlichkeit Hand eine von den neu erdachten gedruckten Schauspielanzeigen. — Darf ich fragen, von welchem Stücke?"

„O, ein sehr bekanntes Stück!" rief Lord Nigel, die Proclamation, welche er bis jetzt in den Fingern zerknitterte, zu Boden schleudernd. — „Ein vortreffliches, höchst beliebtes Stück — Ein neues Mittel, alte Schulden zu bezahlen!"

Sich bückend, das Blatt aufzuheben, sagte Mr. Heriot: „Aha! mein alter Bekannter, Philipp Massinger; „doch als er das Papier eröffnete und den Inhalt sah, blickte er Lord Olifaunt mit Erstaunen an, und rief: „Ich hoffe, Ew. Herrlichkeit werden nicht glauben, dies Verbot hier könne auf Euch oder Eure Forderungen anzuwenden seyn?"

„Ich hätte es selbst kaum geglaubt," sagte der junge Edelmann, „aber es ist dennoch der Fall. Kurz, mit einem Worte, es hat Sr. Majestät gefallen, mir auf meine ehrfurchtsvolle Bittschrift, welche die Rückzahlung einer bedeutenden Summe betrifft, die mein Vater dem Könige in der dringendsten Noth zum Bedarf des Staates vorschoß, diese Proclamation zur Antwort zu senden."

„Unmöglich," rief der Bürger, „durchaus unmöglich! Könnte der König vergessen haben, was er dem Andenken Eures Vaters schuldig ist, niemals hätte er doch wünschen, ja, was sage ich, nie würde er es wagen können, so schmähend ungerecht gegen das Gedächtniß eines Mannes zu seyn, dessen Verdienste, wenn auch sein Staub in die Gruft versank, noch lange in dem Andenken des schottischen Volkes leben werden."

Finster, wie zuvor, entgegnete Lord Nigel: „Ich würde

Eurer Meinung gewesen seyn, doch unwiderleglich spricht
die That."

„Was war der Inhalt Eurer Bittschrift?" fragte Heriot;
„durch wen ward sie überreicht? Etwas Sonderbares muß
sie enthalten haben."

„Ihr mögt den Entwurf durchsehen," erwiederte Nigel,
ihn aus einer kleinen Reiseschatulle nehmend. „Ein kluger
und rechtlicher Mann, mein schottischer Rechtsführer, hat
den die Geschäfte betreffenden Theil aufgesetzt; das Uebrige
fügte ich, wie ich hoffe, mit geziemender Ehrfurcht und
Bescheidenheit selbst hinzu."

Schnell durchlief Mr. Heriot den Aufsatz: dann sagte
er: „Nichts kann geziemender und ehrfurchtsvoller seyn.
Ist es möglich, daß der König diese Bittschrift verächtlich
zurückweisen konnte?"

„Er warf sie zur Erde," entgegnete Lord Glenvorloch,
„und sandte mir diese Proclamation, welche mich mit den
armen schottischen Bettlern, die sein Hoflager in den Augen
der stolzen Engländer herabwürdigen, in eine Klasse setzt
— das ist Alles. Stand mein edler Vater mit Leib und
Leben, Schwert und Vermögen ihm nicht treu zur Seite,
so würde er selbst vielleicht den englischen Hof nicht gesehen
haben."

„Aber durch wen ward diese Bittschrift übergeben, My=
lord? Zuweilen," sagte Heriot, „geht der Widerwille, den
ein Ueberbringer einflößt, auf seine Botschaft über."

„Durch meinen Diener, den Menschen, den Ihr schon
sahet, und wie ich hörte, so gütig behandeltet."

„Durch Euren Diener, Mylord?" fragte der Bürger.
„Er scheint ein schlauer, gewiß auch treuer Bursche; aber
in der That —"

„Ihr wollt sagen, er sey kein passender Bote an den
König? — Das ist er freilich nicht. Aber was blieb mir
übrig? Jeder Versuch, meine Sache vor den König zu
bringen, schlug mir fehl, meine Vorstellungen drangen
nur bis in die Bureaus der Geheimschreiber. Der Bursch
behauptete, er habe einen Freund unter den Leuten des

Königs, der ihm Zutritt zu Sr. Majestät verschaffen wollte, und so —"

„Ich verstehe," sagte Heriot. „Aber Mylord, warum erscheinet Ihr nicht dem Recht Eures Standes und Eurer Geburt gemäß, selbst bei Hofe eine Audienz begehrend, die man Euch durchaus nicht verweigern könnte?"

Ein wenig erröthend, blickte der junge Mann auf seinen Anzug, der, wenn auch vollkommen geordnet, doch sehr einfach und keineswegs neu aussah. Nach einem augenblicklichen Zögern sagte er:

„Warum sollte ich mich schämen, die Wahrheit zu sagen, ich besitze keine geziemende Hofkleidung. — Ich bin entschlossen, keine Ausgaben zu machen, welche meine Kräfte übersteigen; und ich glaube, Sir, Ihr selbst würdet mir nicht rathen, mich an dem Thore des Pallastes in den Haufen derjenigen zu mischen, die jeden Tag dort ihre Bedürfnisse zur Schau tragen, und um Almosen betteln."

„Das würde in der That unpassend gewesen seyn," entgegnete Meister Heriot. „Doch, Mylord, es liegt mir noch immer im Sinn, daß hier ein Mißverständniß vorwaltet. Kann ich mit Eurem Diener reden?"

„Ich sehe zwar nicht ab, welch einen Nutzen es bringen kann, aber der Antheil, den Ihr an meinem Unglück nehmt, scheint aufrichtig, folglich —" Lord Nigel stampfte auf den Fußboden, und wenig Sekunden darauf trat Richard ein, noch den Schaum des Biers und die Brodkrume, die deutlichen Zeichen seiner bisherigen Beschäftigung, aus dem Barte wischend. Heriot fragte: „Will Ew. Herrlichkeit erlauben, daß ich Eurem Diener einige Fragen vorlege?"

„Sr. Herrlichkeit Pagen, Meister Georg," antwortete Moniplies mit einem grüßenden Kopfnicken, „wenn Ihr dem genauen Gebrauche gemäß reden wollt."

„Schweig," gebot sein Herr, „und antworte deutlich auf die Fragen, die man Dir vorlegen wird."

„Und auch wahrhaft, wenn es Ew. Pagen-Herrlichkeit so beliebt," sagte der Bürger, „denn Ihr werdet Euch erinnern, mir ward die Gabe, Lügen zu entdecken."

Troz seiner Keckheit ein wenig verlegen, entgegnete Richard: „Gut, gut, es soll geschehen, obwohl ich denke, die Wahrheit, welche meinem Herrn ansteht, kann jedem andern auch genügen."

„Es ist einmal so hergebracht, daß die Pagen ihre Herren belügen," sagte Meister Heriot, „Ihr rechnet Euch selbst zu dieser Bande, obwohl Ihr zu den Aeltesten solcher Springinsfeld gehört; aber mit mir müßt Ihr wahr reden, wenn Ihr nicht wollt, daß die Reitpeitsche mitspricht."

„Das wäre keine angenehme Art der Unterhaltung," erwiederte der unerschrockene Page, „also bringt nur Eure Fragen vor, Meister Georg."

„Wohl denn; ich habe gehört, daß Ihr gestern Sr. Majestät eine Bittschrift von Mylord, Eurem gnädigen Herrn, überreichtet?"

„Das kann ich nicht läugnen, Herr; es haben es genug außer mir mit angesehen."

„Und Ihr behauptet, daß Se. Majestät sie mit Verachtung von sich schleuderte. Nehmt Euch in Acht, denn ich habe Mittel, die Wahrheit zu erfahren, und Ihr würdet Euch besser befinden, stäcket Ihr bis an den Hals im Nor-Loch, das Euch so wohl gefällt, als wenn Ihr eine Unwahrheit in Beziehung auf Se. Majestät sagtet."

Fest antwortete Moniplies: „Es gibt keine Veranlassung bei dieser Gelegenheit zu lügen; Se. Majestät schleuderte sie hinweg, als habe sie ihm die Finger beschmutzt."

„Ihr hört es," sagte Olifaunt.

„Still, ich bitte," sagte der erfahrene Bürger. „Dieser Bursche ist nicht ohne List, er hat mehr als eine Falte in seinem Mantel. Bleibt, Bursche," rief er dem Moniplies zu, der, etwas über sein Frühstück murmelnd, sich zur Thür wendete. „Steht und beantwortet mir die weitere Frage: Als Ihr Eures Herrn Bittschrift dem Könige übergabt, fügtet Ihr weiter nichts hinzu?"

„Ei, sagt doch, Meister Georg, was hätte ich wohl hinzufügen sollen?"

„Das eben ists, was ich frage und durchaus wissen will."

„Nun denn — ich will es nicht ganz gewiß verläugnen, ob ich nicht auch zugleich in des Königs Hand eine kleine Bittschrift von mir selbst mit der meines Herrn hineinsteckte — bloß um Sr. Majestät eine neue Mühe zu ersparen — und damit, daß er sie beide zugleich in Ueberlegung ziehen könnte."

„Eine Bittschrift von Dir, Du Schlingel?" rief Lord Nigel.

„Ei nun, Mylord, — gnädiger Herr," sagte Richard, „die Armen haben zu ihren kleinen Bittschriften so gut Ursachen, als die Großen!"

„Und darf man fragen, was Eure bedeutende Bittschrift enthielt?" fragte Mr. Heriot. „Um des Himmelswillen, Mylord, bleibt geduldig, sonst werden wir nie die Wahrheit dieser sonderbaren Geschichte ergründen. — Entdeckt jetzt Alles, Ihr Windbeutel, und ich will ein gutes Wort bei Eurem Herrn einlegen."

„Es ist eigentlich eine lange Geschichte, aber das Resultat ist, daß ich eine Abschrift von einer alten Rechnung einreichte, welche die allergnädigste Mutter Sr. Majestät zu der Zeit, da sie das Kastell bewohnte und große Vorräthe von meinem Vater empfing, aufsummen ließ. Ohne Zweifel war es eine Ehre für meinen Vater, ihr so vieles zu liefern, und wie es ebenfalls ohne Zweifel Sr. Majestät gelegen seyn wird, sie zu zahlen, wird es mir sehr angenehm seyn, die Summe zu empfangen."

„Welche rasende Unverschämtheit!" rief Lord Nigel.

„Jedes Wort ist so lautere Wahrheit," erwiederte Richard, „als habe John Knor es ausgesprochen; hier ist die Abschrift der Bittschrift."

Meister Georg nahm das geknitterte Papier aus des Burschen Hand und las murmelnd: „Demüthig anzeigen — Hm — hm — Sr. Majestät allergnädigste Mutter — Hm — hm — richtig erhalten — und ist schuldig geblieben fünfzehn Mark, wie nachstehende Rechnung zeigt — 12 Kalbsfüße zum Gelee — ein Lamm auf Weihnachten — einen gebratenen Kapaun in die innern Gemächer, als Mylord Bothwell mit Ihro Hoheit speiseten."

„Ich denke, Mylord, Ihr könnt Euch kaum wundern, daß der König dieses Papier unfreundlich aufnahm. — Ich vermuthe überdem, Herr Page, daß Ihr Sorge getragen habt, Eure eigene Bittschrift früher als die Eures Gebieters zu überreichen."

„Nein, das that ich nicht. Wohl dachte ich daran, die meines Herrn zuerst zu übergeben, wie es sich ziemte, schon aus dem guten Grunde, daß sie meiner kleinen Rechnung den Weg bahnen sollte. Aber in dem Lärmen und Verwirrung, den die scheue Bestie anrichtete, da glaube ich, drückte ich sie ihm beide zugleich in die Hand, und da mag es seyn, daß die meinige oben auf gerieth. Ist nun aber etwas Unrechtes dabei geschehen, so trug ich doch wenigstens auch allein alle Furcht und Gefahr."

„Und sollst alle Prügel dazu haben, Du schurkischer Bube!" rief Nigel. „Soll mich die unverschämte Einmischung Deiner elenden Angelegenheiten in die meinigen entehren und kränken?"

„Nicht doch, Mylord, nicht doch," sagte vermittelnd der gutmüthige Bürger; „ich gab Veranlassung, das Versehen des Burschen zu Tage zu fördern, verstatten Ew. Herrlichkeit, daß ich ihm der Strafe Erlaß verbürgen darf. Ihr habt Recht, unzufrieden zu seyn, aber ich glaube immer, mehr aus albernem Dünkel, als böser Absicht, hat der Bursche gesündigt, und wenn Ihr diesmal seinen Fehler übersehet, wird er zu einer andern Zeit Euch um so bessere Dienste leisten. — Geht jetzt hinweg, Windbeutel — ich will suchen, Dir bei Deinem Herrn Vergebung auszuwirken."

„Nun, nun," sagte Moniplies, „wenn er Lust hat, einen Menschen zu schlagen, der ihm bloß aus Liebe gefolgt ist — denn seit wir Schottland verließen, denke ich, war wenig zwischen uns die Rede vom Lohne — laßt meinem Herrn seinen Willen, laßt es ihn sehen, ob es ihm Ruhm bringen wird. — Ja, ich wollte lieber — Dank für Eure Güte,

Mr. Georg — von seinem Stocke getroffen werden, als
daß ich eines fremden Fürsprechers bei ihm bedürfte."

„So geh' mir aus den Augen!" rief sein Herr.

„Ei nun, ich meine, das ist bald geschehen," erwiederte
Moniplies, sich langsam zurückziehend. „Ich kam nicht
ungerufen, und würde schon seit einer halben Stunde gern
hinweg seyn, nur Mr. Georg hielt mich hier fest, um
ihm Rede zu stehen, und das hat all den Lärmen angezettelt."

So verließ er sie murrend, mehr wie ein Beleidigter,
als ein des Unrechts Ueberwiesener.

„Niemals ward Jemand so geplagt, als ich mit dem ungeschickten Bengel. Er ist schlau, und treu habe ich ihn
auch befunden. Ich glaube, daß er mich liebt, denn er gab
mir Proben davon — aber dann ist er so voll hohen Eigen-
dünkels, so eigensinnig, eigenwillig, daß er oft der Herr,
ich der Diener zu werden scheint; und was er auch für al-
berne Streiche anrichtet, er bricht in laute Klagen aus,
als ob er keineswegs, sondern ich die Schuld davon trüge."

„Behaltet und liebt ihn nichtsdestoweniger," sagte der
Bürger; „denn glaubt es meinen grauen Haaren, Treue
und Anhänglichkeit sind jetzt seltener bei einem Diener an-
zutreffen, als da die Welt noch jünger war. Doch, Mylord, vertraut ihm hinfort kein über seine Geburt und Erziehung erhabenes Geschäft an, denn Ihr seht selbst, was
daraus entstehen kann."

„Es ist mir alles jetzt nur zu klar, Meister Heriot,"
sagte der junge Edelmann; „es thut mir leid, meinem Monarchen, Eurem Herrn, zuviel gethan zu haben. Aber ich
bin, wie ein ächter Schotte, weise nach der That. — Das
Mißverständniß ist geschehen — meine Bittschrift ist zurückgewiesen worden, und nur die Ausflucht bleibt mir, den
Ueberrest meines Vermögens anzuwenden, mit Moniplies
irgendwo Kriegsdienste zu nehmen, und auf dem Bette der
Ehre, wie meine Vorfahren, zu sterben."

„Viel besser wäre es, Leben und Dienste dem Vaterlande zu weihen, wie Euer edler Vater, Mylord," erwie-

derte Meister Georg. „Nein, blickt nicht hinweg und wendet
verneinend Euer Haupt ab. — Der König hat Eure Bittschrift nicht zurückgewiesen, denn er hat sie nicht gesehen —
Ihr fordert bloß Gerechtigkeit und seine Königspflicht ist es,
sie Euch zu gewähren. — Ja, Mylord, was noch mehr ist,
ich behaupte, daß sein natürlicher Hang hier mit seiner
Pflicht übereinstimmt.“

„Ich würde gern so denken,“ entgegnete Nigel; „doch,
ohne von einem eigenen erlittenen Unrecht zu sprechen, mein
Vaterland erduldet manches, nicht gebessertes Uebel.“

„Mylord,“ entgegnete Meister Heriot, „ich spreche von
meinem königlichen Gebieter nicht nur mit der dem Monarchen schuldigen Ehrfurcht des Unterthans — mit der Dankbarkeit eines begünstigten Dieners, sondern auch mit dem
Freimuth eines freien, wahrheitliebenden Schotten. Der
König ist immer geneigt, gerecht zu seyn, aber die ihn umgeben, verstehen es, unbemerkt ihre eigene selbstsüchtige
Wünsche und niedrigen Eigennutz in die Wagschale zu werfen. Ohne sein Wissen leidet eben auch Ihr, Mylord, auf
diese Weise.“

„Ich erstaune, Mr. Heriot, nach so kurzer Bekanntschaft
Euch so genau mit meinen Familienangelegenheiten bekannt
zu sehen.“

„Mylord, die Art meiner Geschäfte gewährt mir freien
Eintritt in das Innere des Pallastes. Dafür bekannt, daß
ich mich nicht in Intriken oder Parteisachen zu mischen
liebe, hat bis jetzt noch kein Günstling es versucht, mir das
Kabinet des Königs zu verschließen. Im Gegentheil, ich
stand mit jedem gut, so lang er mächtig war, und brauchte
Keines Fall zu scheuen. Aber ich kann dem Hofe nicht so
nahe stehen, ohne selbst wider meinen Willen zu hören,
welche Räder in Bewegung gesetzt werden, und wie man
sie zu treiben oder zu hemmen versucht. Wenn ich nun
wünsche, über irgend etwas Nachrichten bestimmter einzu-
ziehen, so weiß ich die Quellen zu finden, woraus sie zu
schöpfen sind. Ew. Herrlichkeit wissen, weshalb ich Theil
an Eurem Schicksal nehme. Gestern erst erfuhr ich Eure

Anwesenheit, doch gelang es mir, schon diesen Morgen einige Nachweisungen der Hindernisse, die Eurem Gesuch im Wege stehen, zu erlangen."

„Ich bin Eurem Eifer in der That verbunden," sagte Nigel, noch immer nicht ganz ohne Zurückhaltung; „doch weiß ich kaum, wie ich diese Theilnahme verdiene."

„Zuerst laßt mich ihre Aufrichtigkeit beweisen," erwiederte der Bürger; „ich table Euch nicht, den schönen Worten eines Mannes von untergeordnetem bürgerlichen Stande nicht willig Glauben zu schenken, da Ihr so wenig Freundschaft unter Eures Gleichen, ja unter Verwandten antrafet, welche durch so manches Band zu Eurem Beistande verpflichtet waren. Aber höret die Ursache. Eures Vaters beträchtliche Güter sind für die Summe von 40,000 Mark verpfändet, und Peregrin Peterson, der Aufrechthalter der schottischen Privilegien zu Campvern, ist scheinbar Euer Gläubiger."

„Von einer Verpfändung weiß ich nichts," sagte der junge Lord. „Aber es gibt eine Geldverschreibung über diese Summe, welche, wenn sie nicht abgetragen wird, den Verlust meines ganzen väterlichen Erbes für weniger als den vierten Theil seines Werths nach sich ziehen wird. Deshalb eben bringe ich in die Regierung, die Schuldforderungen meines Vaters zu berichtigen, daß ich im Stande bin, meine Güter von diesem raubsüchtigen Gläubiger zu lösen."

„Eine solche Geldverschreibung in Schottland ist dasselbe, was eine Verpfändung diesseits der Tweed bedeutet. Doch Ihr kennt Euren wirklichen Gläubiger nicht. Jener Peterson gibt seinen Namen her, um keinem Geringeren, als dem Lord Kanzler von Schottland zum Deckmantel zu dienen, welcher vermittelst dieser Schuld sich selbst in Besitz der Güter zu setzen denkt, oder vielleicht einem noch mächtigeren Dritten dazu behülflich seyn will. Wahrscheinlich wird er seine Kreatur, jenen Peterson, alles in Besitz nehmen lassen, und wann die Zeit die gehässige Verhandlung etwas in Schatten gestellt hat, so wird die Herrschaft

Glenvarloch mit der dazu gehörigen Pairwürde durch schein-
baren Verkauf oder ähnlichen Vorwand dem großen Manne
von seinem dienstfertigen Gehülfen übertragen werden."

„Kann dies möglich seyn!" rief Lord Nigel. „Der
Kanzler weinte, als ich ihm Lebewohl sagte — er nannte
mich seinen lieben Vetter — seinen Sohn! — versah mich
mit Briefen; und obwohl ich kein Darlehen von ihm begehrte, entschuldigte er sich dennoch eifrig, daß er es mir
nicht unaufgefordert anbiete, woran ihn nur seine zahlreiche
Familie und große Ausgaben verhinderten. Nein, ich kann
nicht glauben, daß ein Edelmann die Verstellung so weit
treiben würde."

„Ich bin nicht von edler Abkunft, das ist wahr," sagte
der Bürger. „Doch noch einmal bitte ich Euch, meine
grauen Locken zu betrachten und nachzudenken, was mich
bewegen könnte, sie in einer Angelegenheit, die nur in Beziehung auf den Sohn meines Wohlthäters von Gewicht
für mich seyn kann, durch eine Lüge zu entehren. Ueberlegt
also. — Habt Ihr bis jetzt irgend einen Vortheil von den
Briefen des Kanzlers gehabt?"

„Keinen," entgegnete Nigel, „als schöne Worte und
laue Dienste. Zuweilen habe ich gedacht, man wünsche
nur, mich fortzuschaffen. — Gestern, als ich davon sprach,
außer Landes zu gehen, wollte mir Jemand schlechterdings
Geld aufdringen, wahrscheinlich, daß mir nicht die Mittel
zur Selbstverbannung fehlen sollten."

„In der That," sagte Heriot, „sie möchten Euch Flü-
gel geben, damit Ihr Euch nur gewiß entferntet."

„Diesen Augenblick eile ich zu ihm," rief der glühende
Jüngling, „ihm seine Unwürdigkeit vorzuwerfen."

„Mit Eurer Erlaubniß," sagte, ihn zurückhaltend, Heriot, „das werdet Ihr nicht thun. Durch Händel würdet
Ihr mich, Euren Warner, verderben, und wenn ich auch
gern meinen halben Laden zu Eurem Besten wagen möchte,
so glaube ich, Ihr würdet mir nicht gern schaden wollen,
ohne daß es Euch Nutzen brächte?"

Unangenehm lautete das Wort Laden dem Ohre des

jungen Edelmanns, der rasch erwiederte: „Euch schaden, Sir? Ich bin so weit entfernt, Euch den geringsten Nachtheil zu wünschen, daß ich viel lieber möchte, Ihr hörtet da mit Euren nutzlosen Dienstanerbietungen auf, wo keine Aussicht vorhanden ist, Hülfe zu verleihen."

„Ueberlasset das mir allein," sagte der Bürger. „Bis jetzt hattet Ihr unrechte Wege gewählt. — Erlaubt mir, diese Bittschrift zu nehmen; ich will sie ins Reine schreiben lassen, und werde sie zur rechten Zeit, die sich bald finden soll, mit mehr Vorsicht, als Euer Diener anwandte, den Händen des Königs übergeben. — Ich will fast dafür stehen, daß er die Sache so aufnimmt, als Ihr es wünscht — aber selbst wenn dies nicht der Fall wäre, will ich darum Eure gerechte Sache noch nicht aufgeben."

„Sir," erwiederte der Jüngling, „Eure Worte sind so freundlich, meine Lage so hülflos, daß ich nicht weiß, wie ich Euer gütiges Anerbieten ausschlagen soll, obwohl ich erröthe, es von einem Fremden anzunehmen."

„Nicht lange, hoffe ich, werde ich Euch fremd bleiben," sagte der Goldschmied, „und mein Lohn sey, wenn meine Vermittelung gelingt und Eure Glücksumstände wieder hergestellt sind, daß Ihr Euer erstes Silbergeschirr beim Meister Heriot arbeiten laßt."

„Ihr würdet einen schlechten Zahler haben, Mr. Heriot," sagte Lord Nigel.

„Das fürchte ich nicht, Mylord. — Ich freue mich, Euch lächeln zu sehen; es scheint mir, Ihr gleicht dann dem guten alten Herrn, Eurem Vater, noch mehr, und das macht mir Muth, eine kleine Bitte vorzubringen — nämlich, daß Ihr ein häusliches Mittagessen morgen bei mir annehmen wollt. Ich wohne nicht weit von hier, in der Lombardstraße. Die Speisen, Mylord — eine gute kräftige Brühe, einen fetten, wohlgespickten Kapaun — zu Ehren Alt-Schottlands eine Schüssel Rindfleischschnitte, und wohl auch ein Glas guten alten Weins, der schon in das Faß gefüllt ward, ehe Schottland und England Eine Nation wurden. — Zur Gesellschaft, Mylord, zwei oder drei gutgesinnte Landsleute, ja,

vielleicht bringt meine Hausehre irgend ein artiges schot=
tisches Mädchen oder so etwas dergleichen noch dazu."

„Ich würde Eure Höflichkeit annehmen, Meister Heriot,
aber ich hörte, die Londoner Damen lieben es, die Män=
ner geputzt zu sehen. Ich möchte nicht einen schottischen
Edelmann in ihrer Meinung herabwürdigen. Ohne Zwei=
fel habt Ihr unser armes Vaterland immer gepriesen, und
mir fehlen die Mittel, mich festlich zu schmücken."

„Mylord, Eure Offenheit erleichtert mir den Weg.
Ich — ich war Eurem Vater etwas Geld schuldig, und —
nein, wenn Ew. Herrlichkeit mich so fest ins Auge fassen,
bringe ich meine Geschichte niemals zu Ende. — Kurz,
offen zu sagen, denn ich verstand es nie in meinem Leben,
eine Lüge durchzuführen, es gehört nothwendig dazu, daß,
um Eure Angelegenheiten ordentlich zu führen, Eure Herr=
lichkeit mit dem Anstande, der Eurem Range geziemt, bei
Hofe erscheinen. Ich bin ein Goldschmied, und lebe eben=
sowohl von dem Ausleihen der Gelder, als vom Verkauf
des Silbergeschirrs. Es ist mein Ehrgeiz, bis Eure Ange=
legenheiten geordnet sind, hundert Pfund auf Interessen
bei Euch anzulegen."

„Und wenn sie nun nicht glücklich enden?" fragte Nigel.

„Dann, Mylord, wird der Verlust einer solchen Summe,
im Vergleich mit andern, die ich erlitten habe, von keiner
Erheblichkeit für mich seyn."

„Euer edelmüthiges Anerbieten, Meister Heriot, nehme
ich freimüthig an. Ich muß glauben, daß Ihr Licht in
dieser Sache seht, obwohl mein Auge es nicht entdeckt, denn
ich denke, es würde Euch leid thun, mich mit einer neuen
Bürde zu belasten, wenn Ihr mich vermöchtet, Schulden zu
machen, denen ich nicht genügen könnte. Hoffend also, daß
Ihr es mir möglich machen werdet, Euch pünktlich zu be=
zahlen, will ich Euer Geld annehmen."

„Ich will Euch überzeugen, Mylord," sagte der Gold=
schmied, „daß ich Euch als einen Schuldner ansehe, von
welchem ich die Rückzahlung erwarte, und deßhalb sollet

Ihr so gefällig seyn, einen Empfangschein und Schuldverschreibung über dies Geld zu unterzeichnen."

Er nahm aus seinem Gürtel sein Schreibzeug; nachdem
er die zum Geschäft nothwendigen Zeilen entworfen hatte,
zog er einen kleinen Beutel Gold aus einer Seitentasche
unter seinem Mantel hervor, und indem er bemerkte, er werde
hundert Goldstücke enthalten, begann er sie gelassen auf den
Tisch zu zählen. Nigel Olifaunt versicherte vergebens, daß
dieß überflüssig sey, und er den Beutel ungezählt auf das
Wort seines gefälligen Gläubigers annehmen wollte. Das
war aber dem Geschäftsgebrauch des alten Mannes entgegen.

„Habt Geduld mit mir, mein guter Herr;" sagte er;
„wir Bürgersleute sind vorsichtiger, haushälterischer Art,
und ich würde meinen guten Namen im Kirchspiel von St.
Paul verlieren, wollte ich Quittung ausstellen oder einen
Empfangschein annehmen, ohne das Geld wirklich aufzu-
zählen. Ich glaube, jetzt ist es richtig, und bei meiner
Seele," rief er, aus dem Fenster sehend, „eben kommt mein
Bursche mit meinem Maulesel, denn ich muß noch weit
westwärts. Leget Euer Geld weg, Mylord, es ist nicht gut,
wenn man hier in den Londner Miethwohnungen solche
goldene Hänflinge um uns her zwitschern hört. Ich hoffe,
das Schloß Eurer Schatulle ist ziemlich gut, sonst kann ich
Euch um billigen Preis eine überlassen, die schon Tausende
aufbewahrte. — Sie gehörte dem guten alten Sir Fragal.
Sein verschwenderischer Sohn verkaufte die Schale, nachdem er den Kern gegessen hatte — das ist gewöhnlich das
Ende eines in der City gesammelten Vermögens."

„Ich hoffe, dem Eurigen wird es besser ergehen," sagte
Nigel.

Lächelnd erwiederte der alte Mann: „Ich hoffe es auch,
Mylord; aber um des ehrlichen John Bunyans Worte zu
gebrauchen" — hier glänzte eine Thräne in seinem Auge —
„es hat Gott gefallen, mich mit dem Verlust zweier lieben
Kinder heimzusuchen; und ein drittes angenommenes, welches noch lebt — Weh mir! Weg damit! — Doch ich trage
geduldig und dankbar. Dem Vermögen, das mir Gott

7 *

schenkte, soll es auch nicht an Erben fehlen, so lange es noch verwaiste Knaben in Alt=Schottland gibt. Ich wünsche Euch guten Morgen, Mylord."

„Ein Verwaiseter ist Euch schon Dank schuldig," sagte Nigel, ihn an die Zimmerthüre begleitend, wo der alte Herr, das weitere Geleit verbittend, sich empfahl.

Die Treppe hinabsteigend, traf er im Laden die sich verneigende Dame Nelly, und fragte höflich nach ihrem Manne. Tief bedauerte Frau Nelly seine Abwesenheit, aber er war, wie sie sagte, nach Depford, um mit einem hollän=dischen Schiffsfahrer einen Handel abzuschließen.

„Unser Geschäft," sagte sie, „entfernt ihn oft vom Hause, und mein armer Mann muß jedem Matrosen aufpassen, der ein Pfund aufgedrehter Schiffsseile braucht."

„Man muß kein Geschäft aus der Acht lassen, liebe Frau," sagte der Goldschmied. „Machet meine Empfehlun=gen, Meister Heriots Empfehlungen aus der Lombard=straße, an Euren guten Mann. Ich habe mit ihm schon ge=handelt — er ist zuverläßig und pünktlich, hält Zeit und Wort. Seyd recht aufmerksam gegen Euren edlen Gast. Seht darauf, daß ihm nichts abgehe. Obwohl es ihm jetzt gefällig ist, einsam und zurückgezogen zu leben, wird große Sorge für ihn getragen, und ich habe den Auftrag, ihn mit allem Nöthigen zu versehen; Ihr könnt mir daher durch Euren Mann wissen lassen, meine gute Frau, wie Mylord sich befindet und was er bedarf."

„So ist er also in der That ein wirklicher Lord?" fragte die gute Frau. „Gewiß, ich dachte immer, daß er darnach aussähe. Warum geht er aber nicht ins Parlament?"

„Er wird es schon; in das schottische Parlament wird er gehen, liebe Frau, dort ist ja sein Vaterland," erwiederte Mr. Heriot.

„Ah, dann ist er nur ein schottischer Lord also," rief Frau Nelly; „darum schämt er sich wohl, sich den Titel an=zueignen, wie die Leute sagen."

„Laßt ihn nicht hören, daß Ihr so sagt, liebe Frau," erwiederte der Bürger.

„Wer, ich, Sir?" fragte sie. „Mir kömmt so etwas
nicht in den Kopf! — Schotte oder Engländer, er ist in
jeder Hinsicht ein sehr leiblicher, höflicher Herr; und ehe es
ihm an irgend etwas mangeln sollte, wollte ich ihm selbst
aufwarten, ja wollte gern so weit bis nach der Lombardstraße gehen, um Ew. Edlen ebenfalls aufzuwarten."

„Sendet mir nur Euren Mann, gute Frau," sagte der
Goldschmied, der bei allem eigenen Werth und Erfahrung
ein wenig auf Formen und strenge Sitten hielt. „Das
Sprichwort sagt: 'Schlecht steht das Haus, läuft's Weibchen aus.' Laßt auch Sr. Herrlichkeit eigenen Diener ihm
aufwarten, das ziemt sich viel besser. Ich wünsche Euch
einen guten Morgen."

„Guten Morgen, Ew. Edlen," sagte Frau Nelly etwas
kühl, und war unfreundlich genug, sobald er sie nicht mehr
hören konnte, hinzuzusetzen: „Der Henker hole Euren Rath,
Ihr alter schottischer Blechschmied. Mein Mann ist eben
so klug und fast eben so alt als Ihr; und wenn ich ihm ge-
falle, so ist es hinreichend. Ist er auch just jetzt noch nicht
so reich als manche Leute, so denke ich immer, ich sehe ihn
auch noch auf seinem Maulesel reiten, einen Diener neben
und zwei blau gekleidete Bursche hinter sich, eben so, wie
Ihr es thut."

Fünftes Kapitel.

Was hält Euch ab, nach Hof zu gehn?
Nur dort ist's Schöne ja zu sehn.
Wie glänzt Juwel und Stoff hervor!
Der Weise lauscht, es lärmt rer Thor;
Wie Prahler sich und Bettler drängen,
Kühn mit dem Edlen sich zu mengen.
Der Günstling flüstert leise Worte,
Sie werden Gift am rechten Orte.
Was hält Euch ab, nach Hof zu gehn?
Schnell kann Euch dort das Glück erhöhn.
Skelton Sketonizeth.

Nicht blos um glänzen zu wollen, war der wohlwollende
Bürger heute so beritten und begleitet, wie es so eben den

Unmuth von Frau Chriſtie lebhaft erregt hatte, der aber,
um ihr Gerechtigkeit widerfahren zu laſſen, in dem kleinen
Selbſtgeſpräch ſich ſogleich erſchöpfte. Nächſt dem natürlichen Wunſche, auch im Aeußern ein würdiges Anſehen zu
behaupten, begab ſich der gute Mann ſo eben auch nach
Whitehall, dem König Jakob ein Silbergeſchirr von bedeutendem Werthe und Kunſt zu zeigen, welches Se. Majeſtät,
wie er glaubte, vielleicht gern ſehen oder gar kaufen würde.
Er ſelbſt hatte deßhalb ſein wohlaufgezäumtes Maulthier
beſtiegen, um beſſer den Weg durch die engen, ſchmutzigen,
vollgedrängten Straßen zurückzulegen; und während einer
ſeiner Begleiter das Silbergeſchirr, in rothem Boy gehüllt,
unterm Arme trug, gab der andere auf deſſen größere
Sicherheit Acht; denn der Zuſtand der damaligen Polizei
geſtattete es nur zu oft, daß in der Hauptſtadt die Leute
häufig aus Rache oder Raubſucht überfallen wurden. Diejenigen, welche ſolche Angriffe fürchteten, pflegten daher
gewöhnlich, wenn ſie die Mittel dazu beſaßen, durch be-
waffnete Begleiter für ihre Sicherheit zu ſorgen. Dieſer
früher auf den höhern und niederen Abel beſchränkte Gebrauch erſtreckte ſich endlich auch auf die anſehnlichen Bürgersleute, welche Sachen von Werth bei ſich führten, die
ſonſt den Straßenräubern willkommene und ſichere Beute
geweſen wären.

Als Meiſter Heriot weſtwärts mit ſeiner ſtattlichen Begleitung zog, hielt er an der Ladenthüre ſeines befreundeten
Landsmanns, des alten Uhrmachers, ſtill, und Thunſtall be-
auftragend, ſeine Uhr richtig zu ſtellen, verlangte er ſeinen
Herrn zu ſprechen. Der Alte trat aus ſeiner Höhle, ſein
Angeſicht wie eine bronzene Büſte vom Kohlendampfe geſchwärzt, hier und da von Kupferfeilſpänen glänzend. Ja,
ſeine Sinne ſo in der Tiefe ſeiner Berechnungen verſunken,
daß er wohl eine Minute lang ſeinen Freund anſtarrte, ehe
er wirklich nur zu begreifen ſchien, wer hier mit ihm rede,
oder die Einladung verſtand, am nächſten Mittag mit der
hübſchen Miſtreß Margareth, ſeiner Tochter in Geſellſchaft

eines jungen Landsmanns bei ihm zu speisen, noch ihm irgend eine Antwort ertheilte.

„Hol Dich der Henker! Ich will Dich schon zum Reden bringen!" dachte Heriot, und rief dann laut mit plötzlich gewechseltem Tone: „Nachbar David, sagt doch, ich bitte Euch, wann werden wir uns über das Gold und Silber berechnen, welches ich Euch lieferte, die Schloßuhr in Theobalds-Castle, und jene andere für den Herzog von Buckingham anzufertigen. Ich habe dem spanischen Hause die Barren bezahlt, und ich muß Euch erinnern, daß Ihr die Zahlung schon seit acht Monden zu leisten hattet."

In einer herrischen Mahnung eines Gläubigers liegt etwas so Scharfes und Durchbringendes, daß kein menschliches Gehörorgan, so unerreichbar es andern Tönen blieb, biese unbeachtet lassen kann. Aufgeschreckt aus seinen Träumen, erwiederte David Ramsay ziemlich verdrießlich:

„Aber Mr. Georg, was gibt es denn da für ein Aufhebens um lumpige 120 Pfund? Die ganze Welt weiß, daß ich jeder Forderung genügen kann, und Ihr selbst habt Euch ja angeboten, zu warten, bis Se. Majestät und der edle Herzog für gut finden würden, ihre Rechnungen bei mir zu berichtigen. Auch wißt Ihr ja aus eigener Erfahrung, daß ich nicht wie ein unmanierlicher holländischer Tölpel ihnen die Thüre einlaufen kann wie Ihr die meinige."

Lachend erwiederte Heriot: „Gut, gut, David. Ich sehe schon, eine Geldforderung wirkt auf Euch wie kaltes Wasser über den Kopf gegossen, und bringt Euch wieder zur Besinnung. Wollt Ihr mir nun antworten, lieber Freund, wie es einem vernünftigen Christenmenschen geziemt, ob Ihr morgen Mittag um zwölf Uhr in der Gesellschaft des jungen Lord Glenvarloch, unsers Landsmanns, bei mir essen und mein Pathchen, Mistreß Margareth, mitbringen wollt?"

„Den jungen Lord von Glenvarloch?" fragte der alte Mechaniker. „Von Herzen gern; ich preise mich glücklich, ihn wieder zu sehen. Wir haben uns seit vierzig Jahren nicht getroffen. — Er kam zwei Jahre früher als ich in die lateinische Schule. — Es ist ein lieber junger Mensch."

„Das war sein Vater — sein Vater — sein Vater —
Du alter zerstreuter Träumer!" rief der Goldschmied. „Für=
wahr, er würde, wenn er noch lebte, jetzt ein netter Jüng=
ling seyn. Die Rede ist von seinem Sohne, Lord Nigel."

„Sein Sohn?" wiederholte Ramsay. „Nun vielleicht
bedarf er einen Chronometer, oder eine Taschenuhr. —
Wenig junge Leute können heut zu Tage ohne sie bestehen."

„Er könnte Euch leicht die Hälfte Eures Waarenlagers
abkaufen, soviel ich weiß, wenn er je zu seinem Vermögen
wieder gelangt," erwiederte Heriot. „Aber David, denkt
Eures Versprechens, und macht es nicht wie damals, als
meine Hausehre ihren Lammskopf und ihren mit Lauch
gesottenen Hahn bis zwei Uhr Nachmittags für Euch mußte
kochen lassen."

„Ihre Kochkunst aber bestand die Probe," sagte der
nun ganz erwachte Ramsay, „denn man meint sonst, ein zu
scharf gekochter Lammskopf sey Gift."

„Wenn auch," entgegnete Mr. Heriot; „morgen gibt
es keinen Lammskopf, Ihr könntet also leicht das Mittag=
essen verderben, das ein Sprüchwort nicht wieder verbessern
würde. Vielleicht trefft Ihr Euren Freund, Sir Mungo
Malagrowther, denn ich denke Se. Gestrengen einzuladen;
seyd also zuverläßig und pünktlich, David."

„Ich wills! So zuverläßig wie ein Chronometer werde
ich seyn," sagte Ramsay.

„Doch mag ich Euch noch nicht ganz trauen," entgeg=
nete Heriot. „Höret, Jenkins, sagt der Janett, sie möge
ihre Gebieterin, Mistreß Margareth, ersuchen, daß sie ihren
Vater erinnere, morgen sein bestes Wamms anzuziehen, und
ihn dann um zwölf Uhr nach der Lombardstraße begleiten.
Fügt hinzu, daß sie einen feinen, schottischen Lord dort an=
treffen werde."

Jenkins ließ bei den letzten Worten jenes trockene kurze
Husten vernehmen, hinter welches man die Unzufriedenheit
mit einem erhaltenen Auftrage oder mit der Anhörung sol=
cher Meinungen, denen man nicht widersprechen darf, zu
verstecken pflegt.

„Hm?" wiederholte Meister Georg, der, wie schon erwähnt, streng auf häusliche Subordination hielt. „Was
bedeutet Euer Hm? Wollt Ihr meinen Auftrag ausrichten,
Patron, oder nicht?"

Die Mütze ehrerbietig berührend, erwiederte der Lehrling: „Gewiß, Mr. Georg, gewiß! ich meine nur, Mistreß
Margareth würde eine solche Einladung schwerlich vergessen."

„Versteht sich," erwiederte der alte Herr, „sie ist immer
voller Aufmerksamkeit gegen ihren Pathen, wenn ich sie
auch zuweilen eine wilde Hummel schelte. Hört übrigens,
Ihr, Frank und Jenkins, Ihr thut wohl, mit Euren Knütteln sie und ihren Vater der Sicherheit wegen zu begleiten.
Zuvor aber schließt die Bude, laßt den Kettenhund los, und
den Hausknecht stellt bis zu Eurer Rückkehr in den Vor-
laden. Zwei meiner Leute sollen dann sich an Euch anschließen, denn ich höre, die wilden Bursche aus Templars-
Inn treiben es jetzt ärger als jemals.

„Wir vermögen es schon, ihren Stahl mit guten Knütteln in Ordnung zu halten," sagte Jenkins. „Bemüht
Eure Leute nicht deshalb."

„Thäte es Noth, wir würden eben so gut wie die Temp-
lers Schwerter zu finden wissen!" rief Frank.

„Pfui doch, junger Mensch," sagte der Bürger, „ein
Lehrling mit einem Schwerte! Behüte der Himmel! Eben
so gern würde ich ihn im Federhute sehen!"

„Sir, verlaßt Euch darauf," fiel Jenkins ein, „wir
werden für uns passende Waffen finden, und werden unsern
Meister und seine Tochter zu vertheidigen wissen, sollten
wir dazu Steine aus dem Straßenpflaster reißen."

„So spricht ein muthiger Londoner Lehrling!" sagte
der Bürgersmann, und zu Eurer Erquickung, Kinder, sollt
Ihr einen Krug Wein haben, den Ihr auf die Gesundheit
der Väter der City leeren mögt. Ich halte Euch beide wohl
im Auge. Ihr werdet Euer Fortkommen schon finden, ein
jeder in seiner Art. — Gott sey mit Euch, David! Vergeßt
nicht auf morgen um 12 Uhr." Damit wandte er sein

Maulthier westwärts und ritt quer durch Tempel=Bar in dem langsamen, anständigen Schritt, der seinen Stande und bürgerlichen Wichtigkeit geziemte, und seinem Begleitern es nicht zu beschwerlich machte, ihm zu folgen.

Am Templethore stieg er ab, und nahm seinen Weg nach einer der kleinen Buden, welche die Schreiber bewohnten. Ein junger Mann mit glattem dünnem Haar, gerade hinter die Ohren gestrichen und dann kurz abgeschnitten, stand mit tiefem, demüthigem Bückling auf, riß einen abgetragenen Hut herab, den er durchaus nicht wieder aufsetzen wollte, und erwiederte mit großer Ehrerbietung auf die Frage des Goldschmieds: „Wie gehen Eure Geschäfte, Andrew?"

„Durch Ew. Gestrengen gütigen Beistand und Unterstützung immer besser."

„Nehmt einen großen Bogen Papier, Freund, schneidet eine neue, wohlgespitzte, scharfe, haarfeine Feder. Spaltet die Federspule nicht so hoch auf; das ist ein verschwenderischer Gebrauch in Eurem Geschäft, Andrew. Wer Geringes nicht achtet, wird nichts Großes erreichen. Ich kenne einen Gelehrten, der tausend Seiten mit e i n e r Feder schrieb."

Der junge Mann, den Lehren des Goldschmieds, obwohl in seinem eigenen Gewerbe, mit dem Schein der Ehrfurcht und Anerkennung lauschend, erwiederte: „O mein Herr, wie bald wird ein armes Geschöpf, wie ich, durch die Lehren eines Mannes, wie Ew. Gestrengen sind, in der Welt gedeihen können."

„Meiner Lehren, Andrew, sind nicht viel; leicht gesagt und leicht auszuüben! Seyd ehrlich — betriebsam, mäßig, und bald werdet Ihr Geld und Ansehen erwerben. — Hier, schreibt mir diese Bittschrift auf das Zierlichste und Geziemendste ab. Ich werde hier warten, bis Ihr fertig seyd."

Der Jüngling wandte kein Auge von dem Blatte, und legte die Feder nicht nieder, bis seine Aufgabe zur völligen Befriedigung des Bestellers beendet war. Der Bürger gab

ihm ein Zehnschillingsstück, schärfte ihm dringend Ver-
schwiegenheit in allen ihm anvertrauten Angelegenheiten
ein, bestieg wieder sein Maulthier und ritt den Strand
hinunter.

Es ist nothwendig, unsere Leser zu erinnern, daß jenes
Tempel-Bar, durch welches Heriot ritt, nicht das jetzige
gewölbte Thor, sondern ein offenes Gitter oder Palisade
war, die man in der Nacht und bei irgend einem Auflaufe
mit Ketten und Pfosten verrammelte. Auch der Strand,
welchen er hinabritt, war nicht, wie jetzt, eine fortlaufende
Straße, obwohl er schon diesen Charakter anzunehmen begann. Er konnte mehr als eine Landstraße betrachtet werden, auf deren Südseite viel Häuser und den Großen ge-
hörige Hotels lagen, deren Gärten sich bis ans Wasser
erstreckten, wo Stufen die Bewohner gleich bis zum beliebigen Gebrauch der Böte hinabführen konnten. Viele dieser
Wohnsitze haben die Namen ihrer adelichen Eigner den
Straßen ertheilt, die jetzt vom Strand zur Themse führen.
Auf der Nordseite befand sich ebenfalls eine lange Reihe
von Häusern, hinter denen, wie in der St. Martinsstraße
und an andern Orten, Gebäude mit regsamer Eile empor-
stiegen. Coventgarden war im buchstäblichen Sinne noch
ein Garten, oder mindestens begannen nur hie und da un-
regelmäßige Gebäude sich zu erheben. Aber alles umher
zeigte die schnelle Vergrößerung, den steigenden Wohlstand
einer Hauptstadt, welche sich lange der Segnungen des
Friedens und einer wohlgeordneten Regierung erfreute.
Ueberall sah man die Wohnplätze sich vervielfachen, und
der erfahrene Bürger ahnte, wie nahe der Augenblick war,
der die ganze Fläche, durch welche er noch eben reiste, zu
einer regelmäßigen Straße machen würde, welche das Hoflager und die neu erblühende Stadt, mit der Altstadt Londons, zu einem großen Ganzen vereinigte.

Jetzt führte ihn sein Weg durch Charing-Croß, welches
nicht mehr das blühende einsame Dörfchen war, wo vormals auf ihrem Wege nach Westmünsterhall die Richter zu
frühstücken pflegten. Schon begann es die Pulsader zu wer-

ben, durch welche, wie Johnson sagt, „die Fluth der Lon=
boner Volksmenge sich ergießt." Schnell, erstaunungswürdig
hatten sich die Gebäude vermehrt, obwohl sie dennoch kaum
einen schwachen Schatten ihres jetzigen Seyns darboten.

Endlich empfing Whitehall unsere Reisenden, welche
unter einem der herrlich entworfenen Thore Holbeins von
bunt ausgelegten Ziegelsteinen durchritten, dasselbe, dem
Moniplies frevelhafterweise das Westthor Edinburghs gleich=
stellte, und in den weiten Vorhof des Pallastes einzogen,
der damals noch mannichfache, der Verbesserung harrende
Verwirrung darbot. Eben zu jener Zeit war Jakob, wenig
ahnend, daß er einen Pallast erbaue, aus dessen Fenster
sein einziger Sohn den Todesweg zum Schaffot antreten
sollte, beschäftigt, die alten verfallenen Trümmer der Ge=
bäude de Burghs, Heinrichs VIII. und der Königin Elisa=
beth, hinwegräumen zu lassen, Raum für die Wunder der
Baukunst zu machen, in welchen Innigo Jones seinen mäch=
tigen Genius entfaltete. Wohlthätig verhüllt war die Zu=
kunft dem Auge des Monarchen, der schaffend und treibend
das Werk förderte, und eben deshalb, mitten unter den
Trümmern alter Gebäude und dem Wirrwarr des neu em=
porstrebenden Bauwerks, die ein seltsames, schwer zu durch=
kreuzendes Labyrinth bildeten, fortdauernd seinen könig=
lichen Hof hielt.

Der königliche Hof=Goldschmied, der damals oft, wenn
Fama wahr sagt (und noch jetzt sind beider Geschäfte nicht
immer streng geschieden) auch zuweilen als Hof=Banquier
eintrat, war eine zu bedeutende Person, um die geringste
Zurückweisung von einer Schildwache oder einem Thür=
steher zu erhalten. Sein Maulthier und zwei seiner Be=
gleiter in dem Vorhof zurücklassend, klopfte er leise an eine
Hinterthür des Gebäudes, wohin der vertrauteste seiner
Diener mit dem Silbergefäß ihn begleitete. Auch diesen
ließ er hier in dem Vorzimmer, wo drei oder vier Pagen
in der königlichen Livree, aber schlottrig, schmutzig und
nachläßiger gekleidet, als die Nähe des Königs es eigentlich
zu gestatten schien, beim Brett= und Würfelspiel beschäftigt,

ober halb schlummernd auf den Bänken ausgestreckt waren. In einer daran stoßenden Gallerie, welche sich nach dem Vorzimmer zu öffnete, befanden sich zwei Kämmerlinge, die mit einem freundlichen Nicken den wohlbekannten reichen Goldschmied bei seinem Eintritt begrüßten. Kein Wort ward gewechselt, nur ein bedeutender Blick des einen Kämmerlings, der zuerst auf Heriot, dann auf eine kleine, halb mit Tapeten bedeckte Thür sich wandte, schien zu fragen: „Führt Dein Geschäft hieher?" Der Bürger nickte, und der Hofbediente, auf den Zehen vorsichtig schleichend, als sey der Boden mit Eiern bedeckt, näherte sich der Thür und flüsterte leise einige Worte. Sogleich ertönte in der breiten schottischen Mundart König Jakobs: „Führt ihn schleunig ein, Marwell. Habt Ihr so lange am Hofe gelebt, und wißt nicht, daß Gold und Silber immer willkommen ist?"

Der Kämmerling gab dem Heriot ein Zeichen, und der rechtliche Bürger trat in das Gemach des Monarchen. Die verworrene Umgebung, in welcher König Jakob sich befand, war kein übles Sinnbild des eigenthümlichen Zustandes seines Geistes. Viel reiche, kostbare Geräthschaften und kunstvolle Gemälde, nachläßig geordnet, mit Staub bedeckt, verloren die Hälfte ihres Werths und ihrer Wirkung, durch die Art, wie sie dem Auge dargeboten wurden. Auf dem Tisch, zwischen mächtigen Folianten, lagen Possen, Witzeleien und andere leichtfertige Schriften. Entwürfe zu langweiligen, unmäßig langen Predigten, — Versuche von Regierungssystemen mischten sich mit erbärmlichen Rundgesängen und Balladen des „königlichen Lehrlings," wie er sich selbst in der Dichtkunst nannte, und Pläne zum allgemeinen Völkerfrieden Europens waren traulich vereint mit einer Liste der königlichen Hunde, und Rezepte gegen die Hundswuth.

Des Königs Kleidung bestand aus grünem Sammt, so dick gefüttert, daß kein Dolchstich durchzudringen vermochte, welches ihm ein unförmliches, plumpes Aeußere gab, daß sein schief zugeknöpftes Wamms noch verunstalteter hervortreten ließ. Ueber seinem grünen Wammse trug er

einen dunkelfarbigen Schlafrock, aus deſſen Taſche ſein
Jagdhorn hervorblickte. Sein grauer Hut mit hohem Kopfe
lag ſtaubbedeckt, aber mit einem Geſchmeide von großen
Rubinen umgeben, auf dem Fußboden. Er trug eine blaue
ſammtne Nachtmütze, an deren Vorderſeite die Feder eines
Reihers prangte, den ein Lieblingsfalke, in einem gefahr-
vollen Augenblick der Flucht des Königs, niedergeſtoßen
hatte, weshalb der König zur Erinnerung die ſehr werth
gehaltene Feder trug.

Aber ſolche Gegenſätze in der Kleidung und Umgebung
des Königs waren, wie geſagt, eigentlich nur die Sinnbilder der Sonderbarkeiten ſeines Charakters, welche ihn
ſeinen Zeitgenoſſen im zweifelhaften Lichte, dem hiſtori-
ſchen Forſcher der Nachwelt, als Räthſel darſtellen. Er war
tief gelehrt, ohne nützliche Kenntniſſe zu beſitzen. Scharf-
ſinnig in manchen Fällen, ohne eigentliche Klugheit. Seine
Macht über alles liebend, wünſchte er ſie ſich zu erhalten,
ja ſie zu ſteigern, und doch ſah man ihn ſtets freiwillig ſich
ſelbſt und ſeine Herrſcherwürde den unwürdigſten Günſtlin-
gen Preis geben. Mit kühnen, trotzigen Worten verthei-
digte er ſeine Rechte, doch duldete er feige den frechen
Widerſtand, der ſie mit Füßen trat. Er liebte Unterhand-
lungen, in welchen er doch ſtets überliſtet ward, und fürchtete den Krieg, ſelbſt bei der Wahrſcheinlichkeit leichter
Eroberungen. Höchſt eingenommen von ſeiner Hoheit, wür-
digte er ſie unaufhörlich durch ungeziemende Vertraulich-
keiten herab. Der angeſtrengten Thätigkeit für das allgemeine Wohl fähig, vernachläßigte er es dennoch oft für die
geringſte Zerſtreuung. Er war ein Witzling, doch zugleich ein
Pedant, ein Gelehrter, der aber hauptſächlich ſich an der Unterhaltung der Unwiſſenden und Ungebildeten ergötzte. Selbſt
die Furchtſamkeit ſeines Charakters blieb ſich nicht immer
gleich; ja, es gab Momente in ſeinem Leben, eben die ſchwie-
rigſten deſſelben, wo er den Geiſt ſeiner Ahnherrn zeigte.
In Kleinigkeiten arbeitſam, war er ein Kleinigkeitskrämer,
wo es ernſte Werke galt. Voll wirklich religiöſer Geſin-
nungen, lauteten ſeine Reden oft freigeiſteriſch. Gerecht und

wohlthätig von Natur, duldete er die Unterdrückungen und
Schlechtigkeiten seiner Diener. Die Gelder, welche er selbst
auszahlen lassen sollte, strebte er mit kleinlichem Geiz zu
sparen, aber unüberlegt und gränzenlos vergeudete er das,
dessen Verschwendung er nicht selbst sah. Mit einem Worte,
die guten Eigenschaften, welche er in besondern Fällen
zeigte, waren nicht hinlänglich fest und nachdrücklich aus-
gebildet, ihm ein gehaltenes Benehmen zu sichern, und
ihre einzelne, vorübergehende Erscheinung berechtigte Jakob
nur um so mehr zu dem Beinamen, welchen ihm Sully
ertheilt hatte — „er sey der weiseste Thor der Christen-
heit."

Auch sein Schicksal sollte, wie sein Charakter, das Ge-
präge des Unzusammenhängenden tragen. Er, unbedenklich
der unfähigste der Stuarts, bestieg friedlich einen Thron,
gegen dessen Macht seine Vorfahren nur mit der höchsten
Anstrengung die angeborene Krone vertheidigten. Und dennoch ward während seiner Regierung, welche berufen schien,
Großbritanniens dauernde Ruhe und innern Frieden zu
sichern, eine Absicht, die so ganz mit der eigenthümlichen
Neigung des Königs übereinstimmte, eben damals jene fin-
stere Saat der Zwietracht ausgestreut, welche, gleich den
Zähnen des Drachen in der Mythe, die traurige Ernte des
allgemeinen blutigen Bürgerkriegs herbeiführten.

So war der Monarch, welcher jetzt Heriot vertraulich
mit dem Namen „klingender Georg" begrüßte (denn es war
seine wohlbekannte Gewohnheit, all seinen Günstlingen
Beinamen zu ertheilen) und ihn fragte, welch eine neue
verlockende Spielerei er mitgebracht habe, seinen angebore-
nen rechtmäßigen Herrn um sein Geld zu prellen.

„Behüte Gott, mein Fürst," sagte der Bürger, „daß
ich einen solchen unredlichen Vorsatz hegen sollte. Ich bringe
bloß ein Stück Silberzeug hieher, es Ew. allergnädigsten
Majestät zu zeigen, welches sowohl wegen der Arbeit als
des Gegenstandes derselben ich ungern der Hand irgend
eines Eurer Unterthanen übergeben wollte, bevor ich Ew.
Majestät Willensmeinung darüber kannte."

„Meiner Treu', Männchen — laß es einmal sehen, Heriot! Obwohl wahrhaftig Stenies Silberservice solch ein theurer Kauf war, daß ich fast mein königliches Wort verpfändet habe, hinfort mein eigenes Gold und Silber zu behalten und Dir, klingender Georg, das Deine zu lassen."

„In Hinsicht des Herzogs von Buckingham, da hatten Ew. Majestät," sagte der Goldschmied, „die Gnade gehabt zu befehlen, daß keine Kosten gescheut werden sollten, und so —"

„Du hättest meine Befehle nicht achten sollen, Freund! Wenn ein weiser Mann von Kindern und Thoren umgeben ist, so muß er am Ende in ihr Lied einstimmen. Du hättest mehr Vernunft und Ueberlegung haben, und den Jungen, dem Karl und Stenie, ihren eigenen Willen nicht lassen sollen. Sie würden am liebsten alle Fußböden mit Silber bedecken, und ich wundere mich, daß sie es nicht thaten!"

Sich verbeugend, schwieg Heriot. Er kannte seinen Herrn zu gut, um sich mehr als eine entfernte Beziehung auf seine Befehle zu erlauben. Jakob, bei dem die Sparsamkeit nur eine vorübergehende augenblickliche Mahnung des Gewissens war, bezeigte nun unmittelbar Lust, das Silberstück zu sehen, welches der Goldschmied zeigen wollte, sandte Marwell hinaus, es herbeizuholen, während er Heriot fragte, woher er es erhalten habe, worauf dieser erwiederte:

„Aus Italien, Ew. Majestät aufzuwarten."

Ernster als gewöhnlich ihn anblickend, fragte der König: „Es steht doch in keiner Beziehung zu dem Pabstthum?"

„Gewiß nicht! Denn mit Ew. Majestät gnädigen Erlaubniß," sagte Heriot, „es würde nicht klug gehandelt seyn, etwas in Ew. geheiligte Gegenwart zu bringen, das die Zeichen des Thiers an sich trüge."

„Ihr würdet dann selbst das dümmste Thier seyn," entgegnete der König. „Es ist wohlbekannt, daß ich in der Jugend mit dem Drachen kämpfte und ihn auf der Schwelle seines eigenen Tempels niederwarf; ein gutes Vorzeichen, daß ich mit der Zeit, wenn auch unwürdig, der Vertheidiger des Glaubens genannt werden sollte. Aber hier kömmt Marwell unter seiner Bürde gebeugt wie der goldene Esel des Apuleius.“

Heriot eilte, dem Kämmerling beizustehen, und stellte den Präsentirteller (denn dies war des Gefäßes Bestimmung) von ungewöhnlicher Größe in das günstigste Licht, daß der König die getriebene Arbeit genau betrachten konnte.

„Bei meiner Seele, Freund,“ sagte der König, „das ist ein seltenes Stück; ganz für eines Königs Schenktisch geeignet. Auch der dargestellte Gegenstand ist, wie Ihr richtig sagtet, Mr. Georg, passend und wohlanständig, da es das Urtheil Salomons ausspricht — eines Fürsten, in dessen Fußstapfen zu treten jeder lebende Monarch sich bestreben sollte.“

„Aber nur einer unter ihnen,“ bemerkte Marwell, — „wenn ein Unterthan sich erdreisten darf, so frei zu reden, — hat jemals Salomons Beispiel übertroffen.“

„Schweigt mit Eurem falschen Lobe!“ rief der König, obwohl ein freundliches Lächeln zeigte, daß die Schmeichelei ihre Wirkung nicht verfehlt hatte. „Betrachtet lieber die schöne, kunstvolle Arbeit. — Von welchem Meister mag sie seyn, Görge?“

„Mein König, dies Gefäß ward von dem berühmten Florentiner Benvenuto Cellini gearbeitet, und für König Franz den Ersten bestimmt; aber ich hoffe, es wird einen würdigeren Herrn finden.“

„Franz von Frankreich!“ rief der König. „Den Salomon, den König der Juden, dem Franz von Frankreich zu senden! — Meiner Seele, Freund, man hätte den Cellini für rasend gehalten, hätte er nichts anderes noch gethan. Dem Franz! — Er war ja nur ein kampfsüchtiger Thor — nichts als ein kampfsüchtiger Narr! — Ließ sich bei Pavia gefangen nehmen, wie vor langer Zeit unser eigener Vorfahr David bei Durham. — Hätten sie ihm Salomons Geist, Liebe zum Frieden und Gottesfurcht senden können, da hätten sie ihm einen bessern Dienst geleistet. Aber Salomon gehört in andere Gesellschaft, als von Franz von Frankreich."

„Ich hoffe, sein Schicksal wird sich so günstig wenden," sagte Heriot.

„Es ist eine saubere, sehr kunstreiche Arbeit," fuhr der König fort. „Aber ich dächte, der Nachrichter hier schwingt sein Schwert zu nah an dem Antlitz des Monarchen, der im Bereich seiner Waffe ist. Ich glaube, geringere Weisheit, als Salomon besaß, hätte ihn belehren können, daß scharf geschliffene Werkzeuge gefährlich sind, und er hätte ihm befehlen sollen, sein Schwert in die Scheide zu stecken, oder sich weiter zurückziehen."

Georg Heriot versuchte den Einwand zu entkräften, indem er dem König versicherte, nur scheinbar befänden sich Salomo und der Nachrichter in so großer Nähe, die Gesetze der Perspektive erforderten es so.

„Geht zum Teufel mit Eurer Perspektive, Freund," sagte der König; „es kann für einen rechtmäßigen Monarchen, der in Frieden zu regieren und mit Ruhe und Ehre zu sterben wünscht, keine schlechtere geben, als die, ein bloßes Schwert in seine Augen blitzen zu sehen. Ich bin dafür bekannt, so tapfer als irgend einer zu seyn, und doch bekenne ich Euch, ich sehe nie auf ein bloßes Schwert, ohne mit den Augen zu zucken. — Demohnerachtet ist es ein schönes Stück. Wie hoch ist der Preis, Freund?"

Der Goldschmied erwiederte, es sey nicht sein Eigenthum, sondern das eines bedürftigen Landsmanns.

„Das soll Euch zur Entschuldigung dienen, wenn Ihr das Doppelte des Werthes fordert. Ich kenne Eure Schliche, Ihr Handelsleute der City!" rief der König.

„Ich schmeichle mir nicht, Ew. Majestät Weisheit zu hintergehen," erwiederte Heriot. „Es verhält sich wirklich so, wie ich sagte; der Preis ist hundert fünfzig Pfund Sterling, wenn es Ew. Majestät gefällig ist, gleich die Zahlung zu leisten."

„Hundert und fünfzig Pfund! Es gehörten eben so viele

Zauberer und Herenmeister dazu, um sie anzuschaffen!" rief der erzürnte Monarch. „Bei meiner Seele, klingender Görge, Ihr habt Lust, Euren Beutel recht wohllautend klingen zu hören! — Wie soll ich Euch da hundert und fünfzig Pfund für etwas zahlen, das nicht so viel Mark wiegt? Und doch wißt Ihr, daß mein ganzer Hofstaat, ja meine Leibdienerschaft ein halbes Jahr Rückstände zu fordern haben."

Der Goldschmied, der die Verhältnisse genau kannte, ward von diesen ihm ebenfalls gewöhnlichen Einwendungen nicht erschüttert, und erwiederte, daß wenn Se. Majestät nur Gefallen an dem Stücke fänden, so wäre das Uebrige leicht abgethan. Es sey freilich wahr, der Verkäufer bedürfe des Geldes, allein er, Georg Heriot, wolle es für Sr. Majestät Rechnung, wenn es beliebte, vorschießen, und der König könne über diese und andere Zahlungen nach seiner Bequemlichkeit verfügen; das Geld liege bereit.

„Auf meine Ehre," rief der König, „das heißt wie ein ehrlicher, vernünftiger Handelsmann gesprochen. Wir müssen uns neue Subsidien von der Kammer der Gemeinen geben lassen, und dann ordnen wir unsere Rechnung. Tragt es hinweg, Maxwell, und stellt es so auf, daß der Knabe, Karl, und Stenie, wenn sie von Richmond zurückkehren, es beschauen können. — Jetzt, da wir allein sind, mein guter Freund Görge, behaupte ich in der That, alle Weisheit ist aus Schottland hinweggezogen, als wir beide uns nach dem Süden wandten."

Georg Heriot war geschmeidiger Höfling genug, zu erwiedern: „Die Klugen folgten natürlich dem Weisesten, wie die Hirsche dem Letter der Heerde."

„Ich glaube in der That, Du hast so unrecht nicht," sagte der König; „selbst die Engländer, so eingenommen sie von sich sind, räumen uns und den Personen unserer Umgebung, wie Dir zum Beispiel, ein, daß wir ganz verständige, kluge Köpfe sind. Aber das Gehirn derer, die wir zurückließen, ist ganz verstört, und sie rennen blind und toll durch einander, wie die Hexen am Walpurgisabend!"

8*

„Mit Betrübniß höre ich dies, mein König!" antwor=
tete Heriot. „Möchte es Ew. Hoheit gefallen, mir zu sa=
gen, wodurch unsere Landsleute solche Bezeichnung verdient
haben?"

„Sie sind toll geworden, Freund, ganz rasend toll!" rief
der König. „Mit allen Proclamationen, womit sich die
Herolde heiser schreien, kann ich sie nicht vom Hofe ver=
bannen. Noch erst gestern, eben als wir zu Pferde gestie=
gen und hinweg reiten wollten, drängt sich ein Edinburgher
Straßenläufer, ein zerlumpter Kerl, dessen magere Schul=
terknochen gesellig an einander schlugen, mit einem Mantel
und Hut, die zur Feldscheuche dienen konnten, zu uns, und
ohne Umstände oder Verbeugung drückt er uns, wie ein un=
verschämter Bettler, einige Bittschriften über alte Schul=
den unserer allergnädigsten Mutter und ähnlichen Unsinn
in die Hand. Darüber ward das Pferd scheu, und wenn
wir nicht so bewunderungswürdig gut zu Pferde säßen, daß
wir die meisten regierenden Herrn Europas sowohl, als
unsere Unterthanen darin übertreffen, ich stehe Dir dafür,
wir hätten, so lang wir sind, auf dem Steinpflaster gelegen?"

„Ew. Majestät," erwiederte Heriot, „sind der Vater
Aller, deshalb dringen sich die Bittenden um so kühner in
Eure Gegenwart."

Jakob sagte: „Ich weiß, weiß es wohl, daß ich pater
patriae (Vater des Vaterlandes) bin. Aber man sollte
glauben, sie wollten mir die Eingeweide hinauspressen, um
sich darin zu theilen. Und seht, Görge, nicht einer unter
ihnen versteht es, eine Bittschrift mit dem Anstande zu
überreichen, der in unserer königlichen Nähe erforderlich ist."

„Ich möchte wohl das geziemendste und passendste Be=
nehmen dabei kennen, wäre es auch nur, um unsere armen
Landsleute darin zu unterrichten," sagte Heriot.

„Bei meiner Lehnsherrlichkeit," rief der König, „Ihr
seyd ein gewandter Mann, Görge, und die Zeit, Euch darin
zu unterrichten, soll mich nicht reuen. Seht also, Sir —
zuerst — so müßt Ihr Euch der Majestät nahen — so mit
der Hand Euch die Augen beschattend, um dadurch anzuer=

kennen, daß Ihr Euch in der Nähe des Statthalters des Himmels befindet. — Sehr gut, Georg, das war, wie es sich ziemte. — Nun, Sir, müßt Ihr niederknieen und thun, als wolltet Ihr den Saum unseres Gewandes, den Riemen unseres Schuhes, oder etwas Aehnliches küssen. — Wieder sehr gut gemacht — wir aber indessen, immer geneigt, gnädig und wohlwollend gegen unsere Unterthanen zu seyn, kommen Euch zuvor und gebieten Euch aufzustehen, worin aber derjenige, der, wie Ihr, eine Gnade fordern will, nicht gehorsam, sondern schnell die Hand in seine Tasche schlüpfen läßt, die Bittschrift hervorholt, und sie ehrfurchtsvoll in unsere offene Hände legt.“

Der Goldschmied, der mit großer Genauigkeit alle vorgeschriebenen Ceremonienpunkte erfüllt hatte, vollzog jetzt zu Jakobs nicht geringem Erstaunen auch den letzten Theil derselben, die Bittschrift Lord Glenvarlochs überreichend.

„Was bedeutet dies, Ihr hinterlistiger Bursche?“ fragte Jakob auffahrend und erröthend; „habe ich Euch die Handgriffe zeigen müssen, damit Ihr Euer Kunststück zuerst an unserer königlichen Person ausübtet? — Wahrhaftig, eben so gut hättet Ihr eine Pistole auf mich richten können, und das geschieht mir in meinem eigenen Kabinet, worin Niemand ohne meine besondere Erlaubniß Zutritt hat.“

Noch immer knieend, sagte Heriot: „Ich hoffe, Ew. Majestät werden mir die Ausübung des eben empfangenen Unterrichts, zu Gunsten eines Freundes, gnädigst verzeihen.“

„Eines Freundes!“ rief der König. „Um so schlimmer! Um so schlimmer, sage ich Euch. Wäre es eine Gnade für Euch selbst gewesen, so hätte es doch einigen Sinn gehabt, wahrscheinlich hättet Ihr mich dann auch nicht so plötzlich überfallen. Aber ein Mann kann hundert Freunde haben, und eben so viele Bittschriften für sie, ohne Ende.“

„Ew. Majestät,“ erwiederte Heriot, „wird mich hoffentlich nach früheren Erfahrungen richten, und mir solche Anmaßung nicht zutrauen.“

„Ich weiß nicht, die Welt wird immer schlechter!“ versetzte der versöhnliche Monarch — „sed semel insanivi-

mus omnes — (aber einmal im Leben haben wir Alle
Thorheiten begangen) — Du bist doch in Wahrheit mein
alter treuer Diener, und wäre es irgend etwas für Dich,
Du solltest nicht zweimal darum bitten. Aber in der That,
Stenie liebt mich so sehr, daß er sich nichts daraus macht,
daß irgend ein anderer als er von mir Gnadenbezeugungen
fordert. Marwell (denn der Kammerdiener war wieder zurückgekehrt) geh' in das Vorzimmer mit Deinen langen
Ohren. — Auf mein Gewissen, Görge, wohl denke ich daran, daß Du stets mein alter bewährter Vertrauter, und
schon damals mein Goldschmied warst, als ich mit dem hel-
dnischen Poeten sagte — non mea renidet in domo
lacunar (nicht durchblinkt Prunkgeräth mir die Wohnung)
— denn wahrhaftig, sie hatten meiner Mutter altes Haus
so ausgeplündert, daß büchene Becher, hölzerne Teller,
blecherne Schüsseln das Beste waren, was wir besaßen, ja,
wir fühlten uns noch froh, wenn wir sie nur anzufüllen
vermochten, ohne über ihren Stoff uns zu ärgern. Erinnerst
Du Dich — denn Du warest ja mit in den meisten unserer
Pläne verwickelt — wie wir gezwungen waren, sechs von
den blauen Reitern abzusenden, der Lady von Loganhouse
Taubenboden und Hühnerhof zu plündern, und welch eine
furchtbare Klage die gute Dame gegen Jock Milch und die
Diebe von Annandale erhob, die in der That so schuldlos,
als ich an einem Morde, waren."

„Es gereichte dem Jock zum großen Vortheil, denn
wenn ich mich recht besinne," sagte Heriot, „so rettete jene
fälschliche Anklage ihn von einer für andere Unthaten wohl-
verdienten Züchtigung."

„Ei, erinnert Ihr Euch dessen, Freund?" — fragte der
König; „aber er hatte dennoch andere Tugenden, denn er
war ein rüstiger Jäger der Jock Milch, und sein Halloh
mächtig den ganzen Wald durchdringend, rief die Hunde sogleich zur Pflicht. Am Ende starb er doch, wie es den
Annandalern zu geben pflegt; Lord Torthorwald durch-
bohrte ihn mit seiner Lanze. — Meiner Treu', Freund,
denke ich der wilden Streiche, ich weiß wahrhaftig nicht,

ob wir nicht luſtiger in Alt-Holyroodhouſe in jener unruhig bewegten Zeit lebten, als jetzt, wo wir alles in Fülle beſitzen. Cantabit vacuus! laßt uns rufen; Wir hatten damals nur leichte Sorgen!"

„Und wenn Ew. Majeſtät ſich gnädigſt erinnern wollen," ſagte der Goldſchmied, „welche ſchwere Aufgabe es war, Gold und Silbergeſchirr in hinreichender Anzahl aufzutreiben, um vor dem ſpaniſchen Botſchafter etwas Staat zu machen."

„Sehr wahr," ſagte der König, der jetzt ſo recht eigentlich ins Plaudern gerathen war; „aber ich erinnere mich nicht des Namens des ſo wahrhaft treuen Lords, der uns mit jeder Unze eblen Metalls, welche ſein Haus darbot, beiſtand, baß ſein angeborener Fürſt einiges Anſehen in den Augen der Gebieter beider Indien erhalte."

„Wenn Ew. Majeſtät das Auge auf jenes Papier in Eurer Hand werfen will," entgegnete Heriot, „ſo glaube ich, Ew. Majeſtät werden ſich des Namens erinnern."

„Ei, Freund, was Ihr ſagt!" rief der König. „Lord Glenvarloch — gewiß das war ſein Name — Justus et tenax propositi — (gerecht und beharrlich in ſeinen Unternehmungen). — Ja, er war gerecht, aber eigenſinnig, wie ein gereizter Ochſe. Zuweilen widerſetzte er ſich uns, aber er war bennoch ein treuer Unterthan, voller Anhänglichkeit. — Dieſer Bittende hier muß ſein Sohn ſeyn. Jener Lord Randal Olifaunt von Glenvarloch iſt ſchon lange hinübergegangen, wohin Könige und Lords ſowohl als Ihr, Görge, gehen müſſen. — Und was begehrt ſein Sohn von uns?"

„Die Berichtigung einer bebeutenden Schuldforderung von Ew. königlichen Majeſtät Schatz, welche zu den Zeiten des Aufſtandes der Ruthvens in der größten Noth Ew. Majeſtät vorgeſchoſſen wurde."

„Ich erinnere mich der Sache recht gut, Freund!" rief der König. „Beim Himmel, ich war eben den Klauen des Herrn von Glamis und ſeiner Mitverſchworenen entgangen, und niemals war Geld einem geborenen Fürſten will-

kommener — obschon es Jammer und Schande ist, daß ein
gekröntes Haupt solch einer elenden Summe nöthig hatte.
Aber weshalb braucht er uns darum, wie ein Boxer beim
Handgemenge, so zu Leibe zu gehen? Wir sind ihm das
Geld schuldig, und werden es ihm nach unserer Bequemlich=
keit zahlen, oder auf andere Art ihn zufrieden stellen, wie es
zwischen Fürst und Unterthan vollkommen genügt. Wir
sind nicht in meditatione fugae (auf die Flucht bedacht),
um so urplötzlich festgehalten zu werden."

„Ach, mit Ew. Majestät gnädigen Erlaubniß," erwie=
derte der Goldschmied, „nicht sein Wille, die höchste Noth
nur zwingt den jungen Edelmann zu dieser Unbescheiden=
heit. Er muß Geld haben, und zwar sehr bald, eine Schuld
an Peregrin Peterson, Aufrechthalter der Privilegien zu
Campvere, zu bezahlen, sonst wird sein ganzes Erbe, die
Baronie von Glenvarloch, wegen einer unabgelöseten
Schuldverschreibung jenem Fremden anheimfallen."

„Was sagt Ihr, Freund — was sagt Ihr?" rief unge=
duldig der König aus. „So ein Kerl von Aufrechthalter,
der Sohn eines gemeinen holländischen Schiffers, sollte
die alte Baronie und Güter des Hauses Olifaunt besitzen?
— Gott verhüte, Freund, das geht nicht an — wir müssen
durch einen Gnadenbrief, oder auf irgend eine andere Weise
diese Einziehung verhindern."

„Mit Ew. Majestät Erlaubniß, ich glaube, das wird
schwerlich angehen," sagte Heriot. „Ew. Majestät schotti=
scher Rechtsanwalt sagt, ohne Rückzahlung des Geldes gibt
es keine Hülfe."

„Potz Fischchen, laßt ihn sich mit Gewalt gegen den
Kerl zur Wehre setzen!" rief der König, „bis wir die Sache
in Ordnung bringen können."

„Ach," erwiederte der Goldschmied, „Ew. Majestät ge=
ruhen zu bedenken, Dero eigene friedliche, gegen Jedermann
gleich gerechte Regierung, hat, außer den Gränzen der
Hochlande, die eigenen Fehden zum höchstgefährlichen Wag=
niß gemacht."

„Gut, gut, Freund," sagte der betroffene König, dessen

Ansichten von Gerechtigkeit, Anständigkeit und Ausführbarkeit der Dinge bei solchen Gelegenheiten in wunderliche Verwirrung geriethen; „gerecht ist's, daß wir unsere Schulden berichtigen, damit der junge Mann die seinen abtragen kann; er muß bezahlt werden, und in verbo regis (auf königliches Wort) er soll bezahlt werden. Woher aber das Geld nehmen, Görge? Freund, das ist ein schwieriger Punkt. Du mußt es in der City aufzutreiben suchen."

„Die Wahrheit zu gestehen," entgegnete Heriot, „mit Ew. Majestät allergnädigsten Erlaubniß, durch Anlethen, Subsidien und freiwillige Geschenke ist die City eben jetzt —"

„Sag' mir da nicht lang, was die City ist," unterbrach König Jakob, „Unsere Schatzkammer ist so kahl, als des Dechanten Gileß Predigten über die Bußpsalmen. — Ex nihilo nihil fit (aus Nichts wird Nichts). Es sollte schwer halten, die Hosen eines wilden Hochländers zu stehlen. — Die von mir Geld haben wollen, sollten mir sagen, woher ich es nehmen könnte! Du mußt die City aufbieten, Heriot! Glaube nicht, daß Du so ganz umsonst klingender Görge heißest? Aber auf mein königliches Wort, schaffst Du mir die Anleihe, so will ich den jungen Menschen bezahlen. — Bei den Bedingungen will ich nicht knickern; und so wollen wir ganz unter uns, Görge, die alte Herrschaft Glenvarloch auslösen. — Warum erscheint aber der junge Lord nicht bei Hof, Heriot. Sieht er gut aus? Eignet er sich, uns vorgestellt zu werden?"

„Niemand kann in jeder Art mehr dessen würdig seyn, aber —"

„Ei, ich verstehe Dich! verstehe Dich schon!" rief Se. Majestät — „Res angusta domi (das geringe Vermögen). Armer Junge! Armer Junge! Und sein Vater war so ein ächt schottisch treues Herz, obwohl eigensinnig bei manchen Dingen. Hört, Heriot! Schafft dem Jüngling zweihundert Pfund, sich schicklich auszustatten. Hier, hier — (das Geschmeide von Rubinen von dem alten Hut reißend) Du hast dies schon für größere Summen als Bürg schaft gehabt, alter Jude, der Du bist, behalte es zum Pfande, bis ich Dir das Geld von den nächsten Subsidien wieder=bezahle."

„Wenn es Ew. Majestät gefallen wollte, mir diesen Befehl schriftlich zu ertheilen," sagte der vorsichtige Bürger.

„Der Teufel sitzt in Deiner Pünktlichkeit, Georg!" rief der König. „Breitschweifig wie ein Puritaner in den For=men, setzest Du eigentlich in Nichts Treu und Glauben. — Berechtigt Dich nicht ein Königswort hinlänglich, elende zweihundert Pfund vorzuschießen?"

„Das wohl. Aber nicht die Kronjuwelen vorzuenthal=ten," erwiederte Heriot.

Durch längere Erfahrungen daran gewöhnt, mit be=denklichen Gläubigern zu unterhandeln, fertigte der König dem Georg Heriot, seinem wohlbelobten Goldschmied und Juwelier, einen Befehl aus, dem Nigel Olifaunt, Lord von Glenvarloch, zweihundert Pfund zu zahlen, auf Abschlag der ihm von der Krone schuldigen Summe; auch berechtigte er ihn, ein Geschmeide von Rubinen mit großen Diaman=ten, wie es in dem Verzeichniß der Juwelen Sr. Majestät beschrieben sey, in seinem Gewahrsam zu behalten, bis dem obengenannten Georg Heriot, dem Vorstrecker jener Summe, die Schuld gesetzmäßig und richtig abgetragen sey. Durch eine andere Schrift gab der König dem besagten Georg Heriot Anweisung, mit einem der Geldmäckler über eine Summe zu Sr. Majestät allerhöchst eigenem Gebrauch auf billige Bedingungen zu unterhandeln, deren Betrag nicht unter 50,000 Mark, sondern so viel es sich irgend thun ließe, darüber erhöht seyn sollte.

„Und besitzt dieser unser Lord Nigel etwas Gelehrsam=keit?" fragte der König.

Heriot, welcher diese Frage nicht genau zu beantworten wußte, begnügte sich, zu äußern, er glaube, der junge Lord habe im Auslande studiert.

„Er soll unsern höchst eigenen Rath erhalten, wie er seine Studien am besten fortsetzen mag; vielleicht lassen wir ihn gar an den Hof kommen, mit Stenie und dem Knaben, dem Karl, weiter zu studiren. Doch, da wir eben daran denken, fort, fort mit Euch, Georg, denn die Kinder werden gleich nach Hause kommen, und wir wollen nicht, daß sie schon jetzt wissen, was wir zusammen verhandelt haben. **Propera pedem**, Görge (beschleunige Deine Schritte), klemme Dein Maulthier zwischen Deine Kniee, und damit Gott befohlen!"

So schloß sich die Unterredung König Jakobs und seines gutdenkenden Juweliers.

Sechstes Kapitel.

Ich kenn' ihn wohl! Allein die Frucht,
Die sonst des Höflings stumpfen Gaumen reizte,
Als Würze für den Honigseim der Rede,
Verwittert ist jetzt ihre Kraft.
Der scharfe, feine Saft ist ausgepreßt,
Die herbe Schaale wirft man in den Trank,
Dem dort am Trog das Thier entgegengrunzt.

Der Kammerherr, ein Lustspiel.

Die von dem gastfreundlichen Bürgersmanne geladene gute Gesellschaft versammelte sich in seinem Hause an der Lombardstraße zur Zeit der größten Eßlust, das heißt Mittags zwölf Uhr, um diejenige Mahlzeit einzunehmen, welche den Tag in zwei gleiche Theile scheidet; einer Stunde, in welcher heutiges Tages Leute von Welt sich auf ihren Kissen herum wälzen und nicht ohne manchen Zweifel und vieles Zögern daran denken, daß der Tag allmälig beginne. Hieher kam auch der junge Nigel, einfach, doch mehr seinem Range und Alter gemäß gekleidet, als bisher, wie auch die Außenseite des ihn begleitenden Moniplies sich unendlich verbessert hatte. Seine feierlichen, ernsten Züge glänzten unter einer blauen, phantastisch auf das Ohr gedrückten Sammetmütze, stolz hervor; — er trug einen ganzen und dichten Mantel von englischem derben, blauen Tuche, welches, seinem vorigen Gewande sehr ungleich, dem Zerren aller Lehrbursche in der Fleetstraße widerstanden hätte.

Schild und Schwert führte er als die Waffen seines Stan=
des, und ein zierlich kleines Abzeichen mit dem Wappen
seines Gebieters kündete ihn als einen adelichen Lehens=
träger an. Er nahm in des guten Bürgers Wirthschafts=
zimmer Platz, sehr erfreut, daß seine Aufwartung bei Tafel
hier durch ein Mahl, wie er es noch selten genossen hatte,
belohnt werden sollte.

Von dem Ruß des Schmelzofens und der Schmiede
wohl gereinigt, gehörig gewaschen und gebürstet, ward,
seinem Versprechen gemäß, der erfindungsreiche, tiefdenkende
Mechaniker, Mr. David Ramsay, sicher nach der Lombard=
straße geführt. Seine Tochter begleitete ihn. Sie war
zwanzig Jahre alt, sehr hübsch, sehr ehrbar; doch wider=
sprachen ihre lebendig funkelnden schwarzen Augen hin und
wieder dem Ausdruck strenger Sprödigkeit, zu welchem
Schweigen, Zurückhaltung, ein einfaches sammtnes Häub=
chen und Halskrause von Kammertuch, Mistreß Margareth
verdammten, um sich als Tochter eines ruhigen Bürgers
zu zeigen.

Auch hatten sich zwei Kaufleute aus der City, in weiten
Mänteln, mit vielgegliederten goldenen Ketten, und wohl
erfahren in ihrem Berufe, eingefunden, die jedoch keiner
besonderen Beschreibung bedürfen. Ein ältlicher Geistlicher
in seiner Amtstracht — ein ehrwürdiger Mann, der an
Einfachheit der Manieren seinen Pfarrkindern glich, —
nahm gleichfalls an der Gesellschaft Theil.

Diese alle bedürfen nur kurzer Erwähnung, doch Sir
Mungo Malagrowther von Girnigo Castle fordert größere
Aufmerksamkeit, als ein Originalcharakter der Zeit, in
welcher er lebte.

Dieser gute Ritter klopfte an Mr. Heriots Thür, gerade
als die Uhr zwölf zu schlagen begann, hatte schon seinen
Platz eingenommen, ehe noch der letzte Stundenschlag er=
tönte. Dies gab dem Ritter eine vortreffliche Gelegenheit,
spöttische Bemerkungen über die später Kommenden zu
machen, ja selbst die früher Erschienenen mußten einige
flüchtige Sticheleien hören.

Wenig oder gar kein Vermögen besitzend, ward Sir
Mungo sehr früh am Hofe in der Eigenschaft eines Prügelknaben, wie man diese Unglücklichen damals nannte, bei
Jakob VI. angestellt, und mit Sr. Majestät von dessen be-
rühmtem Hofmeister, Georg Buchanan, in allen gelehrten
Kenntnissen unterrichtet. Dem Amte eines Prügelknaben
lag die traurige Pflicht ob, alle körperliche Züchtigung zu
erleiden, welche der Gesalbte des Herrn, dessen Person eben
deßhalb geheiligt war, auf der beschwerlichen Reise durch
Grammatik und Prosodie verdienen konnte.

Freilich unter der ernsten Zucht Georg Buchanans, der
diese stellvertretende Strafmethode nicht billigte, mußte
Jakob selbst die Buße seiner Fehler dulden, und Mungo
Malagrowther erfreute sich eines geschäftslosen Postens;
aber Jakobs zweiter Lehrer, Mr. Patrick Young, ging
förmlicher zu Werke, und schreckte das Gemüth des jungen
Königs durch die Hiebe, welche er dem Prügelknaben ertheilte, wenn des Königs Aufgabe nicht geziemend ausgeführt war. Zum Ruhm Sir Mungo's muß man eingestehen,
daß er in einigen Punkten auf das Vollkommenste sich zu
seinem Amte eignete. Schon in der Jugend hatte er so
seltsame, auffallende Züge, daß sie, wenn sie durch Furcht,
Schmerz oder Aerger verzerrt wurden, einer jener wunderlichen Fratzen glichen, welche man an gothischen Säulen-
verzierungen anzubringen pflegt. Auch seine Stimme war
kreischend und winselnd, so daß, wenn er unter Mr. Youngs
reichlichen Streichen sich krümmte, der Ausdruck seiner auffallenden Züge und die übernatürlich gellenden Töne, welche
er ausstieß, wohl geeignet waren, auf den Monarchen, der
die Züchtigung verdient hatte, ganz den Eindruck hervorzu-
bringen, der möglicherweise durch den Anblick eines un-
schuldig Leidenden erregt werden konnte.

Sir Mungo Malagrowther, welcher zum Ritter erhoben
ward, hatte so früh bei Hofe festen Fuß gefaßt, wo andere
an seiner Stelle ihre Lage benutzt haben würden. Als er
aber zu groß zum Durchpeitschen war, besaß er keine Mittel
mehr, sich angenehm zu machen. Bittere, spöttische, ver-

läumderische Laune, boshafter Witz und giftiger Neid auf
alle, denen das Glück freundlicher wollte, als dem Besitzer solcher liebenswürdigen Eigenschaften, sind zwar nicht
immer entschiedene Hindernisse des Fortkommens eines Höflings gewesen, doch mußten sie mindestens mit einem hohen
Grad selbstsüchtiger Verschlagenheit und Vorsicht verbunden seyn, welche dem Sir Mungo durchaus fehlten. Sein
Spott erklang so rücksichtslos, sein Neid konnte sich so
wenig verbergen, daß er kaum mündig war, als er schon so
viel Händel sich zuzog, daß es einer Katze neunfaches Leben
erfordert hätte, sie alle auszufechten. In einem dieser Duelle
empfing er, glücklicherweise sollten wir fast sagen, eine
Wunde, welche ihm gegen alle künftige Ausforderungen
zur gültigen Entschuldigung diente. Sir Rullion Rattray
von Ränagullion hieb ihm im Kampf auf Leben und Tod
drei Finger der rechten Hand ab, so daß Sir Mungo nie
wieder ein Schwert führen konnte. Späterhin empfing er
für ein Spottgedicht auf Lady Cockpen von ihren Rächern
eine so ernste Züchtigung, daß ihn die Rächer jener Dame
halb todt auf dem Wahlplatz zurückließen, und sein gebro-
chener und schlecht geheilter Schenkel ihn bis zum Grabe
zum Hinken verdammte. Doch verschafften ihm diese Ver-
stümmelungen, so sehr sie auch sein auffallendes unange-
nehmes Aeußere vermehrten, eine persönliche Straflosigkeit
für die gefährlichen Folgen seiner Spottlaune; körperlich
ungefährdet, doch ohne sich Freunde oder Beförderung zu
erwerben, ward er immer älter in dem Hofdienst. Zuweilen
unterhielten seine beißenden Einfälle wohl den König, aber
nie verstand er den günstigen Moment zu benutzen, und
seine Feinde (wozu der ganze Hof gehörte) fanden immer
Mittel, ihm wieder die Gunst zu entziehen. Der berühmte
Hofnarr, John Armstrong, bot ihm einst großmüthig einen
Theil seines eigenen Narrengewandes an, vorschlagend,
ihm so die Rechte und Freiheiten eines erklärten Hofnarren
zu ertheilen, „denn," setzte er hinzu, „Sir Mungo, wie er
es treibt, erhält von dem Könige für seine Scherze nichts

weiter, als nur eben die königliche Verzeihung, daß er sie wagte."

Selbst in London verbesserte der goldene Regen, der rings um ihn herabträufelte, seine Umstände nicht. Er wurde alt, taub, verdrießlich — verlor selbst den Witz, der früher seine Ausfälle belebte, und ward lediglich vom König geduldet, der, obwohl er selbst fast eben so bejahrt war, bis zu einem ungewöhnlichen, ja selbst albernen Grade Geschmack daran fand, nur von jungen Leuten umgeben zu seyn. So im Leben und Glück immer farbloser verwelkend, zeigte Sir Mungo seine abgezehrte Gestalt und verblichenen Gewänder so selten, als seine Pflicht es ihm nur gestatten wollte, bei Hofe; auf öffentlichen Spaziergängen, in den Seitenhallen der Paulskirche, damals die gewöhnlichen Versammlungsörter von Neuigkeitskrämern und Menschen der verschiedensten Gattungen, brachte er den größten Theil seiner Zeit zu, seinem Hange zur Spottsucht freien Spielraum gönnend, und sich besonders denen seiner Landsleute anschließend, über welche er durch Geburt und Rang sich erhaben glaubte. So lebte er größtentheils, obwohl er den Handel und die, welche sich ihm widmeten, haßte und verachtete, unter den schottischen Künstlern und Kaufleuten, welche dem Hofe gefolgt waren. Hier konnte er seinen menschenfeindlichen Charakter zeigen, ohne sie zu sehr zu beleidigen; denn einige ertrugen jene bittere, spöttische Ausfälle aus Achtung für seine, damals noch große Vorrechte gewährende Geburt und Verhältnisse, und die Verständigeren bedauerten und duldeten den durch seinen Charakter und Schicksal gleich unglücklichen Mann.

Zu diesen letzteren gehörte Georg Heriot, der, wenn auch Gewohnheit und Erziehung ihm aristokratische Gesinnungen bis auf einen, heut zu Tage übertrieben genannten Grad eigen gemacht hatten, zu viel Verstand und Vernunft besaß, irgend eine unschickliche Freiheit oder ein zu anmaßendes Benehmen einem Manne wie Sir Mungo zu gestatten; obwohl er ihn demunerachtet nicht nur mit achtungsvoller Höflichkeit behandelte, sondern ihm großmüthig wesentliche Dienste leistete.

Die Art, wie Sir Mungo das Zimmer betrat, legte dies alles deutlich an den Tag. Mr. Heriot und eine ältliche, anständige, etwas streng blickende Frau, welche unter dem Namen Tante Judith an dessen Tafel und im Hause die Wirthin machte, empfingen einen achtungsvollen Gruß, dem wenig oder nichts von dem übermüthigen, höhnischen Wesen beigemischt war, welches immer mehr in seiner sonderbaren Physiognomie hervortrat, als er David Ramsay und die beiden andern unbedeutenderen Bürger begrüßte. Er mischte sich in der letztern Unterhaltung mit der Bemerkung, er habe zu St. Pauls gehört, daß der Sturz Pindivids, eines großen Kaufmanns, der, wie er sich ausdrückte, den Krähen einen Pudding bereitet habe (und an welchen, wie er aus derselben Quelle wußte, beide ehrliche Bürger eine unbefriedigte Forderung hatten), ein totaler Bankerott sey — indem Schiff und Ladung, Mast und Segel, kurz alles, alles für jetzt und immerdar verloren sey.

Die beiden Bürger blickten sich verlegen lächelnd an, doch zu vorsichtig, ihre geheimen Angelegenheiten zum Gegenstand eines öffentlichen Gesprächs zu machen, steckten sie die Köpfe zusammen und flüsterten mit einander. Der alte schottische Ritter griff jetzt den Uhrmacher mit gleich unbescheidener Vertraulichkeit an.

„David," sagte er — „Ihr alter verdrehter Ideot, seyd Ihr durch die Anwendung Eurer mathematischen Wissenschaft auf die Apokalypse noch nicht toll geworden? Ich erwartete, Ihr würdet das Zeichen des Thiers uns so deutlich machen, als den Ton einer Kinderpfeife."

Der Mechaniker, sich anstrengend, das ihm eben Gesagte, so wie die Person des Redenden zu beachten, erwiederte: „Ei, Sir Mungo, vielleicht steht Euch selbst das Zeichen näher, als Ihr es meint — denn wenn man an die zehn Hörner des Thiers denkt, so könnt Ihr nach Eurer Fingerzahl leicht abmessen" —

„Meine Fingerzahl, Ihr verdammter alter, rostiger,

nichtsnutziger Zeitmesser!" rief Sir Mungo, der zwischen Scherz und Ernst getheilt seine Hand, oder vielmehr seine Klaue (denn Sir Rullions Schwert hatte ihr diese Gestalt gegeben) an seinen Degen legte. "Herr, wagt Ihr es, mich mit meiner Verstümmelung aufzuziehen?" —

Mr. Heriot sagte vermittelnd: "Unser Freund David läßt sich nicht überzeugen, daß die Prophezeihungen der heiligen Schrift in Finsterniß zu bleiben bestimmt sind, bis ihre unerwartete Erfüllung, wie in der Vorzeit, die zur That gewordene Verkündigung zeigt. Aber dennoch müßt Ihr Euren ritterlichen Muth an ihm nicht üben wollen."

Lachend erwiederte Sir Mungo: "Bei meiner Seele, das hieße ihn verschleudern. Eben so gern möchte ich mit Hunden und Hifthorn ein toll gewordenes Schaf hetzen, denn er ist schon wieder im Traume, und bis an das Knie in Zahlen und Berechnungen versunken — Mistreß Margareth, mein schönes Kind," denn die Reize der jungen Bürgerin erheiterten selbst Sir Mungo's mürrische Züge in etwas, "ist Euer Vater immer so unterhaltend, als er es eben jetzt zu seyn scheint?"

Mistreß Margareth lächelte, zögerte, sah bald seitwärts, bald vor sich nieder, nahm ganz den Schein schüchterner, schamhafter Verlegenheit an, den sie für nöthig erachtete, eine gewisse muthwillige Keckheit zu verbergen, die wirklich ihrem Charakter eigen war, und antwortete endlich:

"Ihr Vater sey wirklich oft sehr tiefsinnig, doch habe sie immer gehört, er habe diese Gewohnheit von ihrem Großvater angenommen."

"Euer Großvater!" rief Sir Mungo, der zu zweifeln schien, ob er recht gehört habe; "sagte sie nicht, ihr Großvater? Das Mädchen irrt sich! Ich kenne kein Mädchen auf dieser Seite von Temple=Bar, die sich einer so entfernten Abkunft rühmen kann."

"Demohnerachtet, Sir Mungo, hat sie einen Pathen erhalten," sagte wiederum vermittelnd Mr. Heriot, "dem Ihr, wie ich hoffe, die Bitte nicht abschlagen werdet, sein häbsches Pathchen nicht so tief erröthen zu lassen."

„Ei, um so besser — um so besser!" rief Sir Mungo;
„es macht ihr Ehre, daß sie, in diesem Viertel erzogen und
geboren, über irgend etwas erröthen kann; und bei meiner
Seele, Meister Georg," fuhr er fort, die erzürnte widerstrebende Schöne unter das Kinn fassend, „sie ist hübsch
genug, den Mangel ihrer Ahnen auszugleichen, mindestens
im Umkreise von Cheapside, wo, wißt Ihr wohl, der Kessel
den Suppentopf nicht nennen kann, ohne —"

Das Mädchen erröthete, doch nicht so unmuthig als
zuvor, und Mr. Heriot beeilte sich, den Schluß von Sir
Mungo's vaterländischem Sprichwort zu unterdrücken, indem er ihm den Lord Nigel vorstellte. Sir Mungo, der
die Worte seines Wirthes nicht sogleich verstand, fragte:
„In's Himmels Namen, was sagt Ihr, Freund?" Doch
als der Name Nigel Olifaunt Lord von Glenvarloch wieder
in sein Ohr gerufen ward, richtete er sich auf, und seinen
Wirth fast erzürnt anblickend, machte er ihm Vorwürfe;
Standespersonen nicht gleich einander vorgestellt zu haben;
daß sie sich erst begrüßen könnten, ehe sie sich mit andern
Leuten einließen. Dann verneigte er sich so zierlich und
höflich gegen seinen neuen Bekannten, als ein an Füßen
und Händen Verstümmelter es nur vermochte, und indem
er erwähnte, daß er Mylord, seinen Vater, wohl gekannt
habe, hieß er ihn willkommen in London, und fügte noch
hinzu, er hoffe ihn bald bei Hofe zu sehen.

Sir Mungo's Benehmen sowohl, als ein unterdrücktes
Lächeln, welches um die Lippen seines Wirthes zuckte, ließ
Lord Nigel schnell einsehen, daß er es mit einem sehr eigenthümlichen Original zu thun habe, weshalb er seine Höf-
lichkeiten mit der geziemendsten Pünktlichkeit erwiederte.
Sir Mungo betrachtete ihn indessen mit großer Aufmerksamkeit, und, da persönliche Vollkommenheiten Anderer
ihm eben so zuwider waren, als ihr Reichthum oder sonstige
Vorzüge, so gewahrte er kaum die schöne Gestalt und an-
muthige Gesichtsbildung des Jünglings, als er, gleich
jenen Tröstern des Mannes von Uz, sich es angelegen seyn
ließ, die ehemalige Größe des Lords von Glenvarloch her-

auszuftreichen, und fein Bedauern zu äußern, daß es ver=
laute, ihr Erbe würde wahrscheinlich die Beßzungen feiner
Ahnen aufgeben müssen. Eben fo pries er unendlich die
Schönheiten des Herrnhaufes von Glenvarloch, die erha=
bene Lage des alten Schlosses; die herrliche, weite Aus=
dehnung des Sees, von wildem Geflügel, zur Falkenjagd
geeignet, umschwärmt; die mächtigen Waldreviere, die fich
an einen, reich mit Wild aller Art bevölkerten Bergrücken
anschlössen, und alle andere Vorzüge diefer schönen Baronie,
bis Nigel, troz aller feiner Anstrengungen, einen Seufzer
nicht mehr unterdrücken konnte.

Sir Mungo, der fich fehr darauf verstand, zu unter=
scheiden, wann der Faden der Gedulb derer, mit denen er
fich unterhielt, auf dem Punkte stand, zu zerreißen, be=
merkte, daß fein neuer Bekannter in diefem Falle war und
gern die Unterhaltung abgebrochen hätte, als des Kochs
ungedulbiges Klopfen auf dem Buffet mit dem Hefte feines
Küchenmessers ein fo lautes Signal für die Aufwartenden
zum Auftragen der Speifen gab, daß man es im ganzen
Haufe hören konnte. Sir Mungo, der die Freuden der Tafel
liebte (ein Geschmack, welcher vielleicht von nicht geringem
Einfluß feyn mochte, feinen Stolz mit diefen Bürgergefell=
schaften zu verföhnen), warb durch jenen Klang hinweg=
gezogen, und ließ Nigel und die andern Gäste in Frieden,
bis feinem Bestreben, fich des ihm gebührenden ersten
Plazes an der fröhlichen Tafel zu bemächtigen, vollkom=
menes Genüge geleistet war. Indem er zur linken Hand der
Tante Judith faß, fah er indessen doch Nigel den ehrenvol=
leren Plaz zur Rechten einnehmen, woburch er die ehrwür=
dige Matrone von der hübschen Mistreß Margareth trennte;
aber er fah es diesmal gedulbiger an, weil zwischen ihm und
dem jungen Lord ein herrlich gespickter Kapaun prangte.

Das Mittagsmahl entsprach dem Gebrauche jener Zei=
ten. Alles war in feiner Art vortrefflich, und außer den
verheißenen schottischen Gerichten bot der Tisch Rindfleisch
und Pudding, die etatsmäßigen Hauptleckerbissen Alt=Eng=
lands, dar. Ein kleiner filberner Kredenztisch, der fehr

9

geschmackvoll und sorgsam versehen war, entging der loben=
den Aufmerksamkeit einiger der Gäste nicht, und erregte
eine spöttische Anmerkung des Sir Mungo, welche des
Eigenthümers Geschicklichkeit in seinem Handwerke höhnisch
lächelnd erwähnte. „Ich schäme mich meines Handwerkes
nicht, Sir Mungo," sagte der ehrliche Bürger; „man
sagt, ein guter Koch kostet seine Brühe, und mir scheint es,
es wäre unpassend, daß ich, der ich in halb Großbritannien
die Kredenztische mit Silber versehen habe, meinen eigenen
mit elendem Zinn bedecken sollte."

Das von dem Geistlichen gesprochene Tischgebet gestat=
tete nun den Gästen, die vor ihnen stehenden Speisen an=
zugreifen, und mit großem Anstand schritt die Mahlzeit
vorwärts, bis die Tante Judith, zur größeren Empfeh=
lung des Kapauns, ihrer Gesellschaft versicherte, er stamme
von einer berühmten Gattung Hühner ab, welche sie selbst
aus Schottland mit herüber gebracht habe.

Nicht ohne einen Seitenblick auf seinen Wirth, sagte
der schonungslose Sir Mungo: „Dann, Madam, ward
er, wie einige seiner Landsleute, mindestens sehr gut ge=
spickt."

„Doch gibt es andere," entgegnete Mr. Heriot, „denen
aller Speck Englands nicht im Stande gewesen ist, diesen
Dienst zu leisten."

Sir Mungo lächelte gezwungen und erröthete; die Uebri=
gen lachten laut, und der Spötter, welcher Gründe hatte,
Herrn Georg nicht auf das Aeußerste zu treiben, schwieg
nun während dem Rest des Mittagsmahls still. Die Schüs=
seln wichen den ausgesuchtesten Konfitüren und Weinen der
trefflichsten Sorten, und Nigel sah die Gastereien des wohl=
habendsten Bürgermeisters, welchen er im Auslande bei=
wohnte, von der Gastfreiheit eines Londoner Bürgers, in
welcher dennoch nichts Prahlendes noch seinem Stande Un=
passendes sich zeigte, übertroffen.

Während der Mahlzeit wandte sich Nigel, wie es die
gute Lebensart erforderte, hauptsächlich an Mistreß Judith.
Er fand in ihr eine ächt schottisch gebildete Frau, die sich

mehr zu den Puritanern neigte, als ihr Bruder Georg, der
seine Schwester ebenfalls immer Tante Judith nannte, an
welchem sie auf das Innigste hing, und mit der treuesten
Sorge für seine Bequemlichkeit wachte. Da indessen die
Unterhaltung der guten alten Dame weder lebendig noch
anziehend war, richtete der junge Lord natürlich seine Worte
an des Uhrmachers sehr hübsche Tochter, die an seiner linken Seite saß. Doch war es unmöglich, ihr mehr als ein-
sylbige Antworten abzuzwingen, und wenn der junge Mann
die schönsten und artigsten Dinge sagte, welche seine Höflichkeit ihm einhauchte, so war das Lächeln, das unwillkührlich ihren schönen Mund umschwebte, so leicht und
flüchtig, daß es kaum zu bemerken war. Schon wollte sich
die Langeweile Nigel nahen, denn die alten Bürger unterhielten sich über kaufmännische Angelegenheiten in einem
ihm fast gänzlich unverständlichen Styl, als Sir Mungo
plötzlich Aller Aufmerksamkeit in Anspruch nahm.

Diese liebenswürdige Person hatte sich seit einigen
Augenblicken in die Wölbung eines vorspringenden Fensters
zurückgezogen, welches eine Ansicht der Straße und Haus-
thür darbot. Wahrscheinlich gefiel dieser Ort dem Sir
Mungo wegen der Menge der Gegenstände, welche, seinem
mürrischen Spleen zusagend, die Straße einer Hauptstadt
gewöhnlich darbieten. Unbedeutend wahrscheinlich war das
bisher Gesehene, doch jetzt hörte man ein Pferdegetrappel,
und der Ritter rief aus:

„Wahrhaftig, Mr. Georg, Ihr thätet besser, nach
Eurem Laden zu sehen; eben kommt hier Knighton an, des
Herzogs von Buckingham Stallmeister, von zwei statt-
lichen Dienern begleitet, als wäre es der Herr Herzog
selbst."

„Mein Kassir ist unten," erwiederte Mr. Heriot ohne
sich zu stören; „er wird es mich schon wissen lassen, wenn
Sr. Durchlaucht Befehle meine unmittelbare Gegenwart
fordern."

„Hm, Kassir!" murrte Sir Mungo für sich. „Als
ich Dich kennen lernte, hätte er ein leichtes Amt gehabt.

Doch," ſetzte er lauter hinzu, „wollt Ihr nicht mindeſtens an das Fenſter kommen, denn Knighton hat ein ſilbernes Gefäß in Euer Haus geſchleudert. — Ha! ha! ha! Es dreht ſich auf ſeinem Rand wie ein Reif, den die Peitſche treibt. Ich muß lachen über des Burſchen Unverſchämtheit. Ha! ha! ha!"

Aufſtehend und das Zimmer verlaſſend, ſagte Mr. Georg: „Ich vermuthe, Ihr würdet lachen, auch wenn Euer beſter Freund im Sterben läge."

„Das war bitter, Mylord," ſagte Sir Mungo zu Nigel. „Nicht umſonſt iſt unſer Freund ein Goldſchmied — er hat keinen bleiernen Witz! — Doch ich will hinunter gehen und ſehen, was daraus wird."

Indem Heriot die Treppe hinabſtieg, trat ihm ſein Kaſſir einigermaßen beſtürzt entgegen. Heriot fragte:

„Was gibt's denn, Robert? Was bedeutet dies alles?"

„Es iſt Knighton, Mr. Heriot, der vom Hofe kömmt. Knighton, des Herzogs Diener. Er brachte den Präſentir= teller zurück, welchen Ihr nach Whitehall mitnahmt, ſchleu= derte ihn auf die Schwelle, als ſey es elendes Zinn, und trug mir auf, Euch zu ſagen, der König wolle nichts von Eurer Trödelwaare."

„Trödelwaare? Wirklich nichts von meiner Trödel= waare? Kommt hieher ins Comptoir, Robert — Sir Mungo," ſetzte Heriot, zu dem Ritter, der ſo eben erſchien und ihnen folgen wollte, gewandt hinzu: „Ich bitte einen Augenblick um Verzeihung."

Kraft dieſes Verbots ſah ſich Sir Mungo, der, ſo wie die übrige Geſellſchaft, das Geſpräch Mr. Heriots mit ſei= nem Kaſſir gehört hatte, gezwungen, in dem äußern Ge= ſchäftszimmer zu warten, wo er gern ſeine brennende Neu= gierde durch Ausforſchung Knighton's geſtillt hätte; doch dieſer Geſandte der Hoheit war, nachdem er ſeinen un= höflichen Auftrag mit der ihm eigenen Rohheit ausgeführt hatte, ſchon wieder weſtwärts mit ſeinen Satelliten ge= ritten.

Indeſſen hatte der Name des Herzogs von Buckingham,

des allmächtigen Lieblings sowohl des Königs, als des Prinzen von Wales, einige Befangenheit über die im Eßzimmer Zurückbleibenden verbreitet. Mehr gefürchtet als geliebt, ward er, wenn nicht durchaus tyrannisch, doch stolz, rachsüchtig und höchst gewaltthätig genannt. Für Nigel war der Gedanke peinlich, daß er selbst, ohne jedoch zu begreifen, auf welche Weise, vielleicht die ursprüngliche Ursache des herzoglichen Unwillens gegen seinen Wohlthäter gewesen seyn könnte. Die andern flüsterten nur unter einander, bis endlich auch Ramsay, der bis dahin tief in jene Studien versunken war, mit welchen er alles und jedes zu verbinden wußte, das Stichwort auffaßte und ausrief:

„Der Herzog — der Herzog von Buckingham — Georg Villiers — ei, ich habe mit Lambe über ihn gesprochen!"

„Mein Gott und Herr, Vater! Wie mögt Ihr nur so reden!" unterbrach ihn seine Tochter, welche schlau genug war, einzusehen, daß ihr Vater eine gefahrvolle Seite berühre.

„Warum denn, Kind?" fragte Ramsay. „Die Sterne machen uns nur zu etwas geneigt, aber sie zwingen nicht. Doch Du weißt ja, von Sr. Durchlaucht sagen gemeinhin Diejenigen, welche die Nativität zu stellen verstehen, daß eine merkwürdige Verbindung zwischen Mars und Saturn Statt fand — deren wahrer oder scheinbarer Zeitpunkt, wenn man die Berechnungen des Eichstadius in der Breite von Orattenburg aufgenommen, mit der von London zusammenstellt, das Resultat von sieben Stunden, fünfundfünfzig Minuten, einundzwanzig Sekunden gibt, und —"

„Schweigt, Ihr alter Wahrsager!" rief Heriot, der eben mit ruhiger und fester Miene eintrat; „Eure Berechnungen sind wahr und untrüglich, wenn von Metallen und mechanischen Kräften die Rede ist; doch der Zukunft Ereignisse ruhen in dem Willen desjenigen, der die Herzen der Könige in den Händen trägt."

„Aber demohnerachtet, Georg," entgegnete der Uhrmacher, „gab es bei der Geburt jenes Edelmannes eine

Zusammenstellung von Zeichen, die bewiesen, daß sein Leben
seltsam genug sich gestalten würde. Er wurde gerade in dem
Scheidepunkt des Tages und der Nacht geboren, unter sich
kreuzenden, widerstrebenden Einflüssen, die leicht ihn und
uns ergreifen können; und man sagt schon lange von ihm:

"Bei hoher Fluth und Vollmondschein,
Sahst Du die Welt. Groß wirst Du seyn;
Doch röthlich ging die Sonne auf;
Und blutig endet einst Dein Lauf.

"Es taugt nichts, über solche Dinge, besonders wenn es
die Großen betrifft, zu reden," sagte Heriot. "Die Mauern
haben Ohren, und der Vogel in der Luft trägt die Sache
weiter."

Mehrere der Gäste schienen die Meinung ihres Wirths
zu theilen. Die beiden Kaufleute nahmen kurzen Abschied,
als fürchteten sie, es sey nicht alles, wie es sollte. Mistreß
Margareth, deren Leibwache von Lehrlingen in Bereitschaft
stand, zupfte ihren Vater an dem Ermel und erweckte ihn
aus einem tiefen Sinnen (es stehe dahin, ob es die Räder
der Zeit oder des Glücks betraf), wünschte ihrer Freundin,
der Mistreß Judith, gute Nacht, und empfing, mit dem
Segen ihres Pathen, zugleich einen Ring von bedeutendem
Werthe, denn selten entließ er sie, ohne ihr ein Zeichen
seiner Anhänglichkeit zu geben. So, ehrenvoll entlassen,
und von ihrer Bedeckung begleitet, begann sie ihren Rück=
weg nach der Fleetstraße.

Sir Mungo hatte dem Mr. Georg Lebewohl gesagt,
als er aus dem Comptoir kam, aber seine Theilnahme für
seines Freundes Angelegenheiten war so groß, daß er nicht
umhin konnte, als Mr. Georg die Treppe hinaufging, in
jenes Heiligthum einzutreten, zu sehen, womit Mr. Robert
beschäftigt war. Der Ritter fand den Kassir, wie er Auszüge
aus jenen kolossalen, in Leder gebundenen, mit metallenen
Spangen versehenen, handschriftlichen Foliobänden anfer=
tigend, welche der Stolz und das Vertrauen des Kaufmanns
und der Schrecken des Kunden sind, dessen Schuldjahr ver=
flossen ist. Der gute Ritter stützte seinen Ellbogen auf das

Pult, und sagte dem Buchhalter mit einem mitleidigen Tone: „Wie denn, ich fürchte, Mr. Robert, Ihr habt einen guten Kunden verloren, und wollt eben seine Schulden summiren."

Zufällig war Robert, wie Sir Mungo, etwas taub, und verstand, wie jener, dies zuweilen zu nutzen, so daß er hier absichtlich mißverstehend antwortete:

„Ich bitte gehorsamst um Verzeihung, Mr. Mungo, Eure Rechnung Euch nicht früher gesendet zu haben, aber mein Herr gebot mir, Euch nicht zu belästigen. Doch ich will alles augenblicklich summiren." — Dies sagend, schlug er schnell die Bücher nach, murmelnd: „Ein silbernes Pettschaft ausgebessert — neue Hacken in die Amtskette — einen übergoldeten Zierrath für den Hut, ein St. Andreaskreuz mit Disteln darstellend — ein kupfernes vergoldetes Paar Sporen — dem Daniel Driver gezahlt, da wir diesen Artikel nicht führen —"

Er würde noch fortgefahren haben, doch Sir Mungo, keinesweges gelaunt, die Vorlesung seines eigenen kläglichen Schuldverzeichnisses anzuhören, und noch weniger geneigt, es auf der Stelle zu berichtigen, wünschte dem Buchhalter herrisch gute Nacht, und verließ das Haus ohne weitere Umstände. Der Schreiber sah ihm mit einem feinen kaufmännischen Lächeln nach, und kehrte sogleich zu der ernsteren Arbeit zurück, welche das Eindringen Sir Mungo's unterbrochen hatte.

Siebentes Kapitel.

Wir haben des Nothwendigen gedacht;
Doch jenes, was die Schrift uns nennt,
Das Eine, was vor allem uns ist Noth —
Wir dachten seiner nicht!

Der Kammerherr.

Als der übrige Theil der Gesellschaft sich entfernt hatte, wollte auch Lord Nigel Abschied nehmen, aber sein Wirth hielt ihn noch zurück, bis Alle, außer dem Geistlichen, sein Haus verlassen hatten. Jetzt sagte der würdige Bürger:

„Mylord, wir haben einige Stunden der anständigen gastlichen Freude geweiht, jetzt möchte ich Euch zu einem viel ernsteren Zwecke noch hier zurückhalten, denn es ist unsere Gewohnheit, wenn wir das Glück haben, uns der Gesellschaft des guten Herrn Windsors zu erfreuen, daß er die kirchlichen Abendgebete liest, ehe wir uns trennen. Euer vortrefflicher Vater, Mylord, würde vor dem Familiengottesdienst sich nicht entfernt haben. Ich hoffe dasselbe von Ew. Herrlichkeit."

„Mit Vergnügen, Sir," entgegnete Nigel; „Ihr vermehrt durch diese Einladung nur die Verbindlichkeiten, womit Ihr mich überhäuft. — Wenn junge Leute ihre Pflicht vergessen, sind sie denen, welche sie daran mahnen, innigen Dank schuldig."

Während dieser Unterredung hatten die Diener die ineinandergefügten Tafeltische entfernt, ein tragbares Lesepult hingesetzt, und für ihren Gebieter, seine Schwester und den Gast Stühle und Kniepolster herbeigebracht. Noch ein niedriger Stuhl, oder vielmehr Tabouret, ward dicht neben dem Mr. Heriots gestellt, und so geringfügig dieser Umstand auch war, fiel er doch dem Lord einigermaßen auf, als er eben im Begriff, sich darauf niederzulassen, von Mr. Heriot einen Wink erhielt, einen etwas erhöhteren Sitz einzunehmen. Der Geistliche trat hinter das Lesepult. Die zahlreiche, sowohl männliche als weibliche Dienerschaft, zu welcher sich auch Moniplies gesellte, nahm mit großem Ernst auf denen für sie bestimmten Bänken Platz. Alle setzten sich und schienen mindestens äußerlich andächtiger Aufmerksamkeit hingegeben, als man ein leises Klopfen an der Thür des Zimmers vernahm. Mrs. Judith blickte forschend ihren Bruder an, als suchte sie seinen Willen zu erspähen. Er nickte ernsthaft und blickte auf die Thür hin. Sogleich öffnete sie Mistreß Judith, und führte ein reizendes Geschöpf in das Gemach, dessen plötzliche und sonderbare Erscheinung etwas Geisterartiges hatte. Sie war tod-

tenbleich. — Auch nicht die leichteste Spur des zarteften Roths
belebte die regelmäßig gebildeten Züge, welche man sonft
entzückend schön genannt hätte. Ihr langes schwarzes Haar,
glatt und sorgsam ausgekämmt, floß über ihre Schultern
und ihren Rücken weit herab, zeigte aber nicht den kleinsten
Schmuck oder Zierde, welches in einer Zeit, wo man in jedem
Stande Kopfputz aller Art trug, sehr sonderbar erscheinen
mußte. Ihr weißes, ganz einfaches Gewand hüllte, das Ge=
sicht, den Hals und die Hände ausgenommen, die ganze
Gestalt ein. Obwohl noch unter der mittlern Größe, war
ihre Figur doch so schön und zierlich geformt, daß Niemand
sie erhabener gewünscht hätte. Im Widerspruch mit der
ungemeinen Einfachheit ihres Anzuges, trug sie ein Hals=
band, welches eine Herzogin hätte beneiden können, so groß
und strahlend waren seine Juwelen. Eben so schmückte sie
ein Gürtel von Rubinen von nicht geringerem Werthe.

Als dies sonderbare Wesen in das Zimmer trat und ihr
Blick auf Nigel fiel, schien sie einen Augenblick ungewiß,
ob sie vorwärts schreiten oder zurückgehen sollte. Doch
zeigte ihr Auge mehr den Ausdruck der Unentschlossenheit,
als den der Scham oder Furcht. Tante Judith ergriff ihre
Hand und führte sie leise vorwärts — indessen blieben ihre
dunklen Augen, welche die tiefste Schwermuth aussprachen
und den Jüngling wunderbar erregten, fest auf ihn geheftet.
Selbst als sie schon auf dem Tabouret Platz genommen
hatte, blickte sie ihn noch oft mit diesem sinnigen, trüben
und doch besorglich theilnehmenden Ausdrucke an, ohne in=
dessen die mindeste Scheu oder Verlegenheit zu zeigen, noch
durch den leisesten Anflug von Röthe in ihrer Gesichtsfarbe
zu verrathen.

Sobald diese sonderbare Frau ihr Gebetbuch von ihrem
Kissen genommen hatte, schien sie ganz in inniger Andacht
versunken; denn obwohl Nigels Aufmerksamkeit auf den
Gottesdienst durch diese wunderbare Erscheinung so gestört
war, daß er mehr als einmal seine Augen während der
Gebete auf sie wandte, bemerkte er nie, daß ihre Gedanken
oder Blicke einen einzigen Moment durch irgend etwas ab=

gezogen wurden. Nicht so Lord Nigel; so ernstlich er von seinem Vater zur ehrfurchtvollsten Ausübung kirchlicher Gebräuche gewöhnt war, dennoch war seine Phantasie hier zu lebendig erregt, um nicht sehnlich das Ende der Gebete herbeizuwünschen, damit seiner Neugier einige Befriedigung werde.

Als der Gottesdienst beendet war, und Jeder, dem schicklichen, erbaulichen Gebrauche der Kirche gemäß, in stiller Andacht ein kurzes Gebet im Herzen sprach, erhob sich die geheimnißvolle Fremde, ehe irgend Jemand sich regte; Nigel bemerkte, daß keiner der Dienerschaft seinen Platz verließ oder nur sich bewegte, bevor sie, auf ein Knie gebeugt, zuerst den Segen Mr. Heriots empfing, den er ihr, die Hand auf ihr Haupt legend, mit schwermüthig feierlichem Wesen ertheilte. Gleiche Ehrfurcht, doch ohne niederknieen, bewies sie der Mistreß Judith, und verließ dann das Gemach. Doch schon auf der Schwelle wandte sie noch einmal ihr durchdringendes Auge mit so festem Blicke auf Nigel, daß er unwillkührlich zur Seite blickte, und als er wieder sie betrachten wollte, nur noch den Saum ihres weißen, entschwebenden Gewandes gewahrte.

Jetzt erhob und zerstreute sich die Dienerschaft. Wein, Früchte und Eingemachtes wurden dem Lord Nigel und dem Geistlichen dargeboten, bis sich Letzterer entfernte. Indem er einige Aufklärung über jene seltsame Erscheinung von ihm zu erhalten hoffte, würde ihn der junge Mann gern begleitet haben, aber sein Wirth hielt ihn davon ab, indem er ihn ersuchte, ihm in seinem Comptoir noch eine Unterredung zu gönnen. — Hier begann Mr. Heriot:

„Ich hoffe, Mylord, die Vorbereitungen zu Eurer Erscheinung bei Hofe sind hinlänglich vorgerückt, daß Ihr schon übermorgen dort Euch zeigen könnt. Es ist vielleicht auf längere Zeit das Letztemal, daß Se. Majestät offenen Hof für alle diejenigen halten wird, welche durch Geburt, Rang oder Amt befugt sind, ihm aufzuwarten. Den folgenden Tag geht er nach Theobald-Castle, wo er so sehr der Jagd und andern Lustbarkeiten nachhängt, daß er es nicht liebt, dort belästigt zu werden."

„Alles Aeußere zur Erfüllung dieser Pflicht wird bereit seyn," sagte der junge Edelmann, „aber ich habe wenig Muth dazu. Die Freunde, von denen ich Beistand und Aufmunterung zu erwarten berechtigt war, haben sich kalt und falsch gezeigt. Sie will ich gewiß nicht bei dieser Gelegenheit bemühen! — Und doch. — muß ich meinen kindischen Widerwillen bekennen, einer mir so neuen Scene ganz allein entgegenzutreten."

„Es ist von einem bloßen Künstler, wie ich bin, vielleicht sehr kühn, einem Edelmann solch ein Anerbieten zu machen," erwiederte Heriot; „doch ich muß übermorgen bei Hofe erscheinen. Ich kann Euch bis in's Audienzzimmer, vermittelst meiner Rechte als Hausbeamter, geleiten. Ich kann, wenn man Euch Schwierigkeiten machen sollte, Euren Eintritt erleichtern, ja, Euch den günstigsten Augenblick und die rechte Art, Euch dem Könige zu nähern, bezeichnen. Aber ich weiß nicht," setzte er lächelnd hinzu, „ob diese kleinen Vortheile das Unpassende aufwiegen, daß ein Edelmann sie aus den Händen eines alten Goldschmieds empfängt."

„Sagt vielmehr, aus den Händen des einzigen Freundes, den ich in London fand!" rief Nigel, dankbar ihm die Hand darreichend.

„Ja, wenn Ihr so denkt," erwiederte der ehrliche Bürger, „dann bedarf es keiner Worte weiter. Ich werde Euch mit einer, bei dieser Gelegenheit schicklichen Barke abholen. Vergeßt aber nicht, mein guter junger Herr, daß ich nicht, wie einige meines Gleichen, mich der Gelegenheit zu bedienen wünsche, mich über meinen Stand zu erheben und in die Reihen der Vornehmeren einzudrängen; fürchtet also nicht, meine Eitelkeit zu kränken, wenn Ihr mich bei der Audienz und wo es schicklich ist, in der gebührenden Entfernung zurücklasset. Mir genügt das Glück, wenn ich dem Sohne meines alten Gönners nützlich seyn kann."

Der Gegenstand der Unterredung war so weit von dem

Punkt entfernt, der kurz vorher des Jünglings Neugier er=
regte, daß es nicht gelingen wollte, diesen Abend noch da=
rauf zurückzukommen. Dankend schied daher Lord Nigel
von Georg Heriot, indem er versprach am zweiten Morgen
Punkt zehn Uhr zum Einschiffen vollkommen bereit zu seyn.

Die Zunft der Fackelträger, welche der Graf Antony
Hamilton als eine Eigenthümlichkeit Londons feiert, war
schon unter Jakob dem ersten in Thätigkeit, und einer der=
selben, mit seiner dampfenden Fackel, war herbeigeholt
worden, den jungen Lord und seinen Diener nach ihrer
Wohnung zu führen, welche sie, obwohl sie jetzt schon besser
in der City Bescheid wußten, in der Dunkelheit leicht hät=
ten verfehlen können. Deshalb hielt sich der schlaue Herr
Moniplies dicht hinter seinem Herrn, indem er seinen lin=
ken Arm leise an den Griff seines Degens legte und ihn ein
wenig in der Scheide lüftete, damit er auf alles, was ihnen
begegnen könnte, vorbereitet wäre.

„Gedächte ich nicht des Weines und der schönen Mahl=
zeit, die wir in jenes alten Mannes Hause so reichlich ge=
nossen," begann dieser weise Diener; „ja, Mylord, hätte
ich ihn nicht als einen gerechten Mann von wahrhaft ächt
Edinburghschem Schrot und Korn rühmen gehört, würde
ich gar zu gern die Form seiner Füße ein wenig untersucht
und nachgesehen haben, ob sich nicht unter seinen, mit Band=
schleifen geschmückten Korduanschuhen ein Pferdefuß ver=
steckt hat!"

„So, Du Schurke!" rief Lord Nigel, „man hat Dich
nur zu gütig behandelt, und jetzt, da Du Deinen raubgieri=
gen Magen voll hast, spottest Du des guten Mannes, der
Dich erquickte."

„Nein, Mylord, mit Erlaubniß, das nicht! — Ich
möchte nur etwas mehr von ihm wissen! Ich habe seine
Speisen gegessen, das ist wahr — ärgerlich genug aber, daß
seines Gleichen Gastereien geben können, wenn Ew. Herr=
lichkeit und ich kaum Brühe und elenden Haberkuchen be=
zahlen können. — Auch von seinem Weine habe ich ge=
trunken —"

„Ich sehe, Du hast viel mehr davon genossen, als nöthig war," unterbrach Lord Nigel.

„Mit Ew. Erlaubniß, Mylord, Ihr sagt das so, weil ich eine Flasche mit dem lustigen Burschen, dem Jenkins, ausgestochen habe, uud das geschah bloß aus Dankbarkeit für seine neulich mir erzeigte Freundschaft. Ja, ich gestehe auch, daß ich überdem das alte Lied von Else Marley sang, so wie man es noch niemals singen hörte." Und damit begann er jubelnd zu wiederholen:

> Sagt, kennt ihr Else Marley nicht?
> Seht! sie verkauft jetzt Gerstenkuchen:
> Denn viel zu schön ward ihr Gesicht,
> Um noch im Viehstall sie zu suchen,
> Sagt, kennt ihr Else Marley nicht?

Aber in der Mitte seines fröhlichen Liedes unterbrach ihn ein kräftiges Schütteln der Faust seines Gebieters, welcher drohte, ihn todtzuschlagen, wenn er durch dies unzeitige Singen die Stadtwache herbeizöge.

„Ich bitte um Verzeihung, Mylord! Bitte demüthig um Verzeihung. Nur wenn ich an den Jin-Vin denke, wie sie ihn nennen, muß ich immer unwillkührlich summen: 'Ach, kennt Ihr Else —' doch ich bitte Ew. Gnaden um Verzeihung, und ich will gänzlich verstummen, wenn Ihr es so befehlt."

„Nein, Windbeutel, sprich nur, denn ich weiß schon, daß Du unter dem Vorwande, Dich zu entschuldigen, noch alberner schwatzest, als wenn man Dir volle Freiheit gönnt. — So sag', was hast Du gegen Mr. Heriot einzuwenden?"

Höchst wahrscheinlich will es uns erscheinen, daß der junge Lord hoffte, sein Diener würde die ihm zugestandene Erlaubniß benutzen, etwas über die so geheimnißvoll bei der Abendandacht erschienene Dame zu sagen, oder dachte er nur, seinen Plaudereien dadurch einen gemäßigteren, leiseren Ton zu verleihen, gewiß ist's mindestens, daß er ihre Fortsetzung gestattete.

„Wie gesagt also," fuhr der Erzähler fort, „ich würde

gern wissen, was für eine Art von Mensch dieser Mr. Heriot ist. Er hat, wie ich hörte, Ew. Herrlichkeit mit Gold
unterstützt, und wenn das ist, so muß er dabei seine Absichten haben, denn das ist nun einmal der Lauf der Welt.
Hätten Ew. Herrlichkeit nun über Eure schönen Güter zu
gebieten, so zweifle ich nicht, dieser Mensch, wie die meisten
seines Gleichen — Goldschmiede nennen sie sich — Wuche-
rer nenne ich sie — würde gern Pfunde des afrikanischen
Staubes, wie ich das Gold nenne, gegen so viele schöne,
herrliche Aecker ergiebiges, schottisches Land eintauschen.“

„Aber Du weißt, daß ich keine Ländereien besitze, mindestens keine, auf welche ich jetzt noch irgend eine Schuld
aufnehmen könnte. — Ich dächte, daran brauchtest Du mich
nicht zu erinnern.“

„Ganz recht, Mylord, ganz wahr, und wie Ew. Herrlichkeit richtig sagen, auch dem vernageltsten Verstande be-
greiflich. — Deshalb eben, Mylord, wenn nicht Mr. Heriot irgend einen andern Grund seiner Freigebigkeit anführen kann, sollte er nicht, da er Eure Besitzungen nicht erringen, folglich durch die Gefangennehmung Eurer Person
keinen Vortheil gewinnen kann, sollte er es nicht auf Eure
Seele abgesehen haben?“

„Auf meine Seele, Du Schuft! Was soll ihm meine
Seele nützen?“ rief Lord Nigel.

„Weiß ich das?“ fragte Moniplies. „Die bösen Geister schleichen umher, brüllend und suchend, wen sie zerflei-
schen! — Ohne Zweifel gelüstet ihnen nach der Beute, nach
welcher sie so wüthend verlangen; und Mylord, man sagt“
— dichter drängte sich Moniplies an seines Gebieters
Seite — „Mr. Heriot hat in seinem Hause schon jetzt einen
Geist.“

„Was willst Du damit sagen, betrunkener Bursche! Ich
werde es Deinem Kopf entgelten lassen, wenn Du mich hier
noch länger foppst.“

„Betrunken?“ versetzte der treue Diener. „Ist davon
die Rede? Konnte ich es wohl abschlagen, Ew. Herrlichkeit
Gesundheit auf meinen bloßen Knieen zu trinken, als mir

Mr. Jenkins sie zubrachte? — An Galgen mit denen, welche es ausschlagen. — Ich würde einem solchen Unverschämten die Kniescheiben entzwei gehauen und es ihm schwer gemacht haben, jemals wieder aufzustehen! — Aber was den Geist anbetrifft," fuhr er fort, da sein Herr seine tapfere Rede nicht beantwortete, „Ew. Herrlichkeit haben das Gespenst mit eigenen Augen gesehen."

„Ich sah kein Gespenst," erwiederte Lord Glenvarloch, doch schwer athmend, wie Jemand, der irgend einer seltsamen Erklärung entgegensteht, fragte er: „Was verstehst Du unter einem Gespenst?"

„Ihr saht eine junge Dame zum Gebet erscheinen, welche keine Sylbe sprach, bloß dem alten Herrn und der Hausfrau Kniebeugungen und Verneigungen machte. — Wißt Ihr, wer das ist?"

„Nein, in der That nicht! Ich vermuthe irgend eine Verwandte der Familie."

„Ei zum Teufel auch!" rief hastig Moniplies; „nicht einen ihnen verwandten Blutstropfen hat sie, wenn überhaupt ein Blutstropfen in ihrem Körper ist. — Ich erzähle Euch nur, was alle Einwohner der Lombardstraße als wahr verbürgen. Diese Dame, oder Königin, oder wie Ihr sie nennen möget, ist seit vielen Jahren schon körperlich todt, obwohl sie, wie wir gesehen haben, selbst bei dem Gottesdienst spuckt."

„Du wirst sie mindestens einen guten Geist nennen müssen, da sie diese Zeit wählt, ihre Freunde aufzusuchen."

„Das verstehe ich nicht, Mylord," antwortete der abergläubische Bursche. „Ich weiß von keinem Gespenst, welches dem kräftigen Worte Mr. John Knox Stand gehalten hätte, dem mein Vater in der schlimmsten Zeit zur Seite stand, damals, als der Hof gegen ihn war, den mein Vater doch mit Fleischerwaare versorgte. Aber jener Geistliche hier hat eine andere Manier, wie der stattliche Mr. Rollock und Mr. David Black von North Leith, und solche Männer. Ach, Himmel, wer kann es wissen, ob, mit Ew. Herrlichkeit Erlaubniß, die Gebete, welche die Südleute aus ihren alten, schwarzen Messebüchern ablesen, nicht eben so fähig seyn mögen, die bösen Geister herbeizurufen, als ein aus warmen, frischen Herzen strömendes Gebet, die Macht besitzt, sie hinwegzutreiben, wie der böse Geist aus der Hochzeitkammer der Sara durch den Dampf der Fischleber verbannt ward. Obwohl ich, ehrlich gesagt, gerade bei dieser Geschichte unschlüssig bin, ob ich sie glauben soll, oder nicht, da bessere Leute daran zweifelten.“

„Schon gut,“ sagte Nigel ungeduldig. „Wir sind unserer Wohnung nah; ich gestattete Dir, über diesen Gegenstand Dich auszusprechen, damit wir ein für allemal Deine abergläubischen Thorheiten und unsinnigen Grillen beseitigen. Deshalb also, wofür siehst Du oder Deine albernen Gewährsleute jene Dame an?“

„Genau kann ich darüber nichts sagen,“ erwiederte Moniplies. „Gewiß ists, daß schon vor langer Zeit ihr Körper starb und in die Gruft gelegt ward, obwohl sie noch immer auf Erden, und besonders in Mr. Heriots Familie umgeht, wenn sie auch die, welche sie gut kennen, ebenfalls an andern Orten sahen. Wer sie aber ist, noch warum sie, gleich einem hochländischen Gespenste, irgend einer Familie besonders anhängt, weiß ich nicht zu sagen. Sie erzählen, sie bewohne eine Reihe eigener Gemächer, Vorzimmer, Besuch= und Schlafzimmer. Aber hol' mich der Teufel, wenn sie in einem andern Bette, als in ihrem Sarge schläft, dabei sind Mauern, Thüren, Fenster, alles so fest verwahrt, daß nicht der kleinste Sonnenstrahl hinein kann; sie lebt nur beim Kerzenlicht.“

„Wozu das, wenn sie ein Geist ist?“ fragte Nigel.

„Wie vermag ich das Ew. Herrlichkeit zu sagen? Ich danke Gott, daß ich nichts von dem weiß, was sie thut oder treibt. Aber ihr Sarg ist da. Nun frage ich Ew. Herrlichkeit, was ein lebendiger Mensch mit einem Sarge zu schaffen hat? Gerade so viel wie ein Geist mit einer Laterne.“

„Welcher Grund,“ wiederholte jetzt auch Nigel, „kann

ein so junges und schönes Geschöpf vermögen, immerdar ihre letzte Ruhestätte zu betrachten?"

„Gewiß, Mylord, ich begreife es auch nicht; aber der Sarg ist da, so sagten mir diejenigen, welche ihn sahen. Er ist von Ebenholz, mit silbernen Nägeln, und mit dreimal geschlagenem Damast ausgefüttert, so daß er einer Fürstin zum letzten Ruhebett dienen könnte."

Nigel, dessen Gehirn, wie es dem lebendigen Geiste der Jugend eigen ist, durch das Sonderbare und Romantische leicht ergriffen ward, rief: „Wunderbar! Speiset sie nicht mit der Familie?"

„Wer? — Sie?" fragte Moniplies, als erstaune er über die Frage. „Ich glaube, der möchte eines langen Löffels bedürfen, der mit ihr speisen wollte! Doch setzt man immer etwas für sie in den Thurm, wie sie einen Drehkasten nennen, welcher sich in der Mauer halb auf dieser, halb auf die andere Seite herumwendet."

„Ich sah solche Anstalten in auswärtigen Nonnenklöstern," sagte Lord Nigel. „So also erhält sie ihre Nahrung?"

„Sie sagen, es wäre einmal Gebrauch, alle Tage etwas hineinzuthun, aber man glaubt nicht, daß sie es eigentlich mehr genießt, als die Götzenbilder des Baals und des Drachen die vor ihnen aufgepflanzten Leckerbissen verzehren. Es gibt genug kräftige Diener und Kammerzofen in dem Hause, um die Rollen der siebenzig Baalspriester mit Weib und Kindern zu übernehmen, und wie sie die Speisen zu verzehren."

„So sieht man sie nur zur Betstunde erscheinen?"

„Sonst nie, wie ich hörte."

„Sonderbar, sehr sonderbar," rief, in Träumereien versunken, Nigel Olifaunt. „Wenn nicht der Schmuck, den sie trägt, und noch viel mehr ihr Antheil an dem protestantischen Gottesdienste es mir widerlegten, so würde ich sie für eine Katholikin halten, welcher man aus irgend einem bringenden Grunde gestattet habe, ihre Zelle hieher nach London zu verlegen, oder für eine unglückliche papistische

10 *

Schwärmerin, welche eine schwere Buße zu tragen hat. Doch jetzt weiß ich in der That nicht, was ich davon denken soll."

Seine Träumereien wurden durch das Klopfen des Fackelträgers an des ehrlichen John Christie Thür unterbrochen, dessen Weibchen mit freundlichem Kopfnicken und anlockendem Lächeln heraustrat, ihren geehrten Gast bei seiner Rückkehr zu bewillkommnen.

Achtes Kapitel.

Ja, schaut das Weib wohl an! Doch lacht nicht, Freund,
Des alten hohen Huts, der sammtnen Kappe.
Des Dyonisius Ohr mögt Ihr sie nennen;
Wie sich aus seinen Kerkern eine Wölbung
Des Ohres Schneckenwindung gleich erhob,
Die Seufzer und die Klagen aufzufassen,
Die murrend der Gefangne sich erlaubt,
So sauget Martha, was in weiter Stadt
Geschieht, ja was geschehen könnte, in sich ein;
Und wenn's ihr Vortheil heischt, wird sie's bewahren;
Verrathen wird sie's, wenn's ihr Nutzen bringt.
Ist's auch Gewinn für sie, was Ihr begehrt,
Dann wird Euch Hülfe gern von ihr gewährt.
Die Verschwörung.

Wir stellen jetzt dem Leser eine neue Person vor, die weit mehr, als ihre äußere Erscheinung in der bürgerlichen Welt es vermuthen ließ, geschäftig und wichtig war, mit einem Worte, Frau Ursula Subblechop, die Gattin des berühmtesten Barbiers der Fleetstraße. Diese Frau hatte ihre ganz eigenthümlichen Verdienste, deren Hauptzweck, wenn man ihren eigenen Berichten trauen darf, in dem unwiderstehlichen Wunsche bestand, ihren Nebenmenschen zu dienen. Ihrem mageren, halb verhungerten Gatten überließ sie den Ruhm der größten Fingerfertigkeit in London und die Sorge für den Laden, worin hagere, kümmerliche Lehrlinge die Gesichter derjenigen zersetzten, welche albern genug waren, sich ihnen anzuvertrauen. Dame Ursula indessen trieb einen

besonderen, einträglicheren Handel, der aber so mannigfal=
tige und verwickelte Richtungen hatte, daß sie sich oft selt=
sam zu widersprechen schienen.

Ihre wichtigsten und bedeutendsten Geschäfte erforder=
ten geheimnißvolles, tiefes Schweigen; auch hatte Dame
Ursula, so viel man wußte, nie eine ihr anvertraute Ange=
legenheit verrathen, wenn sie nicht etwa schlecht für ihre
Dienste bezahlt worden war, oder ein Anderer ihr das Dop=
pelte bot, ihr das Geheimniß zu entreißen, und diese Fälle
waren so selten eingetreten, daß der Ruf ihrer Zuverläßig=
keit eben so makellos, als der ihrer Ehrlichkeit und Gut=
müthigkeit blieb.

Kurz sie war eine bewunderungswürdige Frau, welche
den Verliebten und Schwachen, bei dem Ursprung, Fort=
gang und Folgen ihrer Leidenschaft nützlich seyn konnte.
Sie war bereit, Liebenden, welche sich nach einer einsamen
Zusammenkunft sehnten, hülfreiche Hand zu bieten; sie ver=
stand es, eine schwache Schöne von den traurigen Folgen
einer lasterhaften Leidenschaft zu befreien, und den hoff=
nungsvollen Sprößling ungeheiligter Liebe, vielleicht gar
als den Erben einer gesetzmäßigen, aber kinderlosen Ehe
einzuschwärzen. Sie vermochte mehr, als dies zu bewerk=
stelligen, und war in tieferen, gewichtigeren Dingen einge=
weiht. Sie war eine Schülerin der Mistreß Turner, von
welcher sie wohl manches mehr und minder bedeutende Ge=
heimniß, doch wohl keines der verbrecherischen, erlernte,
deren man ihre Gebieterin beschuldigte. Doch alles Dunkle
und Versteckte in ihrem Charakter verhüllte ein äußerer
Anstrich von Heiterkeit und guter Laune, herzlicher Lachlust
und Scherzhaftigkeit, wodurch die Dame den älteren Theil
ihrer Nachbarn mit den kleinen Künsten sehr gut zu ver=
einigen wußte, die sie bei dem jüngeren, insbesondere weib=
lichen Geschlechts, empfahlen.

Dem Ansehen nach war Dame Ursula kaum vierzig
Jahre alt, und ihre gerundete, doch nicht unförmliche Ge=
stalt, ihre immer angenehmen, wenn auch durch die Freuden
der Tafel etwas zu aufgedunsenen Züge hatten einen hei=

tern fröhlichen Ausdruck, der die Reste der fliehenden Schönheit noch hervorhob. Heirathen, Niederkunsten, Taufen konnten in einem sehr bedeutenden Umkreise nicht gehörig ohne die Gegenwart der Dame Ursula gefeiert werden. Sie verstand jede Art von Spiel und Zeitvertreib, welche die großen Gesellschaften, die unsere Vorfahren bei solchen Gelegenheiten zu halten pflegten, unterhalten konnten, so daß ihre Gegenwart, im buchstäblichsten Sinne, in allen Bürgerfamilien, bei solcher freudigen Veranlassung, unumgänglich nothwendig erachtet ward. Man traute ihr eine so tiefe und sichere Beurtheilung der verworrensten Lebensverhältnisse zu, daß sie die bereitwillige Vertraute der Hälfte der Liebesangelegenheiten der Nachbarschaft war, von denen viele ihre Geheimnisse ihr mittheilten, und von ihrem Rathe sich leiten ließen. Die Reichen belohnten ihre Dienste mit Ringen, Kleinodien oder Goldstücken, welches letztere ihr das liebste war, und den Armen stand sie bei, wie junge Aerzte es zu thun pflegen, theils aus Mitleiden, theils um in der Uebung zu bleiben.

Dame Ursula's Ruf stand in der City um so höher, da sie auch jenseits Temple=Bar Geschäfte hatte, ja nicht nur Bekanntschaften, sondern Gönner und Gönnerinnen unter dem Adel besaß, deren Rang, weil es ihrer damals weit weniger gab, und die Aussicht, sich der Hofsphäre zu nähern, weit entfernter war, einen Grad der Wichtigkeit mit sich brachte, wovon man heutzutage, wo der Abstand zwischen dem Adel und dem Bürger so gering ist, keinen Begriff hat. Ihre Verbindung mit jenen vornehmen Kunden erhielt sich Dame Ursula durch einen kleinen Handel mit Parfümerien, Pomaden, französischem Kopfputz und chinesischem Porzellan, welches damals schon alles Mode war, ohne noch besonders der Arzneimittel aller Art zu gedenken, welche sie hauptsächlich für Frauen, mehr und minder mit den vorerwähnten Zweigen ihres Gewerbes zusammenhängend, verkaufte.

In dem Besitz so mancherlei Erwerbszweige, war Frau Ursula dennoch so arm, daß sie höchst wahrscheinlich ihre

und ihres Gatten Umstände verbeſſert hätte, wenn ſie alles
aufgegeben und ruhig für ihren Haushalt und die Unter=
ſtützung des armen Benjamins bei ſeinem Geſchäft geſorgt
hätte. Aber Urſula war üppig und genial in ihrer Lebens=
weiſe, und würde ſich eben ſo ſchwer an die beſchränkte
Tafel ihres Gatten, als an ſeine langweilige Unterhaltung
gewöhnt haben.

Am Abend jenes Tages, wo Lord Nigel bei dem wohl=
habenden Goldſchmied ſpeiſete, müſſen wir Urſula Subble=
chop auf unſere Bühne auftreten laſſen. Sie hatte am
Morgen einen weiten Weg nach Weſtminſter unternommen,
war ermüdet, und ruhte auf einem gewiſſen Armſtuhl, den
häuffiger Gebrauch geglättet hatte, dicht am Kamin, in wel=
chem ein kleines, aber helles Feuer praſſelte. Hier beobach=
tete ſie halb ſchlummernd das leiſe Kochen eines wohlge=
würzten Topfs ſtarken Biers, auf deſſen Oberfläche ein
kleiner, wilder, halb gebratener Apfel ſchwamm, während
ein junges Mulattenmädchen noch aufmerkſamer auf der
andern Seite des Kamins beſchäftigt war, in einer ſilber=
nen Pfanne Kälbermilch zu ſchmoren. Mit dieſen Speiſen
gedachte Dame Urſula den wohlgenützten Tag zu beſchlie=
ßen, deſſen Arbeit ſie überſtanden, und deſſen letzte Stunden
ſie ihrer Willkür überlaſſen wähnte. Sie ward aber ge=
täuſcht, denn eben als das Bier zum Trinken ſich eignete,
und das Mädchen die Kälbermilch gar geſotten erklärte,
ließ ſich von unten herauf Benjamins klangloſe, ſchnarrende
Stimme vernehmen:

„Hört doch, Frau Urſula — Weibchen, hört doch —
hört meine Liebe, — man verlangt Euch hier ſehnlicher als
den Schleifſtein für ein ſtumpfes Scheermeſſer. — Hört
doch, Frau.“ —

„Ich wollte, irgend einer zöge Dir ein Scheermeſſer
durch die Gurgel, Du brüllender Eſel!“ murmelte die
Dame verdrießlich zwiſchen den Zähnen.

„Was gibt es denn, Mr. Subblechop? Ich will eben
zu Bette gehen, ich bin den ganzen Tag umhergehudelt
worden.“

„Nein, mein Herzliebchen, ich verlange nichts,“ erwie=
derte der geduldige Ehemann: „Es ist das schottische Nähe=
mädchen vom Nachbar Ramsay, welche Euch sogleich spre=
chen muß.“

Bei dem Worte, Herzliebchen, warf Dame Ursula einen
zärtlichen Blick auf das Gericht, welches in der Schmor=
pfanne jetzt dampfte, und erwiederte seufzend: „Bittet
Jenny, herauf zu kommen. Ich werde sehr gern hören,
was sie mir zu sagen hat.“ Leiser setzte sie hinzu: „Ich
hoffe, sie wird auf einem Feuerbrand zum Teufel fahren,
wie so manche schottische Here vor ihr.“

Die schottische Näherin trat ein, und da sie den letzten
zärtlichen Wunsch Frau Ursula’s nicht vernommen hatte,
so grüßte sie sehr ehrerbietig, und sagte, ihre junge Gebie=
terin sey unwohl zurückgekehrt, und wünsche Frau Ursula
sogleich zu sprechen.

„Wäre es morgen früh nicht noch Zeit genug, gute
Jenny?“ fragte Dame Ursula: „Ich war heute schon in
Whitehall, und bin kaum fähig, auf meinen Füßen zu
stehen.“

„Gut denn,“ sagte Jenny, ganz gelassen; „wenn es sich
so verhält, so muß ich mich selbst noch weiter verfügen, und
dort am Strande die alte Mutter Redcap aufsuchen, welche,
wie Ihr selbst, sich damit beschäftigt, die jungen Mädchens
zu trösten. Denn eine von Euch muß sie sehen, ehe sie
schlafen geht, das weiß ich schon.“

Mit diesen Worten wandte sich die Abgesandtin schnell,
um sich zu entfernen, als Dame Ursula ausrief: „Nein,
nein; wenn Eure Gebieterin, das süße Kind, wirklich freund=
lichen Rath und Beistand nöthig hat, so braucht Ihr nicht
zur Mutter Redcap zu gehen, Jenny. Sie mag den Schif=
ferweibern, Höckerstöchtern und ihres Gleichen wohl nützen
können, aber niemand als ich selbst soll die hübsche Mistreß
Margareth, die Tochter des Uhrmachers Sr. allerheiligsten
Majestät bedienen. Ich will also nur schnell die Kappe
aufsetzen, Schuhe anziehen, den Mantel umnehmen, und
sogleich zum Nachbar Ramsay hinüberkommen. Aber sagt

mir einmal, gute Jenny, werdet Ihr Eurer Gebieterin stets
wechselnder Laune und Einfälle nicht etwas müde?"

„Nein, in Wahrheit nicht," sagte die geduldige Dienerin; „ausgenommen, wenn sie ein wenig gar zu eigen mit
dem Waschen ihrer Spitzen ist. Doch ich habe sie von
Kindheit an gepflegt, Nachbarin, und das macht einen großen Unterschied."

Dame Ursula, immer noch beschäftigt, sich noch mehr
gegen die Nachtluft zu verwahren, fragte weiter: „Und Ihr
wißt gewiß, daß sie zweihundert Pfund jährlich von schönen Gütern zu ihrem freien Gebrauch hat?"

„Die ihr die Großmutter, Gott habe sie selig, hinter-
lassen hat; sie hätte sie keinem hübscheren Mädchen vererben
können."

„Sehr wahr, sehr wahr, Jenny: denn trotz all ihren
kleinen Launen habe ich immer gesagt, Mistreß Margareth
sey das hübscheste Mädchen des Kirchspiels. Und Jenny,
ich wette darauf, das arme Kind hat nicht zu Abend gegessen."

Jenny konnte es nicht läugnen, denn da ihr Herr aus-
gewesen sey, und die Lehrburschen ihn heimzuholen, den
Laden schlossen, hätten sie und das andere Mädchen eine
schottische Bekannte besucht. —

„Wie es sehr natürlich war, Jenny," sagte Frau Ursula,
welche es ihrem Vortheile gemäß fand, jeder Meinung bei-
zustimmen.

„Da ging das Feuer aus" — sagte Jenny.

„Wiederum ganz natürlich," rief Frau Suddlechop;
„also, meine liebe Jenny, nehme ich mein Bischen Abend-
brod, das ich eben genießen wollte, mit hinüber. Ich habe
nichts zu Mittag genossen, und vielleicht ißt die hübsche
Mistreß Margareth ein Stückchen mit mir; denn oft ist es
nur ein leerer Magen, der solche Krankheitsgrillen den
jungen Leuten in den Kopf setzt." Sie gab die silberne
Schaale mit dem Biere in Jenny's Hände, und ihren
Mantel mit der Lebendigkeit, womit man die Neigung der
Pflicht zuweilen unterordnet, ergreifend, hüllte sie die

Schmorpfanne in seine Falten, und gebot der Mulattin, ihnen über die Straße zu leuchten.

„Wohin noch so spät?" fragte der Barbier, als sie bei ihm vorbeigingen, der mit seinen ausgehungerten Burschen ein kärgliches Mahl von Stockfisch und Pastinack verzehrte.

„Wenn ich Euch die Wahrheit sagen soll, Benjamin," antwortete Ursula mit verächtlicher Kälte; „ich glaube nicht, daß Ihr meinen Auftrag vollziehen könntet, und so will ich ihn für mich behalten."

Benjamin war der unabhängigen Lebensart seiner Frau zu sehr gewöhnt, um weiter zu forschen; auch stand Ursula keiner ferneren Frage Rede, sondern dem ältesten Burschen gebietend, aufzubleiben und ihrer Rückkehr zu harren, ging sie zur Thür hinaus.

Die Nacht war finster und regnig, und so gering auch die Entfernung der beiden Laden war, hatte doch Frau Ursula Zeit genug, ihre Unterröcke hochaufraffend, vor sich zu murmeln: „Ich möchte nur wissen wie ich dazu komme, jeder alten Marjelle und jedem jungen Zieraffen aufpassen zu sollen. Von Tempel-Bar nach Whitechapel habe ich wandern müssen, weil eines Nadlers Frau sich in den Finger gestochen hatte; — zum Henker, ihr Mann, der die Waffe anfertigt, hätte auch die Wunde heilen können. — Nun kömmt das verschrobene Aeffchen, die hübsche Mistreß Margareth — eine Schönheit, wie ich sie gleich aus einer holländischen Puppe machen könnte, und launisch, eigensinnig, eingebildet, als ob sie eine Herzogin sey. Ich habe sie schon in einem Tage veränderlich wie ein Chamäleon, und hartnäckig wie ein Maulthier gesehen. Ich möchte wohl wissen, ob ihr kleines eingebildetes Gehirn, oder ihres Vaters berechnender, verdrehter, alter, tölpischer Kopf, mehr Albernheiten zu Tage fördert. Aber da sind die zweihundert Pfund jährlich sicherer Renten — der Vater, der zwar halb toll ist, aber tüchtige Batzen haben soll — überdem ist er unser Wirth, sie hat uns eine lange Frist zur Abtragung der Miethe erbeten — also, Gott steh mir bei, ich muß mich schon fügen. — Auch ist der kleine eigensinnige

Teufel, der einzige Schlüssel in Mr. Heriots Geheimniß zu bringen, und mein Beruf ist's, das zu erforschen. So wollen wir also geduldig in den sauren Apfel beißen."

Während dieses halblauten Selbstgesprächs nahten sie sich der Wohnung des Uhrmachers, wo Jenny vermittelst eines Hauptschlüssels alsbald öffnete. Frau Ursula schlüpfte hinein, und zwischen Dämmerung und Dunkel schritt sie, nicht wie jene liebenswürdige Lady Christabelle, zwischen alten Waffen und gothischen Trümmern, nein stolpernd, durch zahllose Haufen alter zerbrochener Maschinen und neuen Modellen aller Art einher, welche mit unnützem Eifer begonnen, halb fertig oder wieder zerstört, die Werkstatt des wunderlichen, obwohl erfindungsreichen Künstlers immerwährend anfüllten.

Endlich gelangten sie durch eine kleine enge Treppe in das Zimmer der Mistreß Margareth, wo sie, das leitende Himmelsgestirn jedes jungen, kühnen, unverheiratheten Mannes der Fleetstraße, sich in einem halb mißmüthigen, halb trostlosen Zustande befand. Ihr schöner Nacken und ihre wohlgeformten Schultern waren sanft vorübergebogen, ihr rundes Kinn ruhte mit seinem Grübchen in der Höhlung ihres niedlichen Händchens, der Ellbogen ruhte auf dem Tische und ihre Augen schienen fest auf die im Kamin verglimmende Kohlen gerichtet. Kaum wandte sie das Haupt, als Frau Ursula eintrat, und als die schottische Dienerin die Gegenwart der achtbaren Matrone deutlicher verkündete, so bestand Mistreß Margareths Antwort nur in einem unverständlichen Murmeln.

„Geht hinab zur Küche mit Wilser, gute Mistreß Jenny," sagte Ursula, welche jede Grille ihrer Kunden zu ertragen wußte; „vorher aber stellt hier die Schmorpfanne und die Suppenschaale an's Feuer. — Ich muß allein mit meinem holden Liebling, Mistreß Margareth, sprechen, — und da gibt es im ganzen Viertel keinen Junggesellen, der mir nicht dies Vorrecht beneiden würde."

Die Dienerinnen gehorchten; nachdem Frau Ursula bestmöglich Sorge getragen hatte, ihren Schmortopf mit

mit den glimmenden Kohlen recht vortheilhaft zu umgeben, setzte sie sich, so nah sie konnte, zu ihrer Patientin und fragte mit süßem, leisem, schmeichelndem Tone, was der zartesten Blume in ihrer Nachbarschaft fehlen möge.

„Gar nichts, Frau Suddlechop," sagte Mistreß Margareth mit verdrießlichem Wesen, der Fragenden fast gänzlich den Rücken zukehrend.

„Gar nichts, mein feines Vögelein?" wiederholte Frau Ursula. „Und pfleget Ihr Eure ältern Freunde so um gar nichts zu dieser späten Zeit aus dem Bette holen zu lassen?"

„Ich habe nicht nach Euch geschickt!" erwiederte die verstimmte Schöne.

„Wer hat es denn gethan? Ich gebe Euch mein Wort, ohne gerufen zu seyn, würdet Ihr mich nicht hier zu dieser Stunde sehen."

„Wahrscheinlich hat es die alte Thörin, die Jenny, nach ihrem eigenen Kopf gethan; denn sie plagte mich schon seit zwei Stunden mit Euch und Mutter Redcap."

„Mit mir und Mutter Redcap? — Wahrhaftig eine alte Närrin ist die, welche uns einander gleich stellt. — Aber kommt nur her, meine süße, kleine Nachbarin, am Ende ist Jenny doch nicht die Thörin, die sie scheint; sie sieht es ein, junge Leute bedürfen oft eines besseren Rathes als ihres eigenen, und sie weiß ihn für sie aufzusuchen. Ihr müßt also schon Euer Herz aufschließen, mein holdes Kind, mir sagen, was Euch verstimmt, dann überlaßt es Frau Ursula, das Heilmittel aufzufinden."

„Ei, wenn Ihr so weise seyd," erwiederte das Mädchen, „so mögt Ihr errathen, was mir fehlt, ohne daß ich es Euch sage."

Die gefällige Matrone erwiederte: „Ei, Kindchen, keiner versteht sich besser als ich auf das gute alte Spiel: „Was denke ich wohl so eben?" Nun, ich will wetten, der kleine Kopf hier sehnt sich nach einem neuen Putz, der etwa einen Fuß höher ist, als die Damen der City zu tragen pflegen — oder Ihr wollt eine Ausflucht nach Islington und Waare machen, und Euer Vater macht Einwendungen — oder" —

„Oder Ihr seyd eine alte Närrin, Frau Subblechop," sagte Margarethe mürrisch, „und müßt Euch nicht um Dinge bekümmern, von welchen Ihr nichts versteht."

„Närrin, so viel es Euch beliebt, Mistreß," erwiederte die jetzt ebenfalls erzürnte Frau Ursula, indessen doch eben nicht so sehr viel älter als Ihr selbst, Mistreß!"

„O wir sind gar ärgerlich, sind wir's wirklich?" fragte die Schöne; „sagt doch, ich bitte Dame Ursula, wie kommt Ihr, die Ihr so wenig Jahre mehr zählt als ich, dazu, solchen Unsinn zu reden, da ich, die ich so manches Jahr jünger bin, doch schon zu viel Vernunft habe, mir über meinen Kopfputz, oder eine Spazierfahrt Sorge zu machen?"

„Gut, gut, meine junge Dame," sagte, sich erhebend, die alte Rathgeberin, „ich sehe, ich kann hier von keinem Nutzen seyn; aber ich dächte, da Ihr so viel besser, als Andere, versteht, was Euch fehlt, so könntet Ihr Euch enthalten, die Leute um Mitternacht umsonst zu bemühen."

„Seht, nun seyd Ihr wirklich böse, Mutter," sagte Margarethe, sie zurückhaltend; „das kömmt davon, weil Ihr zu spät ausgegangen seyd, ohne Euer Abendessen zu verzehren. — Niemals hörte ich ein verdrießliches Wort aussprechen, nachdem Ihr Eure kleine Mahlzeit vollendet hattet — Jenny, Salz und ein Tischgedeck für Frau Ursula. — Was habt Ihr denn da in dem Suppentopf, liebe Frau? — Wahrhaftig dünnes, elendes Bier! — Laßt es Jenny zum Fenster hinaus gießen, oder es zum Morgentrank für meinen Vater wegstellen, und sie soll Euch die Flasche Kanariensekt herauf bringen, die für ihn bereit gestellt war. Der gute Mann wird den Unterschied nicht bemerken, denn Bier wird seine staubigen Berechnungen eben so gut als Wein hinunter spülen."

„Gewißlich, mein süßes Herz, ich bin ganz Eurer Meinung!" entgegnete Frau Ursula, deren vorübergehender Unwille plötzlich, bei der Aussicht eines leckern Mahls, verschwand. Vor dem dreifüßigen Tisch auf den bequemen Großvaterstuhl sich niederlassend, verzehrte sie demnach mit großem Appetit das nette, zierliche Gericht, welches sie sich bereiten ließ. Doch unterließ sie nicht, den Pflichten der Höflichkeit nachzukommen, und drang ernstlich, obwohl umsonst, in Mistreß Margareth, Theil an ihrem Leckerbissen zu nehmen.

„Mindestens thut mir in einem Glase Wein Bescheid," rief Frau Ursula; „ich hörte meine Großmutter immer sagen, daß, ehe die Reformirten in's Land kamen, die katholischen Priester und ihre Beichtkinder vor der Beichte immer ein Glas Sekt mit einander tranken; und Ihr seyd nun einmal heute mein Beichtkind."

„Ich werde gewiß keinen Sekt trinken," erwiederte Margareth, „auch sagte ich Euch schon vorher, daß ich, wenn Ihr nicht errathet, was mir fehlt, nimmermehr das Herz haben werde, es auszusprechen!"

Damit kehrte sie zu ihrer vorigen trübsinnigen, halbabgewandten Stellung zurück.

„Nun denn," rief die Vertraute, „so muß ich ernstlich mein Wissen anstrengen. — Ihr müßt mir die hübsche kleine Hand darreichen, und ich will Euch, trotz der besten Zigeunerin aus ihren Linien sagen, wo Euch der Schuh drückt."

„Als ob er mich überhaupt drückte!" sagte Margareth fast unmuthig, jedoch ihre linke Hand, wiewohl abgewandt, Frau Ursula überlassend.

„Ei, ich sehe hier herrliche Linien," sagte Ursula; „gar nicht schwer zu deuten. — Vergnügen, Reichthum, schöne fröhliche Nächte, späte Morgen werden meiner Schönheit zu Theil, und eine Equipage, die selbst in Whitehall Aufsehen erregt. — Ei, habe ich's getroffen? — Lächelt Ihr nun, mein allerliebstes Kind? — Ei warum sollte er nicht Lord Major werden, und in seiner vergoldeten Kutsche nach Hofe fahren, wie so mancher andere vor ihm es that?" —

„Lord Major? — Pah!" — sagte Margareth.

„Und warum so spöttisch des Lord Majors erwähnt, mein süßes Kind? Vielleicht spottet Ihr meiner Prophezeihung? aber es gibt in jeder Lebenslinie, wie in der Euren, Liebchen, auch Querstriche. Und denn, wenn ich auch jetzt in dem Händchen da eine flache Lehrlingsmütze sehe, so blitzt ein so strahlendes, schwarzes Auge darunter hervor, daß es seines Gleichen im Kirchspiel von Faringdon nicht hat."

„Wen meint Ihr, Frau Suddlechop?" fragte Margarethe kalt.

„Wen könnte ich meinen, als den Fürsten der Lehrlinge, den König aller guten Gesellschaft, Jenkin Vincent!"

„Hinweg Weib! — Jenkin Vincent — der Tölpel — der Maulaffe" — rief die empörte Schöne.

„Ei, weht der Wind daher, meine Schönheit?" fragte Ursula. „Da muß er sich gewaltig gedreht haben, seit wir uns zuletzt sprachen, denn da hätte ich darauf schwören wollen, er wäre dem armen Jenkins günstiger gewesen. Und der arme Junge betet Euch so an, daß er lieber Eure Augen, als den ersten Strahl der Sonne am großen Maitagsfeste erblickt!"

„So wollte ich, meine Augen hätten die Kraft der Sonne, ihn so zu blenden, daß sie dem Burschen seinen geziemenden Platz anwiesen."

„Ei nun," sagte Frau Ursula, „es gibt freilich Leute, welche den Frank Thunstall, einen eben so netten jungen Mann nennen, als Jin-Vin, und er ist in der That im dritten Grade einer altadelichen Familie verwandt, und von gutem Hause, und vielleicht steht Euer Sinn nach dem Norden?"

„Vielleicht könnte das seyn! — Aber mit meines Vaters Lehrling? Dank Euch dafür, Frau Ursula."

„Nun so mag der Teufel an meiner Statt Eure Gedanken errathen. Eben so gut mag man versuchen, ein Fohlen zu beschlagen, das in steter Bewegung nicht einen Augenblick still hält."

„So hört mich denn an, und gebt wohl acht auf meine Worte. — Ich speiste heut' auswärts." —

„O ich kann Euch auch sagen wo," unterbrach die Rathgeberin — „bei Eurem Pathen, dem reichen Goldschmied — o Ihr seht, ich weiß so manches — ja ich könnte Euch auch erzählen, mit wem —"

„In der That?" rief plötzlich mit dem Ausdruck großer Ueberraschung sich umwendend, hoch erröthend, Margarethe.

„Mit dem alten Sir Mungo Malagrowther?" sagte das weibliche Orakel, „er ward in meines Benjamins Stube auf seinem Wege nach der City barbirt."

„Pfui! das alte scheußlich verfallene Skelett!" rief Margarethe.

„Da habt Ihr ihn sehr richtig geschildert! Es ist eine Schande für ihn, noch außerhalb dem Beinhause von St. Pankratius umher zu gehen, denn ich kenne keinen passenderen Ort für den alten garstigen Lästerer. Er sagte zu meinem Manne" —

„Etwas, das gewiß nichts mit unsern Angelegenheiten zu schaffen hat;" unterbrach Margarethe. — „Ich muß also selbst sprechen. Mit uns speiste dort ein Lord" —

„Ein Lord! das Mädchen ist toll!" — rief Dame Ursula. Ohne die Unterbrechung zu beachten, fuhr Margarethe fort: „Ein Lord — ein schottischer Lord."

„Da möge ihr unsere liebe Frau beistehen, das Mädchen ist rein wahnsinnig! — Hörte jemals einer, daß eine Uhrmacherstochter sich in einen Lord verliebte — Und noch dazu in einen schottischen Lord, der, um die Geschichte auf's Reine zu bringen, stolz wie Lucifer und arm wie Hiob ist. Wahrhaftig, sagt doch, — ein schottischer Lord? — Eben so gern möchtet Ihr mir einen herumziehenden Juden nennen! Ich wollte, liebes, schönes Kind, Ihr bedächtet wohl, wohin das führen kann, ehe Ihr Euch in's Unglück stürzt."

„Das geht Euch nichts an, Ursula. — Euren Beistand, nicht Euren Rath fordere ich, und Ihr wißt, daß ich vergelten kann."

„Nicht um des Gewinnstes willen, Mistreß Margareth, um Eurer selbst willen, möchte ich Euch bitten, auf guten Rath zu hören. Denkt Eures Standes."

„Mein Vater ist freilich nur ein Handwerker, aber unsere Abkunft ist besser. Ich hörte ihn sagen, daß wir, freilich entfernt, von den mächtigsten Grafen von Dalwolsey abstammen."

„Ja, ja, so heißt es immer! — Ich kannte niemals einen Eurer Schotten, der nicht von irgend einem großen Hause abstammte, so kläglich die Abstammung auch oft ist — und so gänzlich die nur zu große Entfernung der Verwandschaft, sie längst der Vergessenheit übergab. — Doch schüttelt Euer hübsches Köpfchen nicht so unwillig; sagt mir den Namen dieses vornehmen nordischen Galans, und wir wollen sehen, was sich thun läßt."

Leise und sich abwendend, ihr Erröthen zu verbergen, sagte Margareth: „Er heißt Lord Glenvarloch, den man auch Lord Nigel Olifaunt nennt."

„O weh! Behüte der Himmel!" rief Ursula; „das ist fast noch schlimmer, als wenn es der Teufel selbst wäre!"

Erstaunt über ihren heftigen Ausruf fragte das Mädchen: „Wie meint Ihr das?"

„Wißt Ihr denn nicht, welche mächtige Feinde er bei Hofe hat? Wißt Ihr nicht — aber meine verwünschte Zunge läuft wieder mit meinem Verstande davon. Es muß Euch genügen, daß es klüger ist, Euer Brautbett unter einem einstürzenden Hause aufzuschlagen, als des Lords Glenvarlochs zu gedenken."

„So ist er denn unglücklich!" sagte Margarethe. „Ich wußte es — ich errieth es — es lag Kummer in dem Ton seiner Sprache, selbst wenn er etwas Heiteres sagte — sein melancholisches Lächeln deutet auf Unglück — er hätte solchen Eindruck nicht auf meine Einbildungskraft gemacht, wenn ich ihn im strahlendsten Glanze des Glücks gesehen hätte."

„Die Romane haben ihr den Kopf verdreht! — Es ist ein verlorenes Mädchen — in's Unglück gestürzt — verliebt sich in einen schottischen Lord — und mag ihn nur um so lieber, weil er unglücklich ist. Gut denn, Mistreß, es thut mir leid, daß ich Euch hierbei nicht helfen kann — es ist wider mein Gewissen, übersteigt auch meine Kräfte und meine Macht; — aber ich werde Euer Geheimniß treu bewahren."

„Ihr werdet nicht so niedrig denken, mich im Stich zu lassen, nachdem Ihr mir mein Geheimniß entrissen habt!" rief Margareth empört. „Thut Ihr es, so weiß ich, wie ich mich rächen kann, doch steht Ihr mir bei, will ich Euch reichlich lohnen. Bedenkt, daß Ihr in meines Vaters Hause wohnt!"

„Ich weiß es nur zu gut, Mistreß Margareth, und möchte Euch in allem dienen, was ich in meiner Lage vermöchte. Aber mich mit solchen hohen Dingen zu befassen — niemals werde ich die arme Mistreß Turner, meine geehrte Herrin, vergessen, Friede sey mit ihr! — Sie hatte das Unglück, in der Geschichte von Sommersett und Overbury verwickelt zu seyn, der vornehme Graf und seine Frau zogen weislich den Kopf aus der Schlinge und ließen sie und noch ein halb Dutzend Andere an ihrer Stelle büßen. Ich werde ihren Anblick nie vergessen, wie sie auf dem Schaffotte stand, mit dem faltigen Kragen um ihren schönen Nacken, der mit der gelben Stärke gesteift war, die ich ihr so oft bereiten half, die so bald einem hanfenen Strick weichen sollte. Solch ein Anblick, Herzliebchen, macht uns keine Lust, uns auf Dinge einzulassen, wobei wir uns die Finger verbrennen können."

„Aber Thörin, die Ihr seyd, will ich denn mit Euch solche strafwürdige Dinge verhandeln, wofür jene Elende starb? Alles, was ich von Euch verlange, ist, daß Ihr genau mir auskundschaftet, welche Angelegenheit den jungen Lord nach Hofe führt."

„Und was wird es Euch helfen, Liebchen, wenn Ihr sein Geheimniß wißt? — Und doch will ich Euren Auftrag ausrichten, wenn Ihr für mich ein Gleiches übernehmt."

„Und was begehrt Ihr von mir?"

„Immer noch dasjenige, worüber Ihr Euch erzürntet, — als ich darum bat; ich möchte gern einige Aufklärung über Eures Pathen Gespenst erhalten, das man nur bei dem Gottesdienst sieht."

„Nichts in der Welt soll mich zum Erspähen der Geheimnisse meines gütigen Pathen vermögen. — Nein, Ursula, nie werde ich in das, was er zu verbergen wünscht, mich eindrängen. Aber Ihr wißt, daß ich eigenes Vermögen besitze, welches sehr bald meiner persönlichen Verfügung überlassen werden muß — denkt auf anderweitigen Lohn!"

„Ja, ich weiß es nur zu gut, Herzliebchen, jene zweihundert Pfund jährlich, und die zu große Nachsicht Eures Vaters, die sind es eben, die Euch so eigensinnig machen."

„Es kann wohl seyn. — Aber dient Ihr mir redlich, so gebe ich Euch hier einen Ring von Werth zum Pfande, daß, wenn ich über mein Vermögen gebieten kann, ich ihn mit fünfzig großen Goldstücken auslösen will."

„Fünfzig große Goldstücke, und den schönen Ring hier zum Pfande Eures Wortes? — Gut, Herzliebchen, bringe ich meinen Hals in Gefahr, kann ich ihn mindestens für keine großmüthigere Freundin wagen. — Ja, ich würde gar an nichts Anderes denken, als an die Freude, Euch zu dienen, aber der Benjamin wird jeden Tag fauler, und unsere Kinder" —

„Sagt darüber nichts mehr; wir verstehen uns. Jetzt sagt mir, was wißt Ihr von des jungen Mannes Angelegenheiten, weshalb Ihr Euch so ungern drein mischen wolltet?" —

„Viel kann ich jetzt noch nicht davon sagen: Nur das weiß ich, die Mächtigsten unter seinen Landsleuten, die Mächtigsten hier am Hofe sind ihm entgegen. Aber ich werde mehr davon erfahren, denn es müßte ein sehr unleserlicher Druck seyn, den ich für Euch, meine hübsche Mistreß Margareth, nicht haarklein herausstudirte. Wißt Ihr, wo der artige Herr wohnt?" —

Gleichsam beschämt, die Pünklichkeit ihres Gedächt=
nisses bei dieser Gelegenheit einzuräumen, sagte Margareth:
„Ich hörte zufällig — er wohnt, ich glaube — bei einem
gewissen Christie — wenn ich recht verstanden habe — auf
dem Paulswerft — einem Schiffshändler."

„Ein schönes Quartier für einen jungen Baronett! —
doch erheitert Euch nur, Mistreß Margareth — Wenn er,
wie manche seiner Landsleute, hieher als unscheinbare Raupe
kam, kann er eben so gut als sie seine Puppe abwerfen, und
als schöner Schmetterling hervorgehen. So, ich trinke Euch
eine sanfte Ruhe und süße Träume mit diesem Abschieds=
glase zu; in vierundzwanzig Stunden bringe ich Euch Kunde.
Noch einmal empfehle ich Euch, süßen Schlummer zu suchen,
Ihr Perle der Perlen (Margarethchen aller Margareth=
chen.)" Damit küßte sie die widerstrebende Wange ihrer
jungen Freundin oder Gönnerin, und entfernte sich mit
dem leisen verstohlenen Schritt, welches die Gewohnheit
bei geheimen und eiligen Geschäften erzeugt. Mit sorgen=
vollem Schweigen blickte ihr Margarethe einige Augen=
blicke nach. Endlich begann sie: „Ich that unrecht, mir
das ablocken zu lassen; aber sie ist geschickt, dreist, dienstfer=
tig — auch treu, wie ich glaube — mindestens wird sie es
ihres Vortheils wegen seyn, der doch in meiner Hand ruht.
— Ich wollte dennoch, ich hätte geschwiegen — denn ich
habe ein hoffnungsloses Werk unternommen! Was hat er
mir wohl gesagt, das mich berechtigt, mich in seine Ange=
legenheiten zu mischen? — Nichts als die allergewöhnlich=
sten Dinge — bloße unbedeutende Tischgespräche, und her=
gebrachte Artigkeiten. Indessen, wer weiß" — mit diesen
Worten trat sie vor den Spiegel, und das höchst reizende
Angesicht, welches er zurückstrahlte, drang ihrem Geiste
wahrscheinlich eine so günstige Schlußfolge jener abgebro=
chenen Rede auf, daß sie es nicht wagte, sie der Zunge an=
zuvertrauen.

Neuntes Kapitel.

Wie traurig ist des Supplikanten Loos!
Die Sehnsucht treibt ihn aus der Ruhe Schooß,
Er naht dem Throne sich, doch oft nach Jahren
Hat er die Qual der Hölle nur erfahren.
Die Ruh der Nächte stört der bange Sinn,
Und ungenützt fliehen schöne Tage hin.
Heut' war's zu spät — vielleicht gelingt es morgen —
Die Hoffnung spricht's, doch stillt sie nicht die Sorgen.
Der Fürst hat ihn gehört, er ist erweicht,
Doch ist das Ziel noch lange nicht erreicht.
Vereitelt wird sein Dulden und sein Streben,
Gram und Verzweiflung nagt an seinem Leben;
Der letzte Stern erlischt, der ihm gewinkt,
Nacht wird es um ihn her — und er versinkt!

Mutter Hubberds Erzählungen.

Am Morgen des Tages, wo Georg Heriot sich bereit
hielt, den jungen Lord Glenvarloch an den Hof zu Withe-
hall zu geleiten, fühlte der junge Mann, dessen Schicksal
wahrscheinlich von diesem Schritte abhing, sich befangener
als gewöhnlich. Früh erhob er sich, kleidete sich mit be-
sonderer Sorgfalt und da er durch die Großmuth seines
bürgerlichen Landsmanns in den Stand gesetzt war, sein
schönes Aeußere in ein vortheilhaftes Licht zu setzen, so
hatte er dieß, wie ihm ein Blick in den Spiegel sagte, zu
seiner Zufriedenheit benützt; vor allen Dingen aber zollte
ihm seine Hauswirthin den lautesten Beifall, welche, ihre
Sinnbilder dem Gewerbe ihres Mannes entlehnend, erklärte,
nach ihrem Urtheil müsse jeder noch so schöne Herr im Audienzzimmer vor ihm die Segel streichen. —

Zur bestimmten Zeit erschien das Boot Mr. Heriots,
das sehr schön bemannt und verziert, mit einem Zeltdach
prangte, an welchem sein Namenszug und das Wappen
seiner Zunft gemalt waren.

Der junge Lord begrüßte den Mann, der sich so wahr
als Freund bewiesen hatte, mit der ihm gebührenden dank-
baren Anhänglichkeit. Jetzt theilte ihm Mr. Heriot die
Gnade des Monarchen gegen ihn mit, und zahlte ihm die
zweihundert Pfund, ohne den ihm geleisteten Vorschuß zu-

rückbehalten zu wollen. Lord Nigel empfand und sprach den innigsten Dank für diese uneigennützige Freundschaft aus.

Demungeachtet, als sich nun der junge Lord einschiffte unter dem Schutze eines Mannes, dessen Hauptrang darin bestand, ein ausgezeichnetes Mitglied der Goldschmieds-Innung zu seyn, um sich an das Hoflager seines Monarchen zu begeben, konnte er nicht umhin, wenn nicht mit Beschämung, doch mit Erstaunen, seiner seltsamen Lage zu gedenken, und Moniplies, als er sich in das Vordertheil des Boots verfügte, konnte sich nicht enthalten, vor sich zu murmeln: „Es sey ohne Zweifel ein großer Abstand zwischen Mr. Heriot und seinem ehrlichen Vater, dem Zinngießer — doch freilich wäre es auch ein Unterschied, ob man mit Gold und Silber, oder mit bloßem Zinn handthierte.‟

Sanft glitt die Barke, von vier starken Ruderern geführt, die Themse, damals die Hauptverbindungsstraße zwischen London und Westminster, hinab. Wenige nur wagten sich zu Pferde durch die schmutzigen, engen Straßen der Stadt, und die Kutschen waren ein, nur dem hohen Adel vorbehaltener Luxus, auf welchen kein Bürger, wie reich er seyn mochte, Anspruch machte. Die Schönheiten des nördlichen Ufers, wo die Gärten des Adels von ihren Hotels an vielen Orten sich bis an den Strand hinabsenkten, ward Nigeln durch seinen gütigen Geleitsmann vergeblich bemerklich gemacht. Das Gemüth des jungen Lords bewegten gerade nicht die erfreulichsten Vorgefühle des seines harrenden Empfanges bei dem Monarchen, für dessen Dienst seine Familie fast zu Grunde gerichtet war, und er war versunken in Nachdenken über die Fragen, die der König ihm etwa vorlegen könnte, und über die darauf zu ertheilenden Antworten. Sein Begleiter sah den Kampf seines Innern, und wollte ihn nicht durch fernere Gespräche steigern, er begnügte sich daher, ihm kurz die Ceremonien der Vorstellung bei Hofe mitzutheilen, und schweigend ward der übrige Theil ihrer Reise zurückgelegt.

Sie landeten an den Stufen des Pallastes von White-

hall, und nachdem man ihre Namen angekündigt, begaben
sie sich in das Schloß, wo die Wachen dem Lord Nigel die
gebührenden Ehrenbezeugungen leisteten. Hoch und lebhaft schlug des jungen Mannes Herz, als er in die königlichen Gemächer eintrat. Seine auswärtige, von den Umständen äußerst beschränkte Erziehung hatte ihm nur einen
unvollkommenen Begriff von der Größe eines Hofes gegeben, und die bloß philosophische Ansicht von der Nichtigkeit
des äußeren Glanzes und der Leerheit jener Ceremonien
bewies sich, wie andere ähnliche Sophistereien, durchaus
unzulänglich gegen den Eindruck, welchen auf ein unerfah-
renes Gemüth die ungewohnte Pracht eines solchen Auftritts
hervorbringt. Die kostbaren Gemächer, welche sie durch-
schritten, die reiche Kleidung der Hofbedienten, Wachen und
aufwartenden Lakaien, die unbekannten Ceremonien, welche
auf dem langen Wege durch jene Zimmer sie umgaben, so
unbedeutend und oberflächlich sie dem Höfling erscheinen
mögen, haben etwas Befangendes, ja selbst Beunruhigen-
des für denjenigen, der zuerst mit diesen Formen zu schaffen
hat und ungewiß ist, welchen Empfang ihm diese erste Erscheinung vor seinem Monarchen gewähren wird.

Mit großer Aufmerksamkeit darauf wachend, seinem
jungen Freunde die kleinste vorübergehende Verlegenheit
zu ersparen, hatte Heriot überall den Thürstehern, Käm-
merlingen, Hofbedienten aller Art das nöthige Paßwort
gegeben, so daß sie ungestört vorwärts schritten.

So kamen sie durch mehrere Vorzimmer, die hauptsächlich mit Wachen, Hofbedienten und deren auf das Beste geschmückten männlichen und weiblichen Bekannten angefüllt
waren, welche mit neugierigen Augen, bescheiden an die
Wände gereihet, sich sogleich als Zuschauer, nicht als han-
delnde Personen dieses Hoffestes zeigten.

Jetzt traten Lord Glenvarloch und sein Freund in ein
weites, köstlich geschmücktes, an das Audienzzimmer stoßen-
des Gemach, worin bloß diejenigen Zutritt hatten, welche
durch Geburt, Amt oder irgend eine persönliche Erlaubniß

des Königs das Recht hatten, bei Hof zu erscheinen, ihrem
Monarchen ihre Ehrfurcht zu bezeigen.

In diesem gewählten und begünstigten Kreise gewahrte
Nigel Sir Mungo Malagrowther, der zurückgestoßen und
vermieden von denjenigen, welche wußten, in wie geringem
Ansehen er bei Hofe stand, nur zu glücklich war, sich an eine
Person von Lord Glenvarlochs Rang anschließen zu können,
der noch überdem zu unerfahren war, um sich leicht eines
Ueberlästigen zu entledigen.

Der Ritter verzog augenblicklich sein verdrießliches Gesicht zu einem verzerrten Lächeln, und den oberflächlichen,
vornehmen Gruß an Heriot mit einem gnädigen Handwink
begleitend, beachtete er den ehrlichen Bürger, dem er so
manche Mittagsmahlzeit dankte, nicht weiter, um sich ganz
an den jungen Lord zu hängen, obwohl er ahnete, er könne
eines anderen Schutzes eben so gut, als er selbst bedürfen.
Doch selbst die Aufmerksamkeit dieses Originals, so sonderbar und unliebenswürdig es war, blieb dem Lord Glenvarloch nicht ganz unlieb, da das völlige und etwas gezwungene
Schweigen seines Freundes Heriot, welches ihm die Freiheit ließ, seinen eigenen quälenden Gedanken nachzuhängen,
dadurch unterbrochen ward, und er auch nicht umhin konnte,
mit Interesse die scharfen, spöttischen Schilderungen anzuhören, welche ihm der beobachtende, unzufriedene Höfling
zuraunte, dem ein geduldiger und noch dazu vornehmer Zuhörer eben so willkommen war, als seine witzelnden, red-
seligen Mittheilungen dem Lord Nigel. Heriot stand indessen, von Sir Mungo vernachläßigt, bescheiden Lord
Nigels dankbarer Höflichkeit ausweichend, womit ihn dieser
in das Gespräch zu ziehen strebte, mit einem halben Lächeln
ihnen zur Seite; doch war nicht zu unterscheiden, ob Sir
Mungo's Witz es hervorrief, oder ob es nicht gar ihm selbst
galt. Während dies Trio eine Ecke des Vorzimmers, dicht
an der noch nicht geöffneten Thür des Audienzsaals ein-
nahm, trat Marwell mit seinem Amtsstabe geräuschvoll ins
Gemach, wo Viele, nur nicht die Vornehmeren, ihm Platz
machten. Er blieb bei der eben erwähnten Gruppe stehen,

blickte flüchtig auf den jungen Lord, grüßte Heriot oberflächlich, und begann, sich an Sir Mungo wendend, bitter über
das Benehmen der Thürsteher und Wachen zu klagen, welche
alle Art von Bürgern, Schreibern und Bittstellern gestatte-
ten, sich unanständiger Weise in die Vorzimmer einzudrängen. „Die Engländer," sagte er, „sind darüber empört,
denn so etwas durfte zur Zeit der Königin nie geschehen.
Damals war der Hof des Pallastes für die Plebejer, die
Zimmer nur für den Adel bestimmt, und Eurem Amte ge-
bührte es, Sir Mungo, dergleichen Dinge in bessere Ordnung zu bringen."

Sir Mungo, der wieder einmal etwas tauber zu seyn
schien, wie es bei solchen Gelegenheiten oft der Fall war,
erwiederte: „Es sey kein Wunder, daß die Plebejer sich Freiheiten erlaubten, wenn diejenigen Hofämter bekleideten,
welche in Geburt und in Betragen so wenig vor ihnen voraus hätten."

„Ihr habt Recht, Sir; ganz Recht!" sagte Marwell,
seine Hand auf die verblichene Stickerei des Ermels des alten Ritters legend; „wenn jene Menschen Hofbediente, wie
lumpige, herumziehende Komödianten gekleidet sehen, so ist
es kein Wunder, daß der Hof von Zudringlichen überlaufen
wird."

„Lobt Ihr die Wahl meiner Stickerei, Mr. Marwell?"
fragte der Ritter, welcher des Kämmerlings Rede scheinbar
nur nach der Bewegung seiner Hand deutete. „Es ist ein
altes treffliches Muster, das Eurer Mutter Vater, der alte
Jakob Stitcholl, ein Schneidermeister von großem Rufe,
entwarf; ich machte es mir zur Pflicht, wie ich mich dessen
eben sehr gut erinnere, ihn auch in Arbeit zu setzen, da ich
sah, daß Euer Vater es passend fand, die Tochter eines solchen Mannes zu heirathen."

So finster Marwells Blick ward, so zwang ihn doch die
Ueberzeugung, daß von Sir Mungo keine Genugthuung zu
fordern sey, und eine Fortsetzung des Streites ihn selbst
nur lächerlich machen, ja, jene Mißheirath, die seinen Stolz
kränkte, nur noch mehr verbreiten würde, seine Empfindlich-

keit zu verbergen. Deshalb mit spöttischem Lächeln bedauernd, daß Sir Mungo zu taub geworden sey, um zu verstehen, was man ihm sage, ging er hinweg, sich vor den
Flügelthüren des Audienzzimmers hinzupflanzen, um bei
ihrer Oeffnung das Amt des Ceremonienmeisters auszuüben.

„Die Audienz wird sogleich beginnen," flüsterte der
Goldschmied seinem jungen Freunde zu; „mein Stand ge-
stattet mir nicht, Euch weiter zu begleiten. Unterlaßt nicht,
Euch kühn, Eurer Geburt gemäß, selbst vorzustellen, und
Eure Bittschrift zu überreichen, welche, wie ich hoffe, der
König eben so wenig ausschlagen, als ungünstig aufnehmen
wird."

Indem er sprach, öffneten sich die Pforten des Audienzsaals; die Höflinge beeilten sich in einem langsamen, dicht
aufeinander folgenden Zuge, wie es Gebrauch ist, einzutreten. Als Nigel sich der Thür nahete, und seinen Namen und
Titel aussprach, schien Marwell zu zögern. „Ihr seyd hier
Niemanden bekannt, Mylord," sagte er; „es ist meine Pflicht,
hier keinen eintreten zu lassen, dessen Züge ich nicht kenne,
wenn sich nicht irgend eine gültige Person für ihn verbürgt."

„Ich kam mit Herrn Georg Heriot," sagte Nigel, welchen diese unerwartete Unterbrechung in Verlegenheit setzte.

„Mylord, Mr. Heriots Name wird ein guter Bürge
für Silber- und Goldeswerth seyn," sagte Marwell mit
einem höflichen Lächeln, „doch nicht für Rang und Geburt.
Mein Amt nöthigt mich, streng zu seyn. Der freie Eintritt ist verboten — es thut mir sehr leid, es auszusprechen
— Ew. Herrlichkeit müssen zurückbleiben."

„Wovon ist hier die Rede?" fragte ein alter schottischer
Lord, der mit Heriot gesprochen hatte, nachdem sich Nigel
entfernte, und der jetzt, den Wortwechsel zwischen beiden bemerkend, hinzutrat. „Wahrscheinlich nichts weiter," sagte
Sir Mungo, „als daß der Herr Ceremonienmeister Marwell seine Freude äußert, Lord Glenvarloch bei Hofe zu
sehen, da er seine Stelle dessen Vater verdankte. — Mindestens glaube ich, daß er davon spricht — denn Euer Herrlichkeit kennen mein Gebrechen."

Ein unterdrücktes Lachen der Umstehenden ward durch den spöttischen Ausfall Sir Mungo's erregt; aber der alte Lord, vorwärts schreitend, rief: „Wie, der Sohn meines braven Gegners, Ochtred Olifaunt? — Ich will ihn selbst bei der Audienz vorstellen.“ Damit ergriff er ohne weitere Umstände Nigels Arm und wollte ihn einführen, als Marwell, noch immer seinen Marschallsstab vorhaltend, jedoch mit sichtbarer Verlegenheit, sagte: „Mylord, dieser Herr ist unbekannt, und ich habe strenge Befehle, vorsichtig zu seyn.“

„Paperlapah, Freund!“ rief der alte Lord. — „Schon aus dem Schnitt seiner Augenbrauen will ich ihn als seines Vaters Sohn verbürgen, und Du, Marwell, hast seinen Vater gut genug gekannt, um Deine Zweifel hier sparen zu können. Mach' uns Platz, Freund!“

Mit diesen Worten schob er den Marschallsstab zurück, und trat, immer Nigels Arm in dem seinen, in den Audienzsaal.

„Ich muß Euch kennen lernen, Freund,“ sagte er, „Euren Vater kannte ich sehr gut, und habe mit ihm eine Lanze gebrochen, ja selbst mein Schwert mit dem seinigen gemessen; ich rühme mich dessen, so lange ich lebe. Er kämpfte für den König, ich für die Königin, während dem Kriege der Douglas. — Wir waren beide junge Bursche, die nicht Feuer, nicht Stahl scheueten. Ueberdem hatten wir noch alte Lehnsstreitigkeiten, welche mit den Siegelringen, Schlachtschwertern, Waffenröcken und Helmbüschen von Vater auf Sohn vererbten.“

„Zu laut, ein wenig zu laut, Mylord Huntinglen.“ flüsterte ein Kammerherr — „der König! der König!“

Der alte Graf, denn das war er, befolgte den Wink und schwieg. König Jakob, aus einer Seitenthür eintretend, empfing jetzt die Ehrfurchtsbezeugungen der Fremden, während eine kleine Gruppe begünstigter Höflinge und die diensthabenden Hofchargen ihn umgaben, mit welchen er zuweilen einige Worte wechselte. — Sein Anzug war etwas sorgfältiger als damals, wo wir ihn zuerst unseren Le=

sern vorführten; doch war so viel Linkisches in seiner ganzen
äußeren Erscheinung, daß seine Kleider durch jenes dicke,
einem Dolche trozende Futter noch schwerfälliger gemacht,
nie gut sizen konnten, und eine gewisse Steifheit über ihn
verbreiteten, welche höchst seltsam mit der ungeschickten,
quecksilbernen, ruhelosen Lebendigkeit seiner Bewegungen
im Widerspiel stand. Demunerachtet, troz der geringen
Würde seines Benehmens, hatte der König ein so freund=
liches, gutmüthiges, vertrauliches Wesen, war so wenig
darauf bedacht, seine eigene Schwächen zu verbergen, so
gern bereit, die der andern mitleidig zu entschuldigen, daß
seine Unterhaltung, von vieler Gelehrsamkeit und einer Art
schlauen Mutterwizes belebt, immer einen sehr vortheil=
haften Eindruck auf diejenigen machte, welche in seine Nähe
kamen.

Als der Graf Huntinglen Nigel persönlich dem Monarchen
vorstellte, empfing ihn der König sehr gnädig, und äußerte
gegen den Grafen, er sey erfreuet, sie beide neben einander
stehen zu sehen; „denn," sezte er hinzu, „ich weiß wohl,
Eure Vorfahren, Mylord Huntinglen, und selbst Eure
Herrlichkeit und dieses Jünglings Vater, haben immerdar,
Schwert und Stirn gegenüber, in gar böser Stellung ge=
standen."

„Bis Euere Majestät," sagte Lord Huntinglen, „an
dem denkwürdigen Tage, wo Ihr alle einander befehdende
Edelleute festlich versammeltet, auch Lord Ochtrebs und
meine Hand, wie die der anderen, frieblich in einander
fügtet."

„Ich erinnere mich dessen wohl, sehr wohl!" sagte der
König; „es war ein gesegneter Tag, der segensvollste des
Jahres; der 19. September. Es war eine ordentliche Lust,
es mit anzusehen, wie manche von den wilden Menschen
grinseten, als sie die Hände zusammenfügten. Bei meiner
Seele, ich glaubte, manche von ihnen, besonders die hoch=
ländischen Häuptlinge, würden schon in unserer Gegenwart
wieder losbrechen. Aber wir stellten uns an ihre Spize,
und führten sie Hand in Hand zum Kreuze, dort einen Be=

cher auf den Untergang der alten Fehde, und den Bestand
der neuen Freundschaft zu leeren. — Der alte Anderson
war damals Obervorsteher — der Kerl tanzte vor Freude,
und die Räthe, die Beamten sprangen alle im bloßen Kopf
in unserer Gegenwart umher, aus großem Jubel, wie fünf=
jährige Fohlen!"

„Es war in der That ein glücklicher Tag," sagte Lord
Huntinglen, „der in der Regierungsgeschichte Eurer Maje=
stät nicht vergessen werden wird."

„Ich wünschte es auch nicht, Mylord, ich möchte nicht,
daß er in unseren Denkschriften übergangen würde! Nein,
nein — Beati pacifici (glücklich sind die Friedliebenden).
Meine englischen Unterthanen können mich sehr in Ehren
halten, denn sie sollten daran denken, daß sie gerade den ein=
zig friedliebenden Herrscher, der je in meiner Familie war,
erhalten haben. Ja," setzte der König, lächelnd in dem Kreis,
der ihn umgab, umherblickend, hinzu: „wenn so der Jakob
mit dem feuerrothen Angesicht, oder mein Großvater, ruhm=
würdigen Andenkens, bei Flodden über Euch gekommen
wäre!"

-„Wir hätten ihn nach dem Norden zurückgesandt!"
flüsterte einer der Engländer.

„Mindestens," murmelte ein anderer eben so unhörbar,
„hätten wir doch einen Mann zum Könige gehabt, wenn es
auch nur ein Schotte war."

„Und nun, mein junger Springinsfeld," sagte der Kö=
nig zum Lord Glenvarloch, „wo brachtet Ihr Eure Jugend=
jahre zu?"

„Zuletzt in Leyden, Ew. königl. Majestät aufzuwarten,"
antwortete Lord Nigel.

„Ach, sieh da, ein Gelehrter!" rief der König, „und
dabei anscheinend ein bescheidener, gutgearteter Jüngling,
der das Erröthen noch nicht verlernte, wie die meisten unse=
rer gereisten Herren. Wir wollen ihn geziemend behandeln."

Jetzt sich in die Brust werfend, sich räuspernd und mit
dem Bewußtseyn größeren Wissens stolz um sich her blickend,
indessen alle Höflinge, Latein verstehend oder nicht, eifrig

lauschend sich vordrängten, setzte der gelehrte Monarch seine Fragen folgendermaßen fort:

„Hm, hm! Salve bis, quaterque salve, Glenvarlochides noster! Nuperumne ab Lugduno Batavorum Britanniam rediisti."

(Zwei und viermal sey gegrüßt! Herzlich willkommen, lieber Glenvarloch. Nicht wahr, Ihr seyd erst kürzlich von Leyden nach England zurückgekehrt?)

Tief sich verbeugend, erwiederte der junge Lord:

„Imo, Rex augustissime — biennium fere opud Lugdunenses moratus sum."

(Ja, erhabener König, nachdem ich in Leyden mich etwa zwei Jahre aufgehalten habe.)

„Biennium dicis? bene, bene, optime factum est — Non uno die quod dicunt, — intelligisti Domino Glenvarlochiensis?"

(Zwei Jahre, sagt Ihr? Das ist schön, vortrefflich. Also nicht so in einem Tage, wie man zu sagen pflegt. — Habt Ihr verstanden, Lord Glenvarloch?)

Nigel antwortete mit einer ehrerbietigen Verneigung, und der König, sich zu seinen Umgebungen wendend, sagte:

„Adolescens quidem ingenui vultus ingenuique pudoris!"

(Ein Jüngling von edlem Aeußern und edler Zucht) — dann kehrte er zu seinen gelehrten Fragen zurück.

„Et quid hodie Lugdunenses loquuntur — Vossius vester nihil ne novi scripsit? nihil certe, quod doleo, typis recenter edidit. (Doch, wovon spricht man in Leyden? — Hat Voß nichts Neues geschrieben? Herausgegeben hat er leider wenigstens kürzlich nichts!)

„Valet quidem Vossius, Rex benevole," erwiederte Nigel, „at senex veneratissimus annum agit, ni fallor, septuagesimum". (Er ist zwar gesund, gnädigster König, aber der ehrwürdige Greis geht schon, wenn ich nicht irre, in das siebenzigste Jahr.)

„Virum, mehercle, vix tam grandaevum crediderim," erwiederte der Monarch. „Et Vorstius iste?

Arminii improbi successor aeque ac sectator. —
Herosne adhuc, ut cum Homero loquar,

$$Z\omega o\varsigma \; \varepsilon\sigma\tau\iota \; \varkappa\alpha\iota \; \varepsilon\pi\iota \; \chi\vartheta o\nu\iota \; \delta\varepsilon\varrho\varkappa\omega\nu?$$

(Wahrhaftig, ich hätte den Mann nicht für so alt gehalten. Doch der Vorſtius — der Anhänger und Nachfolger
des unverſchämten Arminius — lebt und wandelt der Held
noch auf dieſer Welt, mit Homer zu reden!?)

Glücklicherweiſe erinnerte ſich Nigel, daß der obener-
wähnte Geiſtliche, Vorſtius, in einem religiöſen Federkriege
gegen Jakob I. geſchrieben hatte, den der König ſich ſo zu
Herzen nahm, daß er endlich ſogar von den Generalſtaaten
in einem diplomatiſchen Schreiben verlangte, ſie ſollten der
Ketzerei dieſes Profeſſers mit weltlicher Macht Einhalt
thun, ja ihn perſönlich zur Verantwortung ziehen. Einem
Anſuchen, welchem jedoch die Grundſätze allgemeiner Dul-
dung Ihro Hochmögenden, wenn auch nicht ohne Schwierigkeit, auszuweichen vermochten. Mit dieſem allem wohlbekannt, war Lord Glenvarloch, obwohl erſt ſeit fünf Minuten in der Sphäre des Hofes athmend, ſchlau genug, zu
antworten:

„Vivum quidem, haud diu est, hominem vide-
bam, vigere autem quis dicat qui sub fulminibus
eloquentiae tuae, Rex magne, jamdudum pronus
jacet et prostratus?"

(Lebendig ſah ich den Mann kürzlich noch. Aber wer
könnte ſagen, daß er ſich wohl befände, er, der durch den
Strahl Deiner Beredſamkeit, großer König, niedergebeugt
und zerſchmettert iſt.)

Dieſe Anerkennung ſeiner polemiſchen Talente vollen-
dete das Vergnügen des Königs, welches der Triumph,
ſeine Gelehrſamkeit leuchten zu laſſen, ſchon zu einer beträchtlichen Höhe geſteigert hatte. Er rieb ſeine Hände,
ſchlug Schnippchen mit den Fingern, drehte und wendete
ſich, rief: „Euge, belle! optime!" (ſchön, herrlich, vortrefflich!) und ſetzte, ſich zu den Biſchöfen von Exeter und
Oxford wendend, hinzu: „Da habt Ihr, meine Herren,

keine schlechte Probe unseres schottischen Lateins gehört; eine Sprache, mit welcher wir alle unsere englischen Unterthanen so genau bekannt zu sehen wünschten, als diesen und andere vornehme Jünglinge unseres alten Königsreiches. Wir haben die eigentliche römische Aussprache beibehalten, wie andere gelehrte Nationen des festen Landes, so daß wir mit jedem Gelehrten, der lateinisch spricht, uns unterhalten können, indessen ihr, unsere gelehrte englischen Unterthanen, auf Euren sonst wohlgelahrten Universitäten eine Art von Aussprache eingeführt habt, welche, nichts für ungut, daß ich es gerade heraussage, keine Nation auf Erden, als Ihr selbst, verstehen kann, weshalb Latein, nämlich als englisches Latein, aufhört, communis lingua, das gemeinschaftliche Idiom oder der Dollmetscher aller klugen Leute der Welt zu seyn."

Der Bischof von Ereter verbeugte sich, als erkenne er die Richtigkeit des königlichen Tadels. Doch aufrecht blieb der Orforder Prälat, und schien, eingedenk seines ihm anvertrauten Kirchsprengels, bereit, als Märtyrer ebensowohl für die Latinität seiner Universität, als für irgend einen Lehrsatz seines Glaubens den Scheiterhaufen zu besteigen.

Ohne die Antwort des Prälaten zu erwarten, fuhr der König fort, in seiner Muttersprache den Jüngling zu befragen: „Nun, mein wohlgerathener Musensohn, was hat Euch vom Norden so weit hinweggetrieben?"

Auf ein Knie sich niederlassend, entgegnete der junge Lord: „Der Wunsch, Ew. Majestät meine Ehrfurcht darzubringen, und diese demüthige, ehrfurchtsvolle Bittschrift zu Ew. Majestät Füßen zu legen."

Der Anblick einer Pistole würde allerdings den König mehr erschreckt haben, doch die Furcht abgerechnet, wäre er kaum dem trägen Gemüthe Jakobs unwillkommener gewesen.

„Ist es schon wieder dasselbe, Freund?" fragte er. „Kann nicht ein Mensch aus Schottland hieher kommen, wäre es auch nur der Seltenheit wegen, ohne den Vorsatz zu haben, zu versuchen, was er von seinem gnädigen Mo-

narchen erpreſſen kann? Kaum ſind es drei Tage her, daß
wir faſt unſer Leben verloren und drei Königreiche in tiefe
Trauer geſtürzt hätten, durch die plumpe Dummbreiſtigkeit
eines groben Bauers, der uns ein Packet in die Hand ſtecken
wollte, und nun werden wir ſelbſt bei Hofe mit ſolchen
Dingen heimgeſucht. Geht mit der Geſchichte zu unſerem
Geheimſchreiber, Mylord! Gebt es unſerem Geheimſchreiber.“

„Ich habe ſchon meine demüthige Bittſchrift dem
Staatsſekretär eingereicht,“ entgegnete Lord Glenvarloch —
„doch es ſcheint —“

„Ich wette darauf, daß er ſie nicht annehmen will!“
rief der König, ihn unterbrechend. „Bei meiner Seele,
dieſe Art königlicher Politik der Weigerung verſteht unſer
Sekretär beſſer, als wir ſelbſt; er will nichts annehmen,
was ihm nicht perſönlich gefällt — ich glaube, ich würde
für ihn ein beſſerer Geheimſchreiber ſeyn, als er für mich. —
Indeſſen, Mylord, Ihr ſeyd willkommen in London, und da
Ihr ein ſcharfſinniger, unterrichteter junger Mann zu ſeyn
ſcheint, rathe ich Euch, ſobald Ihr nur Luſt dazu habt,
wieder nach dem Norden zu verfügen, und Euch einſtweilen
zu St. Andrews niederzulaſſen, wo wir uns freuen werden,
von Euren Studien zu hören. Incumbite nemis fortiter.
(Stemmt Euch muthig auf die Ruder.)“

Indeſſen der König ſo ſprach, hielt er des jungen Lords
Bittſchrift nicht achtend in den Händen, gleich als erwarte
er nur des Bittenden Entfernung, um ſie fortzuwerfen,
oder mindeſtens bei Seite zu legen, ohne ſie eines weiteren
Blickes zu würdigen. Lord Nigel, welcher dies in des Königs kalten, gleichgültigen Blicken, in der Art, wie er das
Papier zuſammenknitterte und drückte, las, erhob ſich mit
einem bittern Gefühle des Unmuthes und Aergers, verbeugte ſich tief und wollte ſich zurückziehen. Aber Lord
Huntinglen, der neben ihm ſtand, hemmte ſeinen Vorſatz,
faſt unmerklich den Saum ſeines Mantels berührend.
Nigel, den Wink verſtehend, trat nur einige Schritte zurück,

während der alte Lord vor dem König das Knie bog,
und sagte:

„Wollen Ew. Majestät geruhen, sich zu erinnern, daß
Ihr mir bei einer gewissen Gelegenheit die Erfüllung einer
freien Bitte in jedem Jahre Eurer glorwürdigen Regierung
gelobtet?"

„Ich erinnere mich dessen recht gut, Freund!" entgeg=
nete der König; „das hatte seine guten Ursachen — es war
damals, als Ihr des heimtückischen Verräthers Ruthvens
Klauen von unserer königlichen Gurgel hinwegrißet, und
ihm den Dolch, wie ein treuer Unterthan, ins Herz stießet.
Damals versprachen wir, wie Ihr uns erinnert (obwohl die
Mahnung daran ganz unnöthig war), weil wir einiger=
maßen über unsere Befreiung außer uns vor Freude gerie=
then, Euch jährlich eine freie Bitte zu gewähren; ein Ver=
sprechen, welches wir, da wir zum vollkommenen Besitz un=
serer königlichen Macht und Geisteskraft gelangten, aller=
dings bestätigten, jedoch die Beschränkung und Bedingung
hinzufügend, daß es immer unserem königlichen Ermessen
anheimgestellt seyn solle, ob Ew. Herrlichkeit Forderung
auch geziemend befunden würde."

„So war es, mein allergnädigster Monarch," entgeg=
nete der alte Graf; „darf ich wohl die ergebene Frage hin=
zufügen, ob ich je die Gränzen Eurer königlichen Huld über=
schritten habe?"

„Nein, Freund, auf mein Wort, nein! Ich kann mich
nicht erinnern, daß Ihr je etwas für Euch selbst gefordert
habt, als etwa einen Hund, einen Falken, einen Rehbock
aus unserem Thiergarten zu Theobalds, oder etwas dem
Aehnliches. Doch wozu dient diese Vorrede?"

„Sie führt zu der Gnade, welche ich heute von Ew.
Majestät erbitten will, nämlich daß es Ew. Majestät ge=
fallen möge, sogleich die Bittschrift des Lords Glenvarlochs
durchzusehen, und daß Ihr darüber nach Eurem eigenen
königlichen Ermessen und Gerechtigkeitsliebe verfügen wollt,
ohne Euren Staatssekretär oder einen Eurer Räthe deß=
halb zu befragen."

„Auf mein Wort, Mylord, dies ist sonderbar. Ihr führt die Sache des Sohnes Eures Feindes."

„Der mein Feind war, bis Ew. Majestät ihn zu meinem Freund machten."

„Gut gesagt, Mylord, ächt christlich gesprochen. Was die Bittschrift des Jünglings anbetrifft, ich ahne schon etwas ihren Inhalt; aufrichtig gesagt, ich hatte dem Georg Heriot versprochen, sie günstig aufzunehmen. Aber nun — da sitzt der Knoten! — Stenie und Karl mögen ihn nicht — Euer eigener Sohn auch nicht, Mylord; und da scheint es mir, er thut besser, nach Schottland zurückzugehen, ehe er durch sie ins Unglück geräth."

„Mit Ew. Majestät Erlaubniß, was meinen Sohn betrifft, der soll mein Thun nicht leiten, eben so wenig als sonst irgend ein junger Hitzkopf unter ihnen."

„Auch das meine sollen sie nicht bestimmen!" rief der König. „Bei meines Vaters Seele, keiner soll mir hier den König spielen wollen; ich will thun, was ich will und muß, als freier Herrscher."

„So wollen Ew. Majestät mir die erbetene Gnade gewähren?"

„Ich will es — gewiß, ich will es; doch folgt mir in mein Kabinet, da sind wir ungestörter."

Er führte Lord Huntinglen mit eiligen Schritten durch die Höflinge, die, wie es der Gebrauch an allen Höfen ist, mit eifriger Neugier den ungewöhnlichen Auftritt beobachteten. Der König trat in ein Seitenkabinet und gebot im ersten Augenblick dem Lord, die Thüre zu schließen oder zu versperren, doch widerrief er sein Gebot eben so schnell, hinzusetzend: „Nein, nein, beim Himmel, Freund, ich bin ein freier König! — ich will thun, was ich will und muß. Ich bin justus et tenax propositi (gerecht und meinem Vorsatze getreu); demunerachtet bleibt an der Thür, Lord Huntinglen, wenn etwa Stenie mit seiner tollen Laune kommen sollte."

„Ach, mein armer Fürst," seufzte der Graf Huntinglen

vor sich, „als Ihr in Eurem kalten Vaterlande waret, hattet Ihr wärmeres Blut in den Adern!"

Hastig übersah der König die Bittschrift, zuweilen scheu nach der Thür blickend, doch schnell das Auge wieder auf das Papier wendend, als fürchtete er, Lord Huntinglen, den er achtete, möchte ihn der Furchtsamkeit beschuldigen.

„Die Wahrheit zu sagen," rief er, nachdem er die schnelle Uebersicht vollendet hatte, „dies ist ein schlimmer Fall; viel schlimmer, als er mir vorgestellt ward, obwohl ich schon vorher davon einen Wink erhalten hatte. Der junge Mann fordert das Geld von uns, nur, um sein väterliches Erbe auszulösen. Aber dann wird der Bursche noch andere Schulden haben, Huntinglen — und was wird solch eine Menge Aecker und Land ihm für eine Last seyn? — Laßt diese Ländereien fahren — laßt sie fahren, Freund! Stenie hat von dem Lordkanzler das Versprechen, daß er sie erhalten soll — es ist das schönste Jagdrevier in Schottland — und die Knaben, Karl und Stenie, wollen gern nächstes Jahr einen Rehbock darin schießen. Sie müssen die Ländereien haben — sie müssen sie haben. Unsere Schuld soll nachher dem jungen Mann bei Heller und Pfennig bezahlt werden; er mag dann an unserem Hofe sein Geld verzehren. Oder hat er nun einmal solch einen Heißhunger auf Aecker und Land, so wollen wir ihm den Magen mit englischem Land anfüllen, welches zweimal so viel werth ist, als diese verwünschten Hügel und Thäler, Moräste und Sümpfe, nach denen er so gierig ist."

Während dieser Rede trippelte der arme König in einem wahrhaft kläglichen, ungewissen Schwanken im Gemache auf und nieder, welches durch seinen watschelnden Gang und seine unfeine Gewohnheit, ewig mit den Bandpuffen, die seine Unterkleider befestigten, bei solcher Gelegenheit zu spielen, noch lächerlicher ward.

Mit großer Gelassenheit hörte Lord Huntinglen seine Worte und entgegnete dann: „Mit Ew. Majestät huldreichen Erlaubniß, es gibt eine Antwort Naboths, als Ahab seinen Weinberg begehrte — sie lautet: „Fern lasse es der

Herr von mir seyn, daß ich Dir das Erbe meiner Väter
übergebe."

„Ei, ei, Mylord — ei, ei, mein Herr!" rief der König,
bis in die Stirn erröthend; „ich hoffe, Ihr wollt mich nicht
die Worte der Schrift lehren? Ihr braucht nicht zu fürch-
ten, Freund, daß ich mich scheuen werde, Jedermann Gerechtigkeit widerfahren zu lassen; da aber Ew. Herrlichkeit
mir nicht beistehen wollen, dies friedlich zu bewerkstelligen
— welches, ich glaube, für den jungen Mann viel besser
wäre — weil — weil es so seyn muß — beim Himmel, ich
bin ein freier König, Freund, und er soll Geld haben, seine
Güter auszulösen, und mag nach seiner Willkür eine Kirche,
oder sonst etwas daraus machen." Hastig fertigte er jetzt
einen Befehl an die schottische Schatzkammer über die in
Rede stehende Summe aus, hinzusetzend: „Wie sie bezahlen sollen, verstehe ich nicht. Aber ich bürge dafür, er wird
darauf Geld bei den Goldschmieden finden, wo ein Jeder,
nur ich nicht, welches erhält. — Und nun, Ihr sehet, Mylord
Huntinglen, ich bin weder ein wortbrüchiger Mann, der
Euch die Gnade, welche er gelobte, versagt, noch ein Ahab,
der Naboths Weinberg begehrt, oder eine bloße wächserne
Nase, welche Lieblinge und Rathgeber nach allen Seiten
wenden können. Ich hoffe, Ihr räumet mir ein, daß ich
nichts, nichts von dem Allem bin."

„Ihr seyd mein angeborener, edelmüthiger Fürst," sagte
Huntinglen, indem er niederkniete, seine königliche Hand zu
küssen; „immer gerecht und großmüthig, wenn Ihr den
Eingebungen Eures eigenen Herzens folgt."

„Ja, ja," sagte der König, gutmüthig lachend, indem
er seinen treuen Diener aufhob, „das sagt Ihr alle, wenn
ich etwas thue, was Euch behagt. Hier, hier nehmt das
Blatt mit meinem Insiegel, und nun fort mit Euch und
dem jungen Burschen. Mich wundert, daß Stenie und der
Knabe Karl uns noch nicht überfallen haben."

Lord Huntinglen steckte das Blatt ein, und leicht vor-
hersehend, was bei der Rückkehr des Herzogs statt finden
würde, enteilte er dem Kabinet, dem Könige die Demüthi-

gung seiner Gegenwart zu ersparen, da leicht ein Auftritt sich ereignen konnte, bei dem er ungern Zeuge gewesen wäre, welches gewöhnlich dann der Fall war, wenn Jakob es wagte, nach seiner eigenen freien Willkür zu handeln, gegen die Meinung seines stolzen Lieblings Stenie, wie er den Herzog von Buckingham zu nennen pflegte, weil er in seinem schönen Aeußeren eine Aehnlichkeit mit dem Märtyrer Stephanus, wie ihn die italienischen Künstler darstellen, fand. Wirklich hatte dieser stolze Günstling, dem das ungewöhnliche Glück ward, gleich gut bei dem wahrscheinlichen Thronerben, wie bei dem regierenden König zu stehen, seine Ehrfurcht gegen den letzteren sehr vermindert, und die scharfsinnigsten Höflinge wollten bemerken, daß Jakob seine Herrschsucht mehr aus Gewohnheit, Schüchternheit und Furcht vor den gewaltsamen Ausbrüchen seiner Leidenschaftlichkeit, als aus irgend einer dauernden Vorliebe für den, dessen Größe er selbst gründete, ertrug.

Froh, diesem unangenehmen Zusammentreffen zu entgehen, hatte Lord Huntinglen kaum das Audienzzimmer wieder betreten, als er schnell Lord Glenvarloch aufsuchte, der, in eine Fensterwölbung zurückgetreten, sich so viel als möglich dem allgemeinen Angaffen zu entziehen suchte, welches das Erstaunen und die Neugier allgemein erregt hatte. Er ergriff schnell dessen Arm, und führte ihn, ohne ein Wort zu sagen, in das Vorzimmer, wo der alte Goldschmied mit neugierigen, erwartungsvollen Blicken ihnen entgegentrat. Der alte Lord, jeder Erklärung ausweichend, begnügte sich, zu sagen: „Es geht Alles gut! Eure Barke wartet? Nicht? — Nun denn, gebt mir einen Platz darin; ich dagegen lade Euch beide zum Mittagsmahle ein, denn wir müssen noch manches zusammen besprechen."

Beide folgten dem Grafen schweigend, und hatten das anstoßende Gemach eben betreten, als die gewichtige Geschäftigkeit der Kämmerlinge und das aufgeregte Geflüster der schnell Raum machenden Menge, „der Herzog! der Herzog!" sie von der Ankunft des allmächtigen Günstlings benachrichtigte.

Er trat ein, dies unglückliche Schooßkind der Hofgunst; prachtvoll geschmückt in der malerischen Kleidung, welche, durch den Pinsel Vandyks verewigt, so deutlich das prunkvolle Zeitalter charakterisirt, wo der Aristokratismus, obwohl schon feindlich untergraben, sich zu seinem Sturze einigend, durch äußeren Schimmer und Glanz sein gebietendes Uebergewicht über die geringeren Klassen zu behaupten strebte. Die schöne erhabene Gestalt des Herzogs, sein sowohl höchst anmuthiges, als Achtung heischendes Benehmen, eigneten ihn mehr als jeden anderen für diese vortheilhafte Tracht. Doch schien eben jetzt seine Stimmung verstört, sein Anzug nachläßiger, als die Gelegenheit es forderte, sein Schritt hastig, und gebieterisch seine Stimme.

Jeder sah den Unmuth auf seiner Stirn schweben, und alles wich ihm so schnell aus, daß der Graf von Huntinglen, der eben keinen besonderen Trieb dazu zeigte, mit seinen Begleitern, welche selbst, wenn sie gewollt hätten, ihn schicklicherweise nicht verlassen konnten, in der Mitte des Zimmers, ja unmittelbar auf dem Wege des erzürnten Günstlings stehen blieben, als hätten sie es absichtlich so veranstaltet. Finster berührte er sein Barett, den Grafen grüßend, doch vor Heriot nahm er es ab und beugte die Feder bis zur Erde hinab mit dem Scheine tiefster Ehrfurcht. Ohne Uebertreibung einfach den Gruß erwiedernd, sagte der Bürger nur: „Zu große Höflichkeit, Mylord, ist oft der Gegensatz des Wohlwollens!"

„Ich würde es sehr bedauern, Mr. Heriot, wenn Ihr das denken solltet," entgegnete der Herzog. „Ich wünsche nur, durch diese Huldigung mir Eure Fürsprache — Eure Gönnerschaft zu erbitten. Ich hörte, Ihr seyd ein Beschützer der Bittenden — ein Verfechter, ein Gönner der vornehmen Hofsupplikanten geworden, welche sich in Geldnoth befinden. Ich zweifle nicht, Eure Geldsäcke werden Euch in dem neuen prahlerischen Berufe unterstützen."

„Sie werden mich desto weiter bringen können, Mylord," erwiederte der Goldschmied, „da ich nur Geringes erstrebe."

„O, Ihr thut Euch schreiendes Unrecht, mein guter Mr. Heriot," fuhr der Herzog eben so ironisch fort. „Ihr habt eine außerordentliche Stütze bei Hofe, da Ihr der Sohn eines Edinburgher Zinngießers seyd. Habt die Güte, mir zu der Bekanntschaft des hochgeborenen Edelmannes zu verhelfen, welcher durch Euren Schutz und Gönnerschaft beglückt wird."

„Das soll mein Geschäft seyn," sagte Lord Huntinglen mit Nachdruck. „Herr Herzog, ich stelle Euch hier Lord Nigel Olifaunt, Freiherrn von Glenvarloch, das Haupt einer der ältesten und mächtigsten schottischen freiherrlichen Familie vor. — Lord Glenvarloch, es ist Se. Durchlaucht, der Herzog von Buckingham, Sohn des Ritters Sir Georg Villiers auf Brooksby, in der Grafschaft Leicester, dem ich die Ehre hatte, Euch vorzustellen."

Noch höher erröthete der Herzog, als er verächtlich Lord Glenvarloch grüßte — einen Gruß, den jener stolz und mit zurückhaltendem Unmuthe erwiederte. Nach einem augenblicklichen Stillschweigen, als habe er in den Augen des jungen Mannes etwas gefunden, welches ein ernsteres Benehmen, als den bitteren Ton heischte, mit welchem er begonnen hatte, sagte der Herzog: „So kennen wir denn nun einander. — Und Ihr, Mylord, kennt mich als Euren Feind."

„Ich danke Euch für Eure Offenheit, mein Herr Herzog," erwiederte Nigel, „ein offenbarer Feind ist besser, als ein falscher Freund."

„Was Euch betrifft, Mylord Huntinglen," sagte der Herzog, „es scheint mir, Ihr habt selbst die Gränzen der Nachsicht überschritten, worauf Ihr, als der Vater des Freundes des Prinzen, wie des meinigen, Anspruch machen konntet."

„Auf mein Wort, Herr Herzog." entgegnete der Graf, „man kann sehr leicht Gränzen überschreiten, von deren Daseyn man keine Ahnung hat. Weder meinen Beifall, noch meine Zustimmung sucht mein Sohn durch jenen vornehmen Umgang zu erreichen."

„Mylord, wir kennen und dulden Euch," sagte der Herzog; „Ihr gehört zu denen, die ein ganzes Leben lang sich rühmend mit e i n e r guten Handlung brüsten."

„Wenn es in der That der Fall ist, Mylord," erwiederte der alte Graf, „so habe ich mindestens den Vortheil vor denen voraus, welche sich mehr als ich brüsten, ohne irgend etwas Verdienstliches geleistet zu haben. Doch ich habe nicht die Absicht, mich mit Euch zu streiten, Mylord, wir können niemals weder Freunde noch Feinde seyn. — Ihr geht Euren Weg, ich den meinigen!"

Buckingham antwortete nur, indem er heftig sein Barett auf den Kopf warf und verächtlich und sorglos mit dem stolzen Federbusch wehend, das Haupt neigte.

So schieden sie. Der Herzog begab sich in die königlichen Gemächer, die Anderen verließen den Pallast und bestiegen die Barke des Goldschmieds.

Zehntes Kapitel.

Ihr paßt nicht für die Zeit noch für diese Sitte.
Jetzt hat das Laster sich verfeinert, schwer
Läßt sich's von Tugend unterscheiden. Beide
Erscheinen jetzt in gleicher Tracht; sie sitzen
An e i n e r Tafel und in e i n e r Kutsche.
Sie ziehen selbst, gleich jenem Prachtgespann,
An e i n e m Wagen auf des Lebens Bahn.
Ben Johnson.

Als sie, wohl eingeschifft, sich auf der Themse befanden, nahm der Graf die Bittschrift aus der Tasche, und dem Georg Heriot den darauf befindlichen königlichen Befehl zeigend, fragte er ihn, ob er in regelmäßiger, gebührender Form ausgefertigt sey. Eilig überflog der ehrliche Bürger das Blatt, hob die Hand, als wolle er dem Lord Glenvarloch Glück wünschen, doch schnell sich zurückhaltend, ergriff er seine Brille (ein Geschenk David Ramsay's), und wiederum den Befehl mit größester Pünktlichkeit und Aufmerksamkeit überlesend, sagte er endlich: „Er ist völlig regelmäßig und gebührend gestellt, aufrichtig freue ich mich darüber."

„Ich zweifelte nicht an der Genauigkeit der Formen," erwiederte der Graf. „Wohl versteht der König die Geschäfte, und übt er sie nicht oft, so ist es bloß die Schuld seiner Trägheit, welche seine so gut zur Leitung des Staats geeignete Fähigkeiten verdunkelt. Was muß nun aber zunächst für unseren jungen Freund geschehen, Mr. Heriot? Ihr kennt meine Lage. Die schottischen Edelleute, welche am englischen Hofe leben, haben selten über viel Geld zu gebieten; und doch, wenn nicht auf diesen Befehl eine Summe herbeigeschafft werden kann, so wird, wie nach Eurer mir schnell gegebenen Uebersicht die Sache steht, die Verpfändung, Schuldverschreibung, oder wie Ihr es noch sonst nennen möget, ihr Recht behaupten."

Einigermaßen verlegen sagte Heriot: „Wahr ist's, eine große Summe wird zu jener Einlösung erfordert, und ist die dazu vergönnte Frist abgelaufen, so sind die Güter, wie die Rechtsgelehrten es nennen, verfallen."

„Meine edlen — meine würdigen Freunde!" rief Nigel: „welche so unverdient, so unerwartet mir Beistand leisten wolltet, lasset mich mindestens Eure Güte nicht mißbrauchen. Zuviel schon habt Ihr für mich gethan."

„Still, still, Freund!" rief Lord Huntinglen, „laßt nur den alten Heriot und mich die Geschäfte ins Reine bringen. Er wird uns schon zurechtweisen — hört nur auf ihn."

„Mylord," begann der Bürger, „der Herzog von Buckingham spottet unserer bürgerlichen Geldsäcke; doch können sie zuweilen sich freundlich öffnen, ein sinkendes adeliches Haus zu unterstützen."

„Wohl wissen wir, daß sie es vermögen," sagte Lord Huntinglen. „An Buckingham denkt nicht, er ist ein Windbeutel — also das Mittel."

„Ich gab schon dem Lord Glenvarloch einen Wink," entgegnete Heriot, „daß das nothwendige Geld wohl auf einen solchen Zahlungsbefehl vorgeschossen werden könne; und ich setze mein Wort zum Pfande, es wird gewiß gelingen. Aber dann muß der Gläubiger in die Schuhe des Schuldners treten, den er vorschußweise ausbezahlt."

"In seine Schuhe treten?" fragte der Graf; "lieber Freund, was haben Schuhe und Stiefeln mit dieser Angelegenheit zu schaffen?"

"Es ist ein gemeiner Sprachgebrauch, Mylord. Meine Geschäftsübung hat mir einige derselben zu eigen gemacht."

"Ei, sie hat Euch auch viel Gutes mit ihnen angeeignet, Mr. Georg." erwiederte Lord Huntinglen; "doch was soll es bedeuten?"

"Es will bloß sagen," fuhr der Bürger fort, "daß der Darleiher dieses Geldes ganz in die Rechte des früheren Gläubigers des Lords Glenvarloch tritt, und ihm jene verpfändete Ländereien zufallen, wenn der Befehl an die schottische Schatzkammer ohne Erfolg bleibt. — Ich fürchte, bei dem wankenden Zustande des öffentlichen Kredits möchte es ohne solche doppelte Sicherheit schwer seyn, eine so große Summe aufzutreiben."

"Holla, mein Freund!" rief der Graf von Huntinglen, "da ergreift mich ein Gedanke! — Wie denn, wenn nun der neue Gläubiger jene Ländereien, wie der Herzog von Buckingham, gut zur Jagd geeignet fände, und auch wünschte, nächsten Sommer einen Rehbock dort zu erlegen? Da scheint es mir ja nach Eurem Plane, als ob er eben so gut Lord Glenvarloch aus seinem Erbe verdrängen könnte, als der jetzige Besitzer der Verpfändung."

Lachend erwiederte der Bürger: "Ich will mich verbürgen, daß selbst der eifrigste Waidmann, an welchen ich mich bei dieser Gelegenheit wenden könnte, nicht einen Gedanken über die Gränze der Jagd des Lord Majors, auf Ostern im Eppinger Walde, erstrecken wird. Aber Euer Herrlichkeit Vorsicht ist lobenswerth. Der Gläubiger muß dem Lord Glenvarloch hinreichende Zeit einräumen, seine Ländereien durch Realisirung des königlichen Befehles einzulösen; er muß auf die augenblickliche Besitznahme verzichten, welches alles meines Erachtens leicht zu bewerkstelligen seyn wird."

„Wo finden wir aber in London Jemand, der die nöthigen Verschreibungen aufzunehmen verstehet?" fragte der Graf; „lebte mein alter Freund, Sir John Skene von Halyards noch, so könnte er uns rathen; die Zeit drängt, und —"

„Ich kenne," sagte Heriot, „einen elternlosen Burschen, der bei Temple-Bar wohnt. Er versteht es, Urkunden nach schottischem und englischem Rechte aufzusetzen; ich habe ihn oft bei wichtigen, bedeutenden Dingen gebraucht. Ich werde einen meiner Leute nach ihm senden, und in Ew. Herrlichkeit Gegenwart können die nöthigen Urkunden vollzogen werden, denn wie die Sache jetzt steht, duldet sie keine Zögerung."

Gern stimmte der Graf bei, und da sie jetzt an den Stufen landeten, welche zu dem schönen Garten seines Hotels führten, ward der Bote abgesendet.

Nigel, der mit stummer Bewunderung das eifrige Bestreben seiner warmen Freunde, sein Vermögen wieder herzustellen, beobachtet hatte, machte jetzt einen neuen Versuch, ihnen die unvollkommenen Aeußerungen seines heißen Dankes aufzudringen. Aber wieder bat ihn Lord Huntinglen, indem er erklärte, daß er durchaus über den Gegenstand nichts weiter hören wollte, zu schweigen, und schlug vor, einen Spaziergang in den verschlungenen Gängen des Gartens zu machen, oder auf einer steinernen Bank, welche die Uebersicht der Themse darbot, zu harren, bis seines Sohnes Rückkehr das Zeichen zum Essen gäbe. Er setzte hinzu: „Ich wünsche, Dalgarno und Lord Glenvarloch einander vorzustellen, da sie einst nahe, und wie ich hoffe, verträglichere Nachbarn als ihre Väter seyn werden. — Ihre Schlösser liegen nur drei schottische Meilen entfernt, und man kann die Thürme des einen von den Zinnen des andern erkennen."

Der alte Graf schwieg einige Augenblicke, von den Bildern, welche die Nähe jener Schlösser zurückrief, befangen. Heriot, um die Unterredung wieder aufzunehmen, fragte: „Wird Lord Dalgarno dem Hof in der nächsten Woche nach Newmarket folgen?"

„Es ist sein Vorsatz, glaube ich," erwiederte Lord Hun=
tinglen, welcher noch einige Minuten seinem Nachsinnen
nachhing, dann aber Nigel plötzlich jäh anredend, sagte:

„Wenn Ihr, mein junger Freund, zu dem Besitze Eurer
Güter gelangt, welches ich bald zu erleben hoffe, so schmeichle
ich mir, Ihr werdet kein müßiger Höfling werden, sondern
auf Eurem väterlichen Erbe leben, Eure Unterthanen lie=
ben, Eure arme Verwandten unterstützen, ihnen beistehen,
den Armen gegen den Druck Eurer Beamten beschützen und
das leisten, was Eure Väter mit geringeren Mitteln und
beschränkteren Kenntnissen, als wir besitzen, vollbrachten."

„Und doch," sagte Heriot, „doch ist derjenige, der den
Rath, auf dem Lande zu leben, ertheilt, eine treue und
bewährte Zierde des Hofes."

„Ein alter Hofmann ist er in der That," sprach der Graf:
„ja, der erste seiner Familie, der sich so nennen kann. —
Mein grauer Bart ruht auf einem Kragen von Kammer=
tuch und einem seidenen Wammse — der meines Vaters
auf einem büffellebernen Kollet und einem Brustharnische.
Ich möchte nicht, daß jene kriegerischen Tage zurückkehrten;
aber gern möchte ich die alten Eichen meiner Wälder von
Dalgarno wieder einmal von dem Halloh der Jäger, von
Hörnerruf und Doggengeheul erschallen, die hochgewölbte
Halle meiner Burg von dem lauten, herzlichen Jubelruf
meiner Unterthanen und Lehnsleute ertönen hören, wenn
der schäumende Becher unter ihnen fröhlich kreiset. Ich
möchte wohl den breiten Tay vor meinem Tode noch ein=
mal sehen! Selbst die Themse kommt ihm in meinen Ge=
danken nicht gleich."

„Aber, Mylord, das ließe sich so leicht thun," erwie=
derte der Bürger. „Es kostet bloß einen augenblicklichen
Entschluß und die Reise weniger Tage, Euch an Eures
Wunsches Ziel zu versetzen. — Was kann Euch nun davon
abhalten?"

„Gewohnheit, Mr. Georg, die Macht der Gewohn=
heit! Dem Jüngling sind es seidene Fäden, welche, leicht
geschlungen, leicht sich lösen; aber um unsere alten Glieder

hat sie die Zeit eisernen Fesseln gleich gewunden. Auf wenige Wochen nach Schottland zu gehen, wäre eine unnütze
Mühe, und denke ich daran, dort meinen Wohnsitz aufzuschlagen, so kann ich es nicht über mich gewinnen, meinen
alten Herrn zu verlassen, dem ich zuweilen nützlich zu seyn
glaube, und für dessen Wohl und Weh ich seit so manchem
Jahre wachte. Aber Dalgarno soll als schottischer Edelmann
leben."

„Hat er den Norden besucht?" fragte Heriot.

„Er war das letzte Jahr dort und rühmte das Land so,
daß der Prinz eine Neigung geäußert hat, es zu sehen."

„Lord Dalgarno steht sehr in Gnaden bei Sr. königl.
Hoheit und dem Herzog von Buckingham," äußerte der
Goldschmied.

„Das ist der Fall; gebe Gott, daß es zu ihrer aller
Besten sey! Der Prinz hegt billige, gerechte Gesinnungen,
obwohl sein Benehmen kalt und stolz erscheint, und er höchst
hartnäckig bei den geringsten Kleinigkeiten auf seiner Meinung beharrt. Der Herzog ist tapfer, großmüthig, offen
und artig, aber zugleich stolz, ehrgeizig, ungestüm. Dalgarno besitzt keinen dieser Fehler, und die, welche ihm
eigenthümlich sind, können vielleicht durch die Gesellschaft,
in welcher er lebt, verbessert werden. — Seht, da kommt
er!" —

Lord Dalgarno nahte sich von dem obern Ende der
Allee, in welcher sie saßen, so daß Nigel vollkommen Zeit
hatte, seine Gestalt und äußere Erscheinung zu beobachten.
Er war pünktlich, ja fast mit übertriebener Sorgfalt, in
der glänzenden Tracht jener Zeit, die seinem wahrscheinlich
fünfundzwanzigjährigen Alter so wohl stand, gekleidet.
Seine edlen, schönen Züge, in welchen man leicht eine
Aehnlichkeit mit denen seines Vaters entdeckte, waren durch
die Gewohnheit seiner Hofsitte sanfter geworden, als die
des alten, ehrenfesten Grafen, der nie sich herabgelassen
hatte, schmeichelnde Zuvorkommenheit gegen Jedermann
anzunehmen. Uebrigens war sein Benehmen artig, ungezwungen, und weder durch Hochmuth noch Förmlichkeiten

eingeengt, ja gleich weit von kaltem Stolze oder übermüthi=
ger Heftigkeit entfernt; und in dieser Hinsicht hatte sein
Vater ihn mit Recht von den deutlich hervortretenden Feh=
lern des Prinzen und seines Günstlings, Buckingham, los=
gesprochen.

Während der alte Graf seinen jungen Freund, Lord
Glenvarloch, seinem Sohne als einen Gegenstand, den er
seiner Liebe und Achtung empfehle, darstellte, gab Nigel
genau auf Dalgarno's Züge Acht, ob er etwas von der ge=
heimen Abneigung darin entdecken würde, welche, wie der
König in einer seiner abgebrochenen Ausrufungen anzudeu=
ten schien, eine Folge der Reibungen des Interesses des
großen Buckinghams und Nigels seyn sollte. Aber nicht
das Geringste konnte er bemerken; im Gegentheil, Lord
Dalgarno empfing seinen neuen Bekannten mit der offenen
Freimüthigkeit und Höflichkeit, welche so leicht das unbe=
fangene, warme Herz eines Jünglings gewinnt.

Kaum bedarf es der Erwähnung, daß dieser liebreiche
Empfang gleich innig und herzlich von Nigel Olifaunt er=
wiedert ward. Seit vielen Monden war der junge zwei=
undzwanzigjährige Mann durch mancherlei Umstände von
dem Umgange der Jünglinge seines Alters abgehalten wor=
den. Als er bei dem plötzlichen Tode seines Vaters die
Niederlande mit Schottland vertauschte, fand er sich, wie
es schien, rettungslos in gerichtliche Händel verwickelt, die
alle den Verlust seines väterlichen Vermögens herbeizufüh=
ren drohten. Seine aufrichtige Trauer, verbunden mit der
tiefsten Kränkung seines Stolzes, das unmuthig unter der
Last eines unverdienten Unglücks aufwallende Herz des
Jünglings, der schwankende Zustand seiner Angelegenhei=
ten, alles hatte den jungen Lord Glenvarloch vermocht, in
Schottland ein sehr einsames, zurückgezogenes Leben zu
führen. Der Leser weiß, wie er seine Zeit in London zu=
brachte; aber diese melancholische, abgesonderte Lebensart
sagte weder seinem Alter, noch seinem von Natur heite=
ren, geselligen Charakter zu. Mit aufrichtigem Vergnügen
empfing er daher das freundliche Entgegenkommen eines

jungen Mannes seines Alters und Ranges, und als beide
junge Leute einige gegenseitige Worte gewechselt hatten,
wodurch die Jugend so gewiß, als die Freimaurer durch
ihre Zeichen, den Wunsch andeutet, sich zu gefallen, so
schien es, die beiden jungen Männer wären schon länger
bekannt gewesen.

Eben als dies stillschweigende Uebereinkommen geschlos=
sen war, kam ein Diener Lord Huntinglen's die Allee herab,
und hinter ihm her ein schwarz gekleideter Mann, der sich
schnell genug fortbewegte, wenn man bedachte, daß er,
so bald ihn die Gesellschaft, welcher er sich vorzustellen im
Begriff war, in's Auge fassen konnte, die Oberhälfte seines
Körpers in horizontaler Richtung hielt.

„Wer ist der Mann, Flegel?" fuhr der alte Lord auf,
der, trotz der langen Entfernung von seinem Vaterlande,
die kräftige Eßlust und Ungeduld eines schottischen Frei=
herrn nicht verloren hatte; „und weshalb zum Henker rich=
tet der Koch nicht an?"

„Ich glaube, wir sind selbst die Ursache dieser Zudring=
lichkeit, Mylord," sagte Heriot. „Es ist der Schreiber, den
wir rufen ließen. — Blickt auf, Freund, und seht uns ge=
rade in die Augen, wie ein ehrlicher Mann es thun muß,
statt Eure Hirnschaale wie einen Mauerbrecher gegen uns
zu richten."

Gleich dem Automaten, der plötzlich der Berührung
einer Springfeder gehorsamet, richtete sich der Schreiber
auf. Aber sonderbar genug, weder die Eile, welche er an=
gewendet hatte, Herrn Heriots Aufforderung zu einem wich=
tigen Geschäfte nachzukommen — noch die tiefgebeugte
Stellung, welche er wahrscheinlich aus bloßer Demuth bei
der Annäherung an den Grafen Huntinglen angenommen
hatte, vermochte die leiseste Röthe in seine Wangen zu
rufen. Eil und Hast ließ den Schweiß von seiner Stirn
perlen, aber sein Angesicht war blaß und fahl wie zuvor,
ja selbst sein Haar hing, als er das Haupt erhob, eben so
schlicht und glatt gekämmt zu beiden Seiten herab, als da
wir ihn unsern Lesern zuerst an seinem bescheidenen, ruhi=

gen Schreibtisch darstellten. Lord Dalgarno konnte ein un=
terdrücktes Lachen bei dem Anblick dieser lächerlichen, puri=
tanischen Gestalt, welche sich gleich einem verhungerten
Skelet der Gesellschaft darstellte, nicht verbergen, und flü=
sterte dem Lord Glenvarloch ins Ohr:

„Hol Dich der Teufel, Du blaßgelber Langbein
Wie kamst Du doch zu diesem Schafsgesicht?"

Zu wenig war Nigel mit der englischen Bühne bekannt,
eine Beziehung zu verstehen, welche in London fast zum
Sprichwort geworden war. Lord Dalgarno bemerkte es
und fuhr fort: „Nach seinem Gesichte zu urtheilen, muß
der Bursche entweder ein Heiliger, oder ein heuchlerischer,
abgefeimter Schurke seyn, und ich denke so vortrefflich von
der menschlichen Natur, daß ich immer das Schlimmste
voraussetze. Doch sie scheinen hier tief in die Geschäfte zu
gerathen. Wollt Ihr einen Spaziergang in den Garten
mit mir machen, oder ein Mitglied dieses ernsten Konklaves
bleiben?"

Bereitwillig erhob sich Nigel, Dalgarno zu begleiten, als
Georg Heriot mit der ihm eigenen Umständlichkeit äußerte,
da ihre Geschäfte hier Lord Glenvarloch beträfen, so würde
es besser seyn, wenn er zurückbliebe, sich davon persönlich
in Kenntniß zu setzen und Zeuge ihrer Verhandlung zu
seyn." Aber der junge Lord rief:

„Mein theurer Lord, mein werthester Freund, Mr.
Heriot, meine Gegenwart ist dabei durchaus unnütz. —
Wenn ich bei meiner gänzlichen Unwissenheit in solchen
Dingen Euch auch belästigen wollte, würde ich dennoch
nichts davon begreifen, und beim Schlusse der Verhandlun=
gen könnte ich nur wiederholen, was ich jetzt bei ihrem
Beginnen sage, daß ich das Steuerruder nicht den Händen
der freundlichen Piloten zu entreißen wage, die meinen
Lauf so glücklich leiteten, daß mir schon jetzt so unverhofft
ein schöner, sicherer Hafen lacht. Was Ihr mir als passend
vorschreibet, unterzeichne und untersiegle ich. Den Inhalt

der Urkunden werde ich durch eine kurze Erklärung Mr.
Heriots besser begreifen, als durch tausend rechtsgelehrte
Ausdrücke eines Anwaltes."

„Er hat Recht," sagte Lord Huntinglen, „unser junger
Freund hat Recht; wenn er diese Angelegenheit mir und
Euch, Mr. Heriot, überläßt, so hat er sein Vertrauen nicht
übel angebracht!" —

Mit nachdenkendem Blicke den jungen Lords nachsehend,
welche jetzt Arm in Arm die Allee hinabgingen, erwiederte
Mr. Heriot: „Wohl hat er sein Vertrauen nicht untreuen
Händen übergeben, wie Eure Herrlichkeit sehr richtig sagen,
doch ist er nicht auf dem richtigen Wege! — Es geziemt
jedem Manne, sich von seinen eigenen Angelegenheiten in
gebührende Kenntniß zu setzen, sobald sie nur seiner Aufmerksamkeit einigermaßen werth sind."

Nach dieser Bemerkung begannen sie mit dem Schreiber
die erforderlichen Papiere durchzusehen und die Art und
Weise zu bestimmen, auf welche die Urkunden auszufertigen
waren, um sowohl denjenigen, welche das Geld vorschießen
sollten, hinreichende Sicherheit zu gewähren, als auch dem
jungen Lord Zeit zu verschaffen, durch die zu erwartende
Zahlung der königlichen Schatzkammer, oder auf andere
Art, sein Erbe einzulösen. Unnöthig wäre es, dies hier
umständlicher auseinanderzusetzen, doch nicht unerwähnt
müssen wir es lassen, daß Heriot in die allerkleinsten juristi-
schen Förmlichkeiten mit einer so genauen Kenntniß einging,
daß er sich höchst erfahren in den verwickeltesten schottischen
Rechtsgebräuchen zeigte, während auch der Graf Huntinglen keinen Punkt der Verhandlung eintragen ließ, bevor er,
der viel weniger mit den eigentlich rechtsgelehrten Formen
vertraut war, im Allgemeinen eine genaue Uebersicht seines
Inhalts und seiner Wichtigkeit sich zu eigen gemacht hatte.
Bewundernswerth, schien es, unterstützte sie bei ihren wohl-
wollenden Absichten für den jungen Lord Glenvarloch der
rege Eifer und das gewandte Wissen des Schreibers, den
Heriot zu diesem Geschäfte berufen hatte; das wichtigste,
dem Andrew bisher noch je sich unterzog, das überdies in

feiner Gegenwart von einem Grafen und einem wohlhaben=
ben, geachteten Bürger abgeschloffen ward, der leicht Alder=
man seines Viertels, wenn nicht gar einst Lord Major
werden konnte.

Während sie so eifrig mit dieser Angelegenheit beschäf=
tigt waren, daß der gute Graf, aus ängstlicher Sorge, dem
Schreiber die besten Anweisungen zu ertheilen und Alles
gehörig zu wägen und zu bedenken, ehe man ihn entließ,
die Urkunden ins Reine zu schreiben, selbst seine Eßluft und
des verspäteten Mittagsmahls vergaß, gingen die jungen
Leute auf der Terraffe zusammen auf und nieder, die Ge=
genstände zu ihrer Unterhaltung wählend, welche Lord Dal=
garno, der ältere und erfahrenere, am anziehendsten für
seinen neuen Freund wähnte. Natürlich betrafen sie die
Vergnügungen des Hofes, und Dalgarno äußerte großes
Erstaunen, als er hörte, daß Nigel eine schleunige Rück=
kehr nach Schottland beabsichtigte. „Ihr scherzt mit mir,“
sagte er, „der ganze Hof — es ist unnütz, es zu verhehlen
— spricht von dem überraschenden Erfolge Eures Gesuches
— gegen das Interesse des höchsten leitenden Gestirns zu
Whitehall. Die Menschen denken, sprechen nur von Euch!
— Alle Blicke sind auf Euch gerichtet. — Man fragt, wer
ist dieser junge schottische Lord, der in einem einzigen Tage
solche ungeheure Fortschritte machte? — Im geheimen Ge=
flüster sagt man sich vorher, wie hoch und weit Euer Glück=
stern sich heben kann, und Alles, was Ihr aus diesen
günstigen Zeichen zu machen denkt, ist eine Rückkehr nach
Schottland, Habermehlkuchen auf Torffeuer gebraten zu
essen, die Hand jedes plumpen blaumützigen Bengels zu
schütteln, der Euch Vetter schimpft, obwohl nur von Noah
her Eure Verwandtschaft abzuleiten wäre; schottisches Zwei=
pfennigsbier zu trinken, halb verhungertes Wildpret zu
essen, wenn Ihr es, auf einem elenden Klepper reitend,
erlegtet, und endlich hochzuverehrender, allerwürdigster
Lord genannt zu werden.“

„Ich gebe zu, meine Aussichten sind nicht sehr heiter,“
entgegnete Lord Nigel, „selbst dann, wenn es Eurem Va=

13 *

ter und Mr. Heriot gelingen sollte, die Aussicht eines wahrscheinlich günstigen Erfolges mir zu gewähren. Doch aber
hoffe ich, wie meine Voreltern, so manches für meine Unterthanen bewerkstelligen zu können, und meine Kinder, wie
man es mich lehrte, persönlicher Opfer fähig zu machen,
wenn die Aufrechthaltung des Ranges, in welchen sie die
Vorsehung versetzte, deren bedarf."

Lord Dalgarno, welcher während dieser Rede mehrere-
male das Lachen zu unterdrücken versuchte, brach jetzt mit
so herzlicher, überströmender Lustigkeit aus, daß, trotz seines Aergers, Nigel, unwiderstehlich davon hingerissen, in
das Gelächter einstimmte, so unpassend, ja fast unartig es
ihm erschien. Doch bald wieder sich sammelnd, sagte er in
einem Tone, der sich vollkommen eignete, Lord Dalgarno's
übergroße Lustigkeit zu mäßigen: "Wie dem auch sey, Mylord, wie soll ich Euer Lachen verstehen?" Doch Dalgarno
antwortete nur mit verdoppelten Ausbrüchen, und endlich,
als müsse das Uebermaß derselben ihn zu Boden werfen,
ergriff er Lord Nigels Mantel, sich daran aufrecht zu halten. Lord Nigel, nur von dem Gefühl der Verbindlichkeiten
gegen seinen Vater abgehalten, die Größe seiner Empfind-
lichkeit dem Sohne zu zeigen, stand halb ärgerlich, halb
beschämt, so der Gegenstand des Gelächters seines neuen
Bekannten zu seyn, bis endlich Lord Dalgarno zu sich kom-
mend, mit abgebrochenen Worten, die Augen vor Lachen
noch immer übergehend, ausrief:

"Tausend — tausendmal bitte ich Euch um Verzeihung,
mein bester Lord Glenvarloch! — Zehntausendmal, wenn
Ihr wollt. Aber dies letzte Gemälde ländlicher Würde und
Euer ernstes, ärgerliches Erstaunen über mein Gelächter,
da wo selbst jeder am Hofe geborene Jagdhund gelacht
hätte, der nur einmal den Mond vom Schloßhofe zu Whitehall anbellte, das übernahm mich. Wie denn? Ihr mein
liebster, bester Lord, Ihr ein junger schöner Mann, von
hoher Geburt mit Rang und Titel — so gnädig bei Eurem
ersten Erscheinen von dem Könige aufgenommen, daß Eure
weiteren Fortschritte außer allem Zweifel gesetzt sind, wenn

Ihr davon Nutzen zu ziehen verstehet — denn schon hat der König Euch einen braven, wohlunterrichteten jungen Menschen genannt — Ihr, den alle Weiber, die ausgezeichnetsten Schönheiten des Hofes zu sehen wünschen, weil Ihr, ein geborener Schotte, aus Leyden kommt, und ein schwer zu erlangendes Gesuch durchgesetzt habt — Ihr, sage ich, mit Eurer wahrhaft fürstlichen Gestalt, feurigen Augen und so lebendigem Geiste — Ihr denket daran, die Karten hinzuwerfen, wenn das Spiel ganz in Eure Hand gegeben ist, und schnell nach dem kalten Norden zurückzueilen, dort Euch zu vermählen mit — ja, laßt doch sehen — mit einer langen, dünnen, blauäugigen, weiß und rothen, gutmüthigen Dirne, welche in ihrem Stammbaume achtzehn Ahnen zählt. So eine Art von Salzsäule wie Loths Weib, die nur so eben von ihrem Fußgestell herabstieg, mit der Ihr Euch dann in Eure altväterisch tapezirte Stube verschließt! Hilf Himmel! den Gedanken überlebte ich nicht!" —

Selten vermag die Jugend aus eigenthümlicher Kraft des Verstandes und der Grundsätze sich gegen die Gewalt des Lächerlichen zu schützen. Halb ärgerlich, halb gekränkt, ja, die Wahrheit zu gestehen, halb beschämt, seines besseren männlicheren Vorsatzes gedenkend, war Nigel unfähig, ja er überredete sich, es unnöthig zu finden, die Rolle eines streng moralischen Patrioten einem jungen Manne gegenüber auszuüben, dessen wohllautender Redefluß und seine in den ersten Kreisen der Gesellschaft erworbene Gewandtheit ihm, trotz der besseren, ernsteren Gesinnungen Nigels, ein vorübergehendes Uebergewicht erwarben. Er glaubte deshalb den Gegenstand außer allem Streit zu setzen, wenn er offen eingestand, daß wenn auch die Rückkehr nicht auf eigener Wahl beruhte, sie wenigstens durch die Nothwendigkeit herbeigeführt werde, da seine Vermögensangelegenheiten noch nicht im Reinen, und seine Einkünfte unsichre wären.

„Und wo ist der Höfling, dessen Angelegenheiten ganz geordnet, dessen Einkommen nicht gar mehr als nur unsicher

wäre?" fragte Lord Dalgarno. „Jeder gewinnt oder ver=
liert. Die, welche Vermögen haben, kommen hieher, es
los zu werden, indessen die glücklichen Ritter, die, wie Ihr,
mein lieber Glenvarloch, und ich selbst, wenig oder nichts
besitzen, die Wahrscheinlichkeit haben, sich an ihrer Beute
zu bereichern."

„Solchen Ehrgeiz besitze ich nicht, und eben so wenig,
wie ich offen gestehen muß, Lord Dalgarno, habe ich die
Mittel zu dem Versuche," erwiederte Nigel. „Kaum kann
ich selbst das Kleid, das ich trage, mein Eigenthum nennen,
ich verdanke es und schäme mich nicht, es zu bekennen, der
Freundschaft jenes guten Mannes."

„Wenn ich es vermag, so will ich nicht wieder lachen!"
rief der Lord. „Aber mein Himmel! daß Ihr Euch um
Eures Kleides willen an den ehrenwerthen Goldschmied
wenden mußtet! — Ei, ich hätte Euch zu einem ehrlichen,
zutraulichen Schneider gebracht, der Euch ein halbes Dutzend
auf Borg geliefert hätte, aus bloßer Vorliebe für den Ti=
tel Eurer Herrlichkeit vor Eurem Namen — und Euer Gold=
schmied, wenn er wirklich ein wahrhaft freundlicher Gold=
schmied ist, hätte Euch mit einer erklecklichen Börse mit
Rosenoble versehen sollen, für welche Ihr dreimal so viel
Kleider oder sonst, was Euch angenehm war, kaufen konntet."

„Ich verstehe diese Handlungsweise nicht, Mylord,"
sagte Nigel, dessen Mißvergnügen jetzt seine Beschämung
überstieg. „Nur dann würde ich den Hof meines Monar=
chen besuchen, wenn ich, ohne zu borgen oder kleinliche
Winkelzüge zu machen, mit der Kleidung und Bedienung,
die meinem Range ziemt, mich umgeben und ihn würdig
behaupten könnte."

„Die meinem Range ziemt!" wiederholte Lord Dal=
garno; „fürwahr, als ob mein Vater spräche. Ich stelle
mir vor, Ihr würdet es lieben, so bei Hofe zu erscheinen,
wie er, stets von mindestens zwanzig Blauröcken mit weißen
Köpfen und rothen Nasen begleitet, die mit breiten Schwer=
tern und Schildern versehen sind, obwohl ihre von Alter und
Branntwein zitternde Hände sie nicht mehr zu führen ver=

mögen; — mit einer Menge dicker silberner Wappen auf den Armen, bloß um zu zeigen, wessen Narren sie sind, aus denen man wahrhaftig einen königlichen silbernen Schenktisch verfertigen könnte — Schurken, die zu nichts dienen, als unsere Vorzimmer mit dem Geruch der Zwiebeln und des Branntweins anzufüllen! — Pfui!"

"Die armen Bursche," sagte Nigel; "sie haben Eurem Vater in seinen ehemaligen Fehden gedient. Was würde aus ihnen werden, wollte er sie fortjagen!"

"Ei, laßt sie in's Hospital gehen, oder auf den Brücken Reitgerten feil bieten. Der König ist ein vornehmerer Mann als mein Vater, und Ihr seht diejenigen, welche ihm in seinen Fehden dienten, täglich solche Dinge treiben, ja, diese abgetragenen blauen Röcke würden mindestens gute Vogelscheuchen abgeben können. — Da kommt aber einer den Gang herunter. Der kühnste Rabe wagt nicht auf eine Ruthe weit sich der Kupfernase zu nähern. Da ist, wie Ihr bald sehen sollt, mein Kammerdiener ein ganz anderer Kerl, und mein Page, Lutin, ist ein so geschmeidiger Bursche, daß er ein Dutzend dieser alten Denkmäler aus den Kriegszeiten der Douglas aufwiegt, wo sie einander die Gurgel abschnitten, um bei dem Ermordeten etwa zwölf schottische Pfennige zu erbeuten. Jedoch das muß man einräumen, ohne Widerrede verschlingen sie verdorbenes Fleisch und saures Bier, als ob ihre Gurgeln durchlöchert wären. — Doch so eben schlägt die Mittagsglocke. Hört, schon räuspert sie ihre rostige Kehle mit vorläufigem Schnarren. — Das ist auch so ein lärmendes Ueberbleibsel des Alterthums, welches, wenn ich hier Gebieter wäre, bald in der Tiefe der Themse ruhen sollte. Was zum Teufel kann es die Bauern und Handwerker am Strande interessiren, zu wissen, daß der Graf von Huntinglen sich zum Essen niedersetzt? Aber mein Vater sieht sich nach uns um, wir müssen nicht zu spät zum Gebet kommen, sonst nimmt er uns ins Gebet; wenn Ihr ein Wortspiel gestatten wollt, worüber Se. Majestät selbst gelacht hätte. Ihr werdet Alles bei uns nach altem Schlage finden, und da Ihr an die Tafeln

des Auslandes gewöhnt seyd, so schäme ich mich, daß Ihr
unsere gespickten Kapaune, unsere Berge von Rindfleisch
und Oceane von Brühsuppen, so allmächtig wie die hochländischen Berge und Seen, schauen sollt. Doch morgen
sollt Ihr besser speisen! — Wo wohnt Ihr? Ich will Euch
abholen. Ich muß Euer Führer durch diese bevölkerte Ein-
öde zu gewissen bezaubernden Gefilden seyn, welche Ihr kaum
ohne kundigen Wegweiser finden würdet. Wo wohnt Ihr?"

„Ich will Euch zu jeder beliebigen Stunde in St. Pauls
treffen," entgegnete Nigel etwas verlegen.

„Ach, Ihr wollt Euch verbergen," lachte Dalgarno.
„Fürchtet nichts, ich dränge mich nicht auf. - Doch jetzt haben wir die ungeheure Speisekammer von Fleisch, Vögeln
und Fischen erreicht. Ich wundere mich, daß der eichene
Tisch nicht der Last erliegt."

Wirklich traten sie jetzt in das Speisezimmer, wo die in
ungemeiner Fülle besetzte Tafel und die große Anzahl der
Domestiken einigermaßen die Spöttereien des jungen Lords
rechtfertigten. Der Kaplan und Sir Mungo Malagrowther
vermehrten die Gesellschaft. Letzterer wünschte Lord Nigel
Glück zu dem Eindrucke, den er bei Hofe gemacht habe. Er
setzte hinzu: „Man sollte glauben, Mylord, Ihr hättet den
Apfel der Zwietracht mit Euch gebracht, oder Ihr wäret der
Feuerbrand, den einst Althea zur Welt brachte, und sie habe
diesmal ihr Wochenbett in einem Pulverfasse aufgeschlagen,
denn der König, der Prinz und der Herzog sind um Euretwillen fast ins Handgemenge gerathen, und dasselbe fand
noch bei anderen Statt, die bis zu diesem glücklichen Tage
nicht wußten, daß solch ein Mann, wie Ihr, auf Erden
lebe."

„Vergeßt Eurer Speisen nicht, Sir Mungo," sagte der
Graf, „sie werden kalt, indessen Ihr sprecht."

„Meiner Treu, Mylord, damit hat es nicht Noth!" entgegnete der Ritter. „Bei Ew. Herrlichkeit Mittagsmahl
verbrennt man sich selten den Mund. — Die Diener sind
alt geworden wie wir, und der Weg von der Küche bis zur
Halle ist weit."

Mit diesem kleinen Ausbruche seines Unmuthes sich be=
gnügend, blieb Sir Mungo eine Weile ganz ruhig, bis daß
er, sein Auge auf Lord Dalgarno's glänzend neues Wamms
richtend, ihm Glück zu seiner Sparsamkeit wünschte, vorge=
bend, er erkenne es für dasselbe, welches sein Vater in Edin=
burgh zur Zeit der Anwesenheit des spanischen Gesandten
getragen habe.

Lord Dalgarno, viel zu sehr Weltmann, um sich durch
den Spott einer solchen Zunge mindestens bewegen zu lassen,
knackte sehr gemüthlich seine Nüsse weiter auf, erwiedernd:
„Das Wamms gehöre einigermaßen wirklich seinem Va=
ter, da es ihn wahrscheinlich über kurz oder lang fünfzig
Pfund kosten würde.“

Sir Mungo eilte sogleich, auf seine eigenthümliche
Weise diese angenehme Nachricht dem Grafen mitzutheilen,
äußernd, der Sohn Seiner Herrlichkeit verstände sich noch
besser auf den Handel, als der Graf selbst, denn er habe für
ein eben so reiches Wamms, als dasjenige, welches zur Zeit
des spanischen Gesandten Se. Herrlichkeit getragen hätten,
nur fünfzig schottische Pfund bezahlt, und das wäre doch
wahrlich kein thörichter Handel.“

„Pfund Sterling mit Eurer Erlaubniß, mein Herr,“
erwiederte ruhig der Graf; „es ist in jeder Hinsicht ein
thörichter Handel: Dalgarno war ein Thor, als er kaufte,
ich werde ein Thor seyn, wenn ich bezahle, und Ihr, mit
Eurer Erlaubniß, seyd gegenwärtig ein Thor, indem Ihr
Euch um Dinge kümmert, die Euch nichts angehen.“

Jetzt wandte der Graf seine Aufmerksamkeit auf die
Pflichten des Wirthes, und spendete den Wein in solcher
Fülle, daß allerdings die Fröhlichkeit der Gesellschaft ge=
steigert ward, aber auch ihrer Mäßigkeit manche Versuchung
drohte, bis daß ihre Fröhlichkeit durch die Nachricht unterbro=
chen ward, der Schreiber habe die zur Vollziehung nöthigen
Urkunden bereits ausgefertigt überbracht. Mit der Be=
merkung, Weinbecher und gerichtliche Dokumente taugten
nicht neben einander, erhob sich Georg Heriot vom Tische.
Der Graf fragte, ob man dem Schreiber in der Vorstube

Speise und Trank gereicht habe, und erhielt die Antwort:
„Der Himmel soll ihn bewahren, ein so undankbares Thier
zu seyn, daß er irgend etwas genöße, ehe Sr. Herrlichkeit
Aufträge erfüllt gewesen wären."

„Du sollst essen, ehe Du hinweg gehst!" rief der Graf.
„Ich will durchaus versuchen, ob ein Becher Wein nicht
einige Farbe in Deine Wangen bringen kann. Es wäre
eine Schande für mein Hauswesen, wenn Du so gespenster=
artig, wie Du jetzt aussiehst, am Strand hinunterschlüpfen
solltest. — Sehet darauf, Lord Dalgarno, die Ehre unseres
Hauses ist im Spiele."

Lord Dalgarno gab Befehl, für den Mann zu sorgen.
Indessen unterzeichneten Lord Glenvarloch und der Bürger
die Papiere. So ward eine Verhandlung vollendet, von
welcher der Hauptinteressent wenig mehr verstand, als daß
die Fürsorge eines eifrigen, treuen Freundes es dahin brin=
gen wolle, daß in dem dazu bestimmten Petritermine, am
1. August Mittags zwölf Uhr, in der Kathedrale von St.
Giles zu Edinburgh, an der Gruft des Regenten, des Gra=
fen von Murray, die erforderliche Summe gezahlt würde,
um seine verpfändeten Güter einzulösen.

Als das Geschäft beendet war, hätte der alte Graf gern
das Gelag weiter fortgesetzt, aber der Bürger, die Wichtig=
keit der in seinen Händen befindlichen Urkunden und die
dringende Nothwendigkeit, früh am anderen Tage das Ge=
schäft einzuleiten, anführend, weigerte sich nicht nur, zurück=
zukehren, sondern entführte auch in einer Barke Lord Glen=
varloch, der vielleicht geringeren Widerstand geleistet hätte.

Als sie in dem Boote saßen und sanft wieder von den
Wellen geschaukelt wurden, sagte Georg Heriot, ernsthaft
nach dem Hause zurückblickend, das sie so eben verließen:

„Dort wohnt die alte und neue Sitte. Dem alten,
eblen Schlachtschwerte, welches, in Unthätigkeit vernach=
läßigt verrostet, ist der Vater gleich. — Der Sohn ist wie
Euer nordischer Degen, schön vergoldet, prachtvoll gearbei=
tet, mit zierlichem Handgriffe, wie die jetzige Zeit es heischt;
doch eben die Zeit muß erst bewähren, ob die Klinge so gut

als das Aeußere ist. — Gebe Gott! daß es sich so verhalte, dies wünscht ein alter Freund des Hauses.“

Von Bedeutung ereignete sich nichts mehr, bis Lord Glenvarloch, auf dem Paulswerft landend, von seinem Freunde sich beurlaubte und nach seiner Wohnung zurückkehrte, wo sein Bedienter, nicht wenig begeistert von den Ereignissen des Tages und der gastfreien Bewirthung des Haushofmeisters des Grafen Huntinglen, der lustigen Frau Nelly einen höchst glänzenden Bericht abstattete, welche hoch erfreut seinem Jubel beistimmte, daß endlich, wie Richard sich auszudrücken pflegte, die Sonne des Glückes sich seinem Gebieter zuwende.

Eilftes Kapitel.

Dem kleinen Würfel dort vertraue nicht,
Die wechselvolle Gabe leichten Glückes,
Noch löse, gleich Egyptens Herrscherin,
Die edle Perl' im Schaum des Weines auf.
Durch diese Künste wird der reiche Gutsherr
Zum armen Häusler, Gold zur Kupfermünze,
Der gute Ruf, die Ehre untergraben,
Und dem, der glücklich und geachtet lebt,
Verderben nur und ehrlos Grab bereitet.
Der Wechsel.

Am nächsten Morgen, als Nigel nach beendetem Frühstück überlegte, wie er den Tag zubringen wollte, erregte ein kleines Geräusch auf der Treppe seine Aufmerksamkeit, und Frau Nelly, roth wie Scharlach, trat ein und vermochte kaum hervorzustammeln: „Ein junger Lord, Sir, — kein geringerer würde so unverschämt seyn (und dabei wischte sie leicht über ihre rothe Lippen) — ein junger Lord, Sir, will Euch besuchen!“

Und ihr nach trat in das kleine kajütenähnliche Gemach lustig, heiter, ungezwungen, ja, wie es schien, eben so erfreut, hier seinen neuen Bekannten zu treffen, als sey es in dem glänzendsten Zimmer eines Pallastes, Lord Dalgarno ein. Nigel im Gegentheile — denn die Jugend ist der

Sklave solcher Verhältnisse — fühlte sich eben so sehr außer Fassung, als gekränkt, von einem so zierlichen jungen Edelmann in einem Zimmer überrascht zu werden, welches bei dem Eintritt des glänzend geschmückten Jünglings seinem Bewohner viel enger, finsterer, niedriger, ja gemeiner als je vorher erschien. Er wollte einige Entschuldigungen suchen, aber schnell unterbrach ihn Lord Dalgarno:

„Darüber kein Wort weiter! — Ich begreife, warum Ihr hier vor Anker ginget — o ich kann's errathen. — Solch eine hübsche Wirthin würde jede Wohnung empfehlen."

„Auf mein Wort — auf meine Ehre!" rief Lord Nigel.

„Nein, nein! kein Wort mehr darüber! Ich bin keine Plaudertasche, noch werde ich Euch in's Gehege gehen. Gott sey Dank, es gibt Wild genug in den Wäldern, und ich weiß schon selbst eine Hindin zu erlegen."

Dalgarno sagte dies Alles so obenhin, und seine Andeutungen schienen so ehrenvoll für Lord Nigels Galanterie, daß dieser aufhörte, ihm zu widersprechen; ja vielleicht (so ist die Gebrechlichkeit der menschlichen Natur) weniger sich des Verdachtes eines Lasters, als der Wahrheit seiner Armuth schämend, die Unterredung auf andere Gegenstände wandte, und der armen Frau Nelly Ruf der willkührlichen Mißdeutung eines jungen Höflings überließ.

Zögernd bot Nigel Erfrischungen an. Lord Dalgarno äußerte zwar, schon lange gefrühstückt zu haben, da er aber eben einem Ballspiele beigewohnt habe, so würde er gerne von der hübschen Wirthin Hausbier einen Becher trinken. Seinem Wunsche wurde sogleich entsprochen, und Lord Dalgarno, die Gelegenheit benutzend, sie noch einmal genauer zu betrachten, ermangelte nicht, begleitet von einem kaum bemerkbaren Wink gegen Nigel, ernsthaft ihr die Gesundheit ihres Eheherrn zuzutrinken. — Sehr geschmeichelt erwiederte Dame Nelly, ihre Schürze mit ihren Händen streichend. Ihr John würde durch Se. Herrlichkeit gar hochbeehrt, doch sey er auch ein so guter, thätiger Mann, als es nur einen in der ganzen Straße, ja auf dem ganzen Pauls-

werft gäbe. Sie würde wahrscheinlich auch jetzt noch des
Unterschiedes ihres Alters, als des einzigen Mangels
ihrer ehelichen Glückseligkeit erwähnt haben; doch ihr
Miethsherr, der keine Lust hatte, dem Spotte seines lustigen
Freundes neue Nahrung zu verleihen, gab ihr, seiner Ge=
wohnheit zum Trotze, ein Zeichen, das Zimmer zu verlassen.

Lord Dalgarno sah ihr nach und rief kopfschüttelnd, auf
Nigel zurückblickend, jene wohlbekannten Worte:

"Mylord behütet Euch vor Eifersucht!
Dem Ungeheuer mit den grünen Augen,
Das seine Nahrung stets sich selbst bereitet.

Doch," fuhr er, seinen Ton ändernd, fort, "ich sehe nicht
ab, weshalb ich Euch so plagen soll! Ich, der ich selbst so
viele Schwächen habe. Statt dessen sollte ich mein Hierseyn
entschuldigen, und Euch sagen, weshalb ich kam."

Mit diesen Worten ergriff er einen Stuhl, zog einen
für Lord Glenvarloch daneben, ehe dieser seiner Höflichkeit
zuvorkommen konnte, und fuhr vertraulich plaudernd fort:

"Wir sind Nachbarn, Mylord, und haben uns erst so
eben kennen gelernt. Mir sind die theuren Nordsitten wohl
genug bekannt, um zu wissen, daß schottische Nachbarn ge=
naue Freunde oder tödtliche Feinde seyn — Hand in Hand
mit einander gehen, oder sich des Schwertes Spitze zeigen
müssen. Ich biete Euch die Hand, wenn Ihr sie nicht aus=
schlagt."

"Wie wäre es möglich, Mylord, ein so offenes, freund=
liches Anerbieten auszuschlagen, selbst wenn Euer Vater
von mir nicht auch Kindes Dank zu fordern hätte!" rief
Nigel, und warm Dalgarnos Hand ergreifend, fügte er
hinzu: "Ich habe, glaube ich, meine Zeit nicht verloren, da
in einem Tage des Hoflebens ich mir einen mächtigen Feind
und einen zärtlichen Freund erwarb."

"Der Freund dankt Euch für Eure gerechte Anerkennung.
Aber mein lieber Glenvarloch — oder vielmehr — unter
uns Leuten von besserem Tone ziemen sich die Titel nicht
— wie ist Euer Taufname?"

"Nigel," erwiederte Lord Glenvarloch.

„Wohl denn, von jetzt an sind wir Nigel und Malcolm
für einander, und Mylord, wenn der Haufe uns umringt.
Doch ich wollte Euch fragen, wen Ihr für Euren Feind
haltet?"

„Niemand Geringeres, als den allmächtigen Günstling,
den Herzog von Buckingham."

„Ihr träumet! Was konnte Euch den Gedanken ein=
flößen?"

„Ehrenvoll und offen handelnd, bekannte er selbst sich
dazu," erwiederte Nigel.

„Ach! Ihr kennt ihn noch nicht!" rief Dalgarno. „Hun=
dert edle, doch stolze, Gesinnungen bilden den Charakter des
Herzogs in wunderlicher Mischung, und reizen ihn an, bei
dem kleinsten Hinderniß in seinem Laufe kühn auszuschla=
gen. Aber was er in solcher vorüberfliegender Hitze sagt,
ist er weit entfernt, zu denken. — Ich vermag, Gott sey
Dank, mehr über ihn, als die meisten seiner Umgebungen.
Ihr sollt mit mir ihm Euren Besuch machen, und Ihr wer=
det sehen, wie er Euch aufnehmen wird."

Fest, ja mit einigem Stolze erwiederte Nigel: „Ich
sagte Euch, Mylord, der Herzog von Buckingham erklärte
sich ohne die geringste Beleidigung, Angesichts des Hofes,
für meinen Feind. Er muß diesen Angriff eben so öffent=
lich zurücknehmen, als er ihn sich erlaubte, ehe ich ihm den
kleinsten Schritt entgegen thue."

„Ihr würdet in jedem anderen Falle so geziemend han=
deln, doch hier habt Ihr nicht Recht. In der Sphäre des
Hofes ist Buckingham das leitende Gestirn; seine Gunst
oder sein Haß hebt oder unterdrückt des Bittenden Glück.
Der König würde Euch an Euren Phädrus mahnen.

Arripiens geminas, ripis cedentibus, ollas,
(Beide Töpfe an sich reißend, indem das Ufer entwich.)

und so weiter. Ihr seyd das irdene Gefäß; hütet Euch,
mit dem eisernen zusammen zu stoßen."

„Das irdene Gefäß," erwiederte Glenvarloch, „wird das
Zusammentreffen vermeiden, indem es der Strömung entron=

nen, das Ufer gewinnt! — Ich denke nicht wieder bei Hofe
zu erscheinen."

„O bei Hof müßt Ihr durchaus erscheinen! Ihr würdet
Eure schottischen Angelegenheiten sonst schlecht vorwärts
bringen, denn Ihr bedürft Schutz und Gunst, um den königlichen Befehl ins Werk gerichtet zu sehen. Doch sagt mir,
lieber Nigel, wundert Ihr Euch nicht, mich hier so zeitig zu
sehen!"

„Ich bin erstaunt, daß Ihr mich in diesem abgelegenen
Winkel entdecktet."

„Mein Page Lutin ist zu solchen Entdeckungen ein
hülfreiches Teufelchen. Ich brauche bloß zu sagen: Kobold,
ich wünschte zu wissen, wo die oder der wohnt — und hin
führt er mich wie durch Zauberei."

„Ich hoffe, Mylord, er wartet Eurer nicht auf der
Straße? Ich will meinen Diener nach ihm senden."

„Bemüht Euch nicht! Wenn er seiner alten Gewohnheiten nicht vergessen hat, so treibt er indessen mit den
schmutzigen Straßenbuben auf dem Paulswerft Knipp-
kügelchen und ähnliche Spiele."

„Fürchtet Ihr nicht, daß solche Gesellschaft seine Sitten
verderbe?"

„Laßt seine Gesellen nur die ihrigen bewahren," antwortete Lord Dalgarno gleichgültig; „denn es müßten wahrhafte Teufel seyn, von denen Lutin mehr Unfug lernen
sollte, als er selbst verübt. Er ist, Gott sey Dank, gar
weit im Bösen seinen Jahren nach erfahren. Ich kann die
Mühe sparen, auf seine Sitten zu wachen, denn nichts kann
sie böser oder schlimmer machen."

„Ich bewundere, daß Ihr dies bei seinen Eltern verant-
worten könnt, Mylord."

„Ich würde mich wundern, wo ich seine Eltern aufsuchen sollte," erwiederte sein Gefährte, „ihnen Rechnung
abzulegen."

„Er mag eine Waise seyn," sagte Nigel; „doch da er
Page in Ew. Herrlichkeit Familie ist, müssen seine Eltern
von höherem Stande seyn."

„Ja, so hoch, als der Galgen sie zu erheben vermochte,“ erwiederte Dalgarno mit derselben Gleichgültigkeit. „Sie wurden beide gehangen, mindestens deutete die Zigeunerin, von welcher ich ihn im fünften Jahre kaufte, darauf hin. — Ihr erstaunet darüber. — Aber ist es nicht besser, daß ich statt eines trägen, eingebildeten adeligen Bengels mit einem Buttermilchsgesicht, dem ich nach hergebrachter Weise eine Art Hofmeister zu seyn verpflichtet wäre, auf sein Waschen und Kleiden, Beten und Singen, Lernen und Treiben achten müßte, daß ich statt eines solchen verzärtelten Gelbschnabels ein Wesen mir aneignete, wie dieses hier?“

Schrillend und durchbringend pfiff er, und schnell wie ein Geist erschien der Page im Zimmer. Sehr zierlich gewachsen und reich gekleidet, schien er doch nach seiner Größe kaum fünfzehn, nach seinen Zügen aber einige Jahre älter. Sein leicht gebräunter Teint, die funkelnden schwarzen Augen, welche durchbohrend ins Innerste zu bringen schienen, bezeugten seine Zigeunerabkunft.

„Da steht er,“ sagte Dalgarno, „für jedes Element geeignet, schnell jeden Befehl, er sey gut, böse oder gleichgültig, ausführend, und seines Gleichen in Schelmereien, Spitzbübereien und Lügen suchend.“

„Lauter Eigenschaften,“ fiel der unerschrockene Page ein, „welche Ew. Herrlichkeit zu ihrer Zeit schon gute Dienste leisteten.“

„Hinweg, Du Höllenrange!“ rief sein Herr. „Verschwinde. Hebe Dich weg, oder mein Zauberstab soll Dir um die Ohren summen!“

Der Bursche wandte sich und verschwand eben so schnell, als er eintrat.

„Ihr seht,“ fuhr Dalgarno fort, „daß wenn ich mein Gefolge wähle, der beste Dienst, den ich dem Adel leisten kann, der ist, ihn davon auszuschließen. Dieser Galgenvogel würde hinreichen, ein ganzes Vorzimmer von Pagen zu verderben, wenn sie von Kaisern und Königen abstammten.“

„Kaum kann ich es glauben, daß ein Edelmann eines

Dieners, wie Euer Kobold ist, bedürfen könnte," entgegnete
Nigel. „Ihr treibt nur mit meiner Unerfahrenheit Scherz."

„Die Zeit wird es lehren, ob ich Scherz mit Euch
treibe, mein lieber Nigel. Jetzt schlage ich Euch vor, die
Fluth zu benutzen, zum Zeitvertreib stromaufwärts zu fahren, und dann hoffe ich, daß Ihr Mittags mit mir speisen
werdet."

Gern willigte Nigel in einen Plan, der ihm so viel
Vergnügen versprach, und beide junge Lords, von Lutin
und Moniplies begleitet, die, gepaart, dem Verein eines
Bären und Affen nicht unähnlich waren, stiegen in Lord
Dalgarno's Barke, welche mit ihren, durch das Wappen
des Lords am Arme gezeichneten Ruderern, ihrer harrte.
Die Luft war entzückend mild bei der Wasserfahrt, und die
lebendige Unterhaltung Dalgarno's würzte das Vergnügen
dieser kleinen Reise. Nicht nur vermochte er die öffentlichen
Gebäude und Hotels der Großen, an denen sie vorbeifuhren,
zu nennen, sondern er verstand es, durch zahllose Anekdoten,
den politischen Verhältnissen wie der chronique scanda-
leuse der schönen Welt entnommen, seine Schilderungen
zu beleben. Besaß er nicht sehr viel Geist, so hatte er doch
ganz den feinen, geselligen Weltton aufgefaßt, der damals,
so wie jetzt, reichlich jenen Mangel ersetzte.

Diese Art der Unterhaltung sowohl, als die Welt,
welche sie ihm eröffnete, waren Nigel völlig neu, und man
kann sich nicht wundern, daß der Jüngling, trotz seiner
natürlichen, gesunden Vernunft und hochherzigen Sinnes,
williger, als es passend zu seyn schien, seinem neuen Freunde
vergönnte, sich einen Ton gebieterischer Zurechtweisung
gegen ihn zu erlauben. Freilich möchte es auch schwierig
gewesen seyn, den Fluß seiner Rede zu hemmen. Mit hoch-
trabender, finsterer Moral die leichte fließende Unterhaltung
Dalgarno's, welche zwischen Ernst und Scherz, die keine
Gränze hielt, zu beantworten, würde pedantisch und lächerlich gewesen seyn, und jeder Versuch Nigels, seines Gefährten Aeußerungen eben so scherzhaft und leicht, als sie
aufgestellt wurden, zu widerlegen, zeigte nur, wie sehr er

ihm in solchem heiteren Wortgefecht untergeordnet war.
Ueberdem müssen wir eingestehen, daß Lord Glenvarloch,
obwohl er Manches mißbilligte, doch viel weniger, als er
gesollt hätte, die Unterhaltung und das Benehmen seines
neuen Gefährten tadelnswerth fand. Lord Dalgarno hütete
sich, seinen Proselyten stutzig zu machen, indem er schnell
über Gegenstände wegeilte, welche am meisten seinen
Grundsätzen und Gewohnheiten zu widerstreiten schienen,
und mischte Ernst und Scherz so geschickt durcheinander,
daß Nigel durchaus nicht zu unterscheiden vermochte, was
eigentlich in seinen Aeußerungen wahrhaft ernstlich gemeint sey, oder was das Werk einer ausgelassenen, tollen
Laune war. Ja, hin und wieder blitzten in seinem Gespräche Strahlen von Geist und feinem Ehrgefühl auf,
welche anzudeuten schienen, Dalgarno würde, durch solche
Veranlassung erregt, einen sehr verschiedenen Charakter von
dem nur dem Wohlleben jeder Art anhängenden Höfling
entwickeln, als welchen er sich eigentlich zur Schau zu tragen pflegte. — Als sie den Strom wieder herabschifften, bemerkte Lord Glenvarloch, daß das Boot dem Hause Lord
Huntinglens vorüber eilte, und machte Dalgarno darauf
aufmerksam, da er glaubte, sie wollten hier speisen. Aber
der junge Lord rief:

„Ei nicht doch! Ich habe zuviel Mitleiden mit Euch,
Euch zum zweitenmal mit rohem Rindfleisch und Kanariensekt zu überfüllen. Ich habe etwas Besseres Euch zugedacht,
entgegnete Dalgarno, als solch ein zweites scytisches Gast-
mahl. Mein Vater speist heute bei dem alten ernsten Grafen Northampton, jenem vormals als Lord Henry Howard
so berühmten Propheten.“

„Und begleitet Ihr ihn nicht?“ fragte Nigel.

„Zu welchem Zwecke? Sr. Herrlichkeit sehr weise ver-
rostete Politik in schlechtem Latein sprechen zu hören, welches der alte Fuchs immer gebraucht, damit der gelehrte
König von England Veranlassung finde, seine grammatika-
lischen Schnitzer zu verbessern? Das wäre eine herrliche
Unterhaltung!“ —

„Wenn auch deßhalb nicht; aus Ehrfurcht für Euren Vater könntet Ihr ihn begleiten!" rief Nigel.

„Mein Vater hat Blauröcke genug zu seiner Begleitung, und kann sehr gut ohne einen Windbeutel, wie ich bin, fertig werden. Er kann den Becher Klaret ohne meine Hülfe leeren, und sollte es sich ereignen, daß das geliebte väterliche Haupt etwas schwindlich würde, so hat er Leute genug, St. hochfreiherrliche Herrlichkeit zu höchst Dero freiherrlichem Lager zu führen. Lieber Nigel, starrt mich nicht so an, als müßten meine Worte unser Boot in den Grund bohren! Ich liebe meinen Vater — ich liebe ihn zärtlich — auch achte ich ihn, obwohl ich nicht Vieles hienieden achte! Nie trug ein tapferer, ehrenwertherer Kriegsmann ein Schwert an seiner Seite. — Aber was ists weiter? — Er gehört der alten, ich der neuen Welt. Er hat seine Thorheiten, ich die meinigen, und je weniger wir von unseren kleinen Sünden zu sehen bekommen, je größer wird die Achtung und Ehrfurcht seyn — das, denk' ich, ist der rechte Ausdruck — die Ehrfurcht, sage ich, die wir uns gegenseitig weihen. Getrennt ist ein jeder von uns, gerade das, wozu Natur und Verhältnisse uns bildeten: doch will man uns zu fest an einander schmiegen, so könnt Ihr sicher seyn, entweder einen jungen oder alten Heuchler, wo nicht gar ihrer zwei in der Schlinge zu haben."

Bei diesen Worten landete das Boot zu Blakfriars. Lord Dalgarno sprang ans Land, und seinen Mantel und Degen dem Pagen zuwerfend, empfahl er seinem Gefährten ein Gleiches zu thun. Er setzte hinzu:

„Wir kommen in einen Kreis vornehmer junger Leute, und so verhüllt, würden wir Eurem sonnverbrannten Don dort gleichen, der sich dicht in seinen Mantel wickelt, die Mängel seines Wammses zu verbergen."

„Ich habe mehr als einen ehrlichen Mann gekannt, der solches that," sagte Richard Moniplies, der schon lange auf eine Gelegenheit wartete, sich in das Gespräch zu mischen, und wahrscheinlich sich der traurigen Beschaffenheit seiner eigenen Kleider vor wenigen Tagen deutlich erinnerte. Lord

Dalgarno stutzte, als erstaune er über seine Dreistigkeit, antwortete aber dann sogleich:

„Du magst allerlei kennen, aber dennoch kennst Du noch nicht Alles das recht gut, was für Deinen Herrn am nothwendigsten ist. So verstehst Du namentlich nicht seinen Mantel so zu tragen, daß die goldbesetzten Nähte und der Zobelbesaz sich vortheilhaft zeigen. Sieh, wie Lutin das Schwert trägt, daß der halb darüber geworfene Mantel weder die getriebene Arbeit des Griffs, noch die silbernen Verzierungen verhüllt. Gebt Eurem Diener Euer Schwert, daß er in dieser nothwendigen Kunst sich unterrichten lasse!" —

„Ist es nicht fast unvorsichtig," sagte Nigel, sein Schwert abgürtend und Richard übergebend, „so ganz unbewaffnet zu gehen?" —

„Weshalb denn?" fragte Dalgarno; „Ihr denkt, Ihr seyd in Altschottlands Hauptstadt, wo Privatfehden und politische Parteien noch so herrschen, daß kein irgend bedeutender Mann Eure Hauptstraße zweimal durchkreuzen kann, ohne sein Leben dreimal in Gefahr zu bringen. Hier, Sir, ist kein Lärmen erlaubt. Unsere plumpen Bürger schlagen mit Knütteln drein, sobald ein Schwert gezogen wird."

„Und das verstehen sie aus dem Grunde, wie mein Gehirn es bezeugen kann," sagte Richard.

„Wäre ich Dein Herr, Bursche," rief Lord Dalgarno, „ich wollte Dein Gehirn windelweich machen, sprächest Du ein Wort, ehe Du gefragt würdest."

Richard murmelte einige unverständliche Worte, benutzte aber den Wink, und folgte schweigend seinem Gebieter an Lutins Seite, der nicht verfehlte, durch Nachäffung seines steifen Ganges und verdrießlicher Mienen, so oft er es von Richard unbemerkt ins Werk richten konnte, diesen zum Gelächter der Vorübergehenden zu machen.

„So sagt mir jetzt, mein theurer Malcolm," fragte Nigel," wohin unser Weg führt, und ob wir in einem Euch zugehörigen Hause speisen werden?"

„Mir zugehörigen Hause? O ja, ohne Zweifel! Mir,

Euch selbst und zwanzig anderen jungen Männern gehört das Haus, wo wir essen werden, und die Tafel soll uns bessere Speisen, besseren Wein, bessere Aufwartung gewähren, als wenn unser Aller Einkommen vereint dazu verwendet würde. Wir gehen in die berühmteste Garküche Londons."

„Das will soviel bedeuten als ein Gasthof oder Schenke?"

„Gasthof oder Schenke!" rief Dalgarno aus. „Ihr unerfahrener Neuling! Nein, nein! das sind Orte, wo schmutzige Bürger der Pfeife und des Biers sich erfreuen, wo rabulistische Rechtsgelehrte auf Kosten ihrer Opfer schwatzen — da kramen die Temple-Inn-Bewohner ihren schaalen Witz aus, und der geringe Adel füllt sich mit so dünnem Getränk den Magen, daß er sich die Wassersucht statt eines Rausches holt. — Eine Garküche ist eine erst kürzlich erfundene Einrichtung. Dem Bachus und Komus geheiligt, vereinen sich hier die vornehmsten Fants der feinen Welt mit den geistvollsten und witzigsten Köpfen des Zeitalters — und sprudelnd wie der Genius des Dichters, alt und kräftig wie das feurige edle Blut in unsern Adern, ist hier der Wein der edelsten Traube Saft. Auch dem Gaumen wird etwas besseres, als die gewöhnliche irdische Nahrung dargeboten. Meer und Land werden geplündert, ihn zu befriedigen, und sechs ausgesuchte Köche strengen unaufhörlich ihre Erfindungskraft an, durch ihre Zubereitung die Trefflichkeit der Leckereien wo möglich noch zu erhöhen."

„Und alle diese schönen Worte wollen doch eigentlich nur bedeuten, was ich schon vorher sagte," erwiederte Nigel, „daß wir nach einem vorzüglichen Gasthof gehen, wo wir gut bewirthet werden, wenn wir eben so gut dafür bezahlen?"

„Bezahlen?" fragte Lord Dalgarno eben so scheinbar erstaunt, als vorher. „Verwünscht sey der bäurische Ausdruck! Welch eine Entheiligung? Monsieur le Chevalier de Beaujeu, die Zierde der Hauptstadt Frankreichs, die Blume Gascogne's — er, der durch den bloßen Geruch das Alter seiner Weine bestimmen kann, der seine Saucen in

einem Destillirkolben nach chemischen Grundsäzen bereitet
— der mit solcher Genauigkeit vorschneidet, daß er dem
Ritter wie dem Squire den Antheil des Fasans vorlegt,
der seinem Range gebührt; ja, eine Becassine in zwölf
Theile mit solcher pünktlichen Genauigkeit zerlegt, daß von
zwölf Gästen nicht einer ein haarbreit oder den zwanzigsten
Theil einer Drachme mehr erhält — und doch sprecht Ihr
seinen Namen und das Wort 'bezahlen' in einem Athem
aus? — Wisset, Freund, er ist der allgemeine, wohlerfah-
rene Schiedsrichter in allen geheimnißvollen Angelegenheiten der Karten und Würfel. — Er ist Monarch der Karten und Herzog der Würfelbecher. — Er sollte, gleich dem
grüngeschürzten rothnasigen Küper, Bezahlung einfordern?
— O nein! welch ein Wort und von wem habt Ihr es gesprochen! — Daß Ihr ihn noch nicht kennt, ist Eure einzige Entschuldigung dieser Lästerung; und doch ist auch sie
kaum zuläßig: denn einen Tag nur in London verlebt zu
haben, ohne Beaujeu zu kennen, ist an sich schon ein Verbrechen! Doch Ihr sollt ihn in diesem jetzigen gesegneten
Augenblick kennen lernen, und werdet Euch selbst für Euren
ausgestoßenen Frevel verabscheuen."

„Gut, gut!" sagte Nigel; „doch wird dieser würdige
Ritter schwerlich auf seine eigene Kosten so herrlich anrichten. Ist das etwa der Fall?"

„Nein, keineswegs!" antwortete Dalgarno. „Des
Chevaliers Freunde und Vertraute kennen den Gebrauch
des Hauses, mit welchem Ihr indessen für jetzt noch nichts
zu theilen habt. Es gibt, wie Se. Majestät sagen würde,
ein Symbolum, was ihn entschädigt — mit einem Wort,
ein gegenseitiger Austausch von Artigkeiten findet zwischen
Beaujeu und seinen Gästen statt. — Er macht Ihnen ein
Geschenk mit seinem Mittagsmahle und Wein, so oft sie
Lust haben, bei ihm zu speisen, und sie schenken dagegen
dem Chevalier aus Erkenntlichkeit einen Jakobus. Ueberdem müßt Ihr wissen, daß außer dem Bachus und Komus
jener Regentin der irdischen Angelegenheiten, der Göttin
Fortuna, oft bei Beaujeu gehuldigt wird, und daß er, ihr

Oberpriester, natürlich einen großen Antheil der dargebrachten Opfer empfängt."

„Mit einem Worte," sagte Lord Glenvarloch, „der Mann hält ein Spielhaus."

„Ein Haus, worin Ihr allerdings spielen könnt," erwiederte Dalgarno, „wie Ihr es etwa auch in Eurer Stube unternehmen möget, sobald Ihr dazu Lust empfindet. Erinnere ich mich doch sogar, daß der alte Tan Tally mit einem Franzosen, einer Wette wegen, zu St. Pauls während des Frühgottesdienstes Pharao spielte. Der Morgen war neblich, der Prediger schlaftrunken, die ganze Versammlung bestand außer den Spielenden nur aus einem alten blinden Weibe, so daß sie der Entdeckung ihres Frevels glücklich entwischten."

„Demunerachtet, Malcolm," sagte ernst der junge Lord, „kann ich nicht mit Euch in dem Hause essen."

„Und, warum in des Himmels Namen, wollt Ihr Euer Wort zurücknehmen?"

„Ich nehme mein Wort nicht zurück, Malcolm. Aber ein früheres, meinem Vater geleistetes Versprechen, verbietet mir, je die Schwelle eines Spielhauses zu betreten."

„Ich sage Euch, dies ist keins; ernsthaft gesprochen, es ist kein Speisehaus, welches zierlicher eingerichtet, von besserer Gesellschaft, als die anderen in London, besucht wird. Wenn einige davon Vergnügen am Spiele finden, so sind es Männer von Ehre, die auch als solche spielen, und nicht mehr wagen, als sie mit Gleichmuth verlieren können. Dies waren, dies können die Häuser nicht seyn, deren Besuch Euer Vater Euch zu vermeiden bat. Eben so gut hätte er Euch untersagen mögen, die Bequemlichkeiten zu genießen, welche ein Gasthof, eine Schenke, Speisehaus oder sonst ein öffentlicher Versammlungsort darbietet. Es gibt keinen ähnlichen Ort, wo Eure Augen nicht durch ein Päckchen solcher buntgemalter Blätter entweihet, Eure Ohren durch das Klappen gewisser kleiner gefleckter elfenbeinerner Vierecke entheiligt würden. Der Unterschied ist nur, daß da, wohin wir gehen, wir vielleicht Personen vom Stande zur Unterhaltung spielen sehen, und in jenen gemeineren Häusern findet ihr Beutelschneider und Gauner, die mit List oder Gewalt Euer Geld an sich zu reißen suchen."

„Ich bin überzeugt, es ist nicht Euer Wille, mich zum Unrechte zu verleiten, aber meines Vaters Abscheu für jedes Hazardspiel gründet sich eben sowohl auf Religion, als auf Klugheit. Er glaubte, ich weiß nicht weshalb, und fälschlich, wie ich hoffe, daß ich Neigung dazu hätte, und ich sagte Euch das Versprechen, welches ich ihm leistete."

„Nun bei meiner Ehre, alles, was Ihr sagt, gibt mir nur noch mehr Veranlassung, auf Eure Begleitung zu bestehen. Ein Mann, der einer Gefahr ausweichen will, muß ihren wahren Gehalt und die Größe derselben in Gesellschaft eines treuen, zuverläßigen Freundes und Führers kennen lernen. Glaubt Ihr, ich spiele? Meiner Treue, meines Vaters Eichen wachsen zu entfernt von London und sind in den Felsen von Perthshire zu fest gewurzelt, als daß ich sie mit einem Würfel fällen könnte, obwohl ich ganze Wälder damit wie Kegel niederwerfen sah. Nein, nein! das sind Belustigungen für die wohlhabenden Südländer, nicht für den armen schottischen Adel. Als Speisehaus wollen wir beide diesen Ort benutzen. Wenn andere darin zu spielen pflegen, das ist ihr Fehler, und fällt nicht uns oder dem Hause zur Last." —

Von diesen Vorstellungen keinesweges befriedigt, fuhr Nigel fort, sich auf das seinem Vater gegebene Versprechen zu beziehen, bis sein Gefährte empfindlich, ja fast geneigt schien, ihm beleidigenden, ungerechten Argwohn vorzuwerfen. Er gedachte, wie sehr er Lord Dalgarno's Vater verpflichtet sey, ja wie viel Dank des Sohnes so freimüthig ihm dargebotene Freundschaft verdiene; er hatte keine Ursache, jenen Versicherungen zu mißtrauen, daß dies Haus keinesweges zu denjenigen gehöre, welche seines Vaters Verbot ihm verschloß, und endlich glaubte er fest, auf sich fußen zu können, daß er sicher jedem Versuche zum Hazardspiele zu widerstehen wissen würde. Durch seine Einwilligung, ihn zu begleiten, beruhigte er also Lord Dalgarno, und da des jungen Höflings gute Laune schnell zurückkehrte, so begann er auf's Neue seine ruhmsprechenden Lobpreisungen auf Monsieur de Beaujeu, die er nicht beendete, ehe sie den Tempel der Gastfreundschaft erreicht hatten, in welchem jener Hochgepriesene als Oberpriester waltete.

Zwölftes Kapitel.

Hier ist der Kampfplatz,
Hier versammelt täglich sich das Hühnervolk
Um seine Helden. Das Gefecht beginnt;
Es schwillt der Kamm, die Federn sträuben sich
Empor, aus heißrer Kehle kräht der Zorn.
Schon nähert sich die kleine Brut, erhebt
Die kahlen Köpfe, spreizt sich und versucht
Des Ahnherrn mächt'ge Stimme zu begleiten.
Der Bärgarten.

Die Speisehäuser, bekannt unter der Benennung Ordinary (jetzt ein bekannter Ausdruck), waren zu Jakobs Zeiten eine neue Einrichtung, eben so sehr in der Mode unter den jungen Leuten jenes Zeitalters, als die vornehmsten unter den modernen Clubhäusern in unsern Tagen. Sie zeichneten sich hauptsächlich dadurch aus, daß sie besonders nur von wohlgekleideten Männern, deren äußerer Anstand sie empfahl, besucht wurden. Gewöhnlich speiste die Gesellschaft zu einer festgesetzten Stunde zusammen, wobei der Unternehmer der Anstalt den Ceremonienmeister darstellte.

Monsieur le Chevalier Saint Priest de Beaujeu, wie er sich nannte, war ein schlauer, magerer Gascogner, der aus seinem Vaterlande einer Ehrensache wegen, wie er sagte, in welcher er das Unglück hatte, seinen, als tapfern Degen sehr bewährten, Gegner zu tödten, verbannt ward. Seine adelichen Ansprüche unterstützten ein Federhut, ein langer Degen, ein seidenes eben nicht abgetragenes gesticktes Kleid, gleich einer flatternden Pfingstmaine mit so vielen Schleifen verziert, daß man meinte, wohl fünfhundert

Ellen Band waren darauf angebracht. Aber troß dieser
äußeren Verschwendung und Glanz, wollten viele behaup=
ten, Monsieur le Chevalier stimme in allen Dingen so
ganz besonders mit seiner jeßigen Lage überein, daß die
Natur nie die Absicht gehabt haben könne, ihn nur einen
Zollbreit höher zu stellen. Deshalb bestand ein Theil der
Belustigungen an diesem Orte für Lord Dalgarno und die
andern vornehmen jungen Leute darin, dem Chevalier mit
einer Art spöttischer Ehrerbietung zu begegnen, welches
andere einfältigere Gäste, die sie für baare Münze hielten,
zu einem wirklich achtungsvollen Benehmen veranlaßte.
Des Gascogners natürliche Unverschämtheit stieg dadurch
zuweilen über die gebührenden Gränzen seiner Verhältnisse,
bis eine nachdrückliche Zurechtweisung ihn nur zu oft krän=
kend daran mahnte.

Das Haus dieses vielbedeutenden Mannes, früherhin
der Wohnsiß eines Großen des Hofstaats der Königin Eli=
sabeth, der sich bei ihrem Tode auf seine Güter zurückgezogen
hatte, überraschte ihn durch die Menge und Bequemlichkeit
der Gemächer, wie durch die Fülle der schon versammelten
Gäste. Ueberall wallten Federn, klangen Sporen, glänz=
ten Stickereien, und mindestens der erste Blick bestätigte die
Lobpreisung Dalgarno's, daß nur höchst vornehme junge
Leute sich hier versammelten. Nicht ganz so günstig fiel
eine nähere Prüfung aus. Man hätte hin und wieder einige
Personen entdecken können, die sich nicht ganz frei in ihrem
glänzenden Anzug bewegten, und vielleicht seiner nicht stets
gewohnt gewesen waren; und andere dagegen, deren Klei=
dung beim ersten Anblick nicht abstach, verriethen bei ge=
nauerer Beobachtung jene kleine Hülfsmittel, durch welche
die Eitelkeit die Armuth zu übertünchen strebt.

Nigel behielt wenig Zeit zu solchen Beobachtungen,
denn beim Eintritte Lord Dalgarno's entstand eine allge=
meine Bewegung; sein Name ging von Mund zu Mund.
Einige traten hervor, um ihn anzugaffen, Andere zogen
sich zurück, um ihm Plaß zu machen; seine guten Freunde
eilten herbei, ihn zu begrüßen, Personen von niederem Range

gaben sich Mühe, etwas von seiner Haltung, von seinen Manieren, von seinem Anzuge aufzufassen, um sie bei einer günstigen Gelegenheit als den neuesten Hofton in Anwendung zu bringen.

Der Genius loci, der Chevalier selbst, war nicht der letzte, diese vorzüglichste Zierde und Stütze seiner Anstalt zu begrüßen. Er eilte mit hundert ekelhaften Komplimenten und chers Mylords herbei, um seine Glückseligkeit beim Wiedersehen des Lord Dalgarno zu erkennen zu geben. — „Ich hoffe, Mylord, Ihr bringt mir die Sonne zurück!" rief er. „Ihr habt durch Eure lange Abwesenheit Eurem armen Chevalier Sonn- und Mondlicht entzogen. Wahrhaftig, ich glaube, Ihr stecktet sie in die Tasche."

„Vielleicht weil Ihr mir nichts Anderes darin zurückließet, Chevalier," antwortete Lord Dalgarno. „Hier, Monsieur le Chevalier, habe ich die Ehre, meinen Freund und Landsmann, Lord Glenvarloch, vorzustellen."

„Aha! tres-honoré. — Je m'en souviens — oui! J'ai connu autrefois un Mylord Kensarloque en Ecosse. Ja, ich erinnere mich — Wahrscheinlich war es der Vater von Mylord. Wir sahen uns sehr viel, als ich zu Holyrood mit Herrn von la Motte war. Ich habe oft mit ihm Federball gespielt in der Abtei Holyrood. Il étoit même plus fort que moi. — Ah le beaucoup de revers qu'il avoit. Ich erinnere mich auch, daß er sehr hinter die hübschen Mädchen her war. — Ah un vrai diable dechainé. O, ich erinnere mich noch — —"

„Es ist viel besser, nicht des verstorbenen Lords Glenvarloch zu gedenken!" rief, ohne Umstände den Chevalier unterbrechend, Lord Dalgarno. Und Beaujeu, schnell ahnend, daß seine Schilderung des Verstorbenen dem Sohne eben so unangenehm seyn konnte, als sie unwahr, ja seinen fast übertrieben strengen Sitten ganz entgegengesetzt war, antwortete schnell:

„Ihr habt Recht, Mylord, sehr Recht! Qu'est ce que nous avons à faire avec le temps passé! Die Vergangenheit gehört unsern Vätern — unsern Vorfahren! Sehr

Recht! — Die Gegenwart gehört uns. Sie haben ihre
schöne Grabstätten mit Wappenschildern und Denkmälern
von Erz und Marmor. — Wir haben des petits plats
exquis und die Suppe à la Chevalier, die ich sogleich
anrichten lassen werde."

Mit einer Pirouette sich auf dem Absatz umdrehend, ge=
bot er den Dienern, die Speisen aufzutragen. Dalgarno
lachte, doch indem er bemerkte, daß sein Freund finster um=
hersah, rief er mit vorwurfsvollem Ton: „Wie? Was?
Ihr seyd doch nicht thöricht genug, Euch über einen solchen
Esel zu ärgern?"

„Ich spare meinen Zorn würdigern Gegenständen auf,"
erwiederte Nigel. „Aber ich läugne nicht, es empörte mich,
einen solchen Menschen meines Vaters Namen aussprechen
zu hören, und auch Ihr, der Ihr mir sagtet, dies sey kein
Spielhaus, Ihr räumtet so eben ein, es mit ausgeleerten
Taschen verlassen zu haben."

„Pah, Freund," rief Lord Dalgarno, „ich sprach nur,
wie es die Sitte heischt. Zuweilen muß man einige Gold=
stücke wagen, will man nicht ein geiziger Filz gescholten
werden. — Doch da ist das Essen. Laßt sehen, ob Euch
des Chevaliers Speisen besser, als seine Unterhaltung be=
hagen werden."

Die beiden Freunde, den Ehrenplatz an der Tafel ein=
nehmend, wurden von dem Chevalier sehr achtungsvoll be=
dient, der überhaupt den aufmerksamen Wirth gegen Alle
machte, und mit seiner angenehmen Unterhaltung Alles zu
würzen wußte. Das Mittagsmahl, in dem damals schon
in England eingeführten französischen piquanten Geschmack,
den alle eingeborenen jungen Leute, die auf Welt und Bil=
dung Anspruch machten, durchaus bewundern mußten, war
vortrefflich. Auch der höchst vorzügliche Wein bot sich im
Ueberfluß von allen Sorten dar. Die Unterhaltung so
vieler lebenslustigen jungen Leute war ebenfalls heiter
und leicht, und Nigel, dessen Geist, vom langen Drucke
der Sorgen befreit, lebendiger sich regte, wurde äußerst
heiter.

Einige der Gäste besaßen und zeigten ächten Geist,
feine Welt; andere waren Thoren, die, ohne es zu ahnen,
zur Belustigung der übrigen dienten; und wieder andere
waren Originale, welche gar nichts dagegen zu haben schienen, daß statt ihres Geistes ihre Albernheiten den Stoff
der Unterhaltung darboten. Mindestens besaßen alle diese-
nigen, welche irgend einen bedeutenden Antheil an der Unterredung nahmen, wirklich den Ton der damaligen guten
Gesellschaft, oder mindestens jenen Anstrich davon, welcher
oft als gültig angesehen wird.

Kurz, Nigels Strenge ward durch die angenehme Gesellschaft, die ihn umgab, so gemildert, daß er selbst dem red-
seligen Ceremonienmeister geduldiger sein Ohr lieh, als der
Chevalier, indem er sah, daß Mylord le curieux et l'utile
liebte, sich an ihn wandte, ihm mancherlei Geheimnisse der
Kochkunst mitzutheilen. Um zugleich dem Geschmack an
alterthümlichen Gebräuchen zu genügen, den er bei seinem
Gaste voraussetzte, bestrebte er sich, die großen Kochkünstler
früherer Zeit zu loben, besonders den einen, welchen er in
seiner Jugend gekannt habe. „Küchenmeister des Marschall
Strozzi — très-bon gentilhomme pourtant; der seines
Herrn Tisch während der schweren Blokade des petit Leith
täglich auf zwölf Couverts wohl bediente, obwohl er nichts
darauf zu stellen hatte, als hin und wieder gefallenes Pfer-
defleisch und Gras und Kräuter, welches auf den Wällen
wuchs! Par dieu, c'étoit un homme superbe! Mit
einem Distelkopfe und einer oder zwei Nesseln verstand er
Euch eine Suppe für zwanzig Gäste anzufertigen. Die
Keule eines jungen Hundes gab einen Braten des plus
excellens! Aber sein Coup de maître fand bei der Ueber-
gabe der Festung statt. Damals richtete er, Dieu me
damne, aus dem Hinterviertel eines eingesalzenen Pferdes
auf fünfundvierzig Couverts so an, daß die englischen und
schottischen Offiziere, welche die Ehre hatten, bei Monseigneur zu speisen, nicht genug zu erzählen vermochten, was
man ihnen da alles aufgetragen hätte.“

Der Wein war schon so häufig genossen worden und

hatte so begeisternde Einwirkung, daß selbst die am untern
Ende des Tisches befindlichen Gäste, die bisher nur Zuhörer
waren, jetzt, weder zu ihrer eigenen, noch zu der Empfehlung des Speisehauses, begannen, ihr Licht auch leuchten
zu lassen. Ein großer, starker Mann, mit einem aufwärts
gedrehten soldatischen Schnurrbart, einer breiten Degenkoppel von Büffelleder, einem langen Degen und andern
äußern Zeichen der ehrenwerthen Kunst, Menschen für geringen Sold zu tödten, sagte jetzt: „Ihr sprecht von der
Belagerung von Leith, und ich habe den Ort selbst gesehen
— so ein Ding wie eine Art Vorwerk ist's, mit einer niedrigen Mauer oder Wall umgeben, einem oder zwei tau-
benschlagähnlichen Thürmleins an jeder Ecke. Potz Schwert
und Dolch, heutzutage würde ein Heerführer nicht vierundzwanzig Stunden, vielweniger so viel Monate vor dem
Neste liegen, ohne es nebst all seinen Hühnersteigen eine
nach der andern sturmlaufend einzunehmen, wenn er nicht
die Zierde verdienen sollte, welche der Generalprofoß aus
Hanf zu schürzen versteht."

„Monsieur le Capitaine," sagte der Chevalier, „ich
war nicht bei der Belagerung von le petit Leith, und
verstehe nicht, was Ihr mit den Hühnersteigen sagen wollt.
Aber von Monseigneur de Strozzi will ich behaupten,
daß er wohl verstand la grande guerre, und war grand
Capitaine — plus grand — das will sagen, vielleicht
größer, als einige englische Kapitäne, die sehr laut sprechen
— tenez Monsieur, car c'est à vous!"

„O mein Herr," erwiederte der Kriegsmann, „wir
wissen wohl, der Franzose ficht am besten hinter seinem
steinernen Wall, oder mit Brust- und Rücken-Harnisch, den
vollen Eßtopf zur Seite!"

„Topf?" rief der Chevalier aus. „Was wollt Ihr hier
mit dem Topf sagen? Habt Ihr die Absicht, mich unter
meinen edlen Gästen zu beleidigen? — Ich habe meine
Schuldigkeit als ein pauvre gentilhomme unter Heinrich
dem Vierten sowohl zu Courtray als Ivry gethan, und

ventre saint gris, wir hatten weder Topf noch Keſſel, und
ſelbſt zum Angriff eilten wir in bloßen Hemden.“

Lachend ſagte Dalgarno: „Das widerlegt mindeſtens
jene andere ſchmähende Verläumdung, daß auch die Wäſche
den franzöſiſchen Kriegern mangelte.“

Von dem Ende des Tiſches rief der Hauptmann jetzt:
„Mylord ſind der Meinung, weil oft bei den Franzoſen der
bloße Ellenbogen zum Ermel hinausſieht. Ja, mit Ew.
Herrlichkeit Erlaubniß, ich kenne dieſe franzöſiſchen Kriegs=
leute auch etwas.“

Faſt verächtlich erwiederte Dalgarno: „Wir wollen
Euch Eure Mittheilungen ſchenken, und Eurer Beſcheiden=
heit die Mühe erſparen, uns zu benachrichtigen, wie Ihr
jene Kenntniß erlangtet!“

„Ich brauche das nicht erſt zu ſagen, Mylord,“ ant=
wortete der Kriegsmann. „Es iſt der Welt bekannt; Jeder=
mann weiß es, nur vielleicht jene erbärmlichen Wichte nicht,
jene elenden, niedrig denkenden Londoner Bürger, welche
einen Kriegsmann ſeine eigene Degenkoppel vor Hunger
zernagen ſähen, ehe ſie ihm einen Pfennig aus ihrem Beu=
tel zur Unterſtützung reichten. O, wenn eine Bande jener
kernigen Burſche, die ich kannte, jemals ihrem Kukuksneſte
ſich nähern könnte!“

„Ein Kukuksneſt wagt Ihr die City Londons zu nen=
nen?“ fragte ein junger Fant an der entgegengeſetzten
Seite des Tiſches, der in der modiſchen, glänzenden Klei=
dung, die ihn zierte, eben nicht ganz heimiſch ſich zu
bewegen ſchien. „Ich werde einen ſolchen Ausdruck nicht
noch einmal dulden!“

Der Kriegsmann, wüthend die breiten, buſchigen, ſchwar=
zen Augenbraunen runzelnd, ſchlug mit der einen Hand an
ſeinen Degen, indeſſen die andere den ungeheuern Zwickel=
bart aufwärts drehte, und rief: „Was? denkt Ihr, Kind,
für die Ehre Eurer City Händel anzufangen?“

„Freudig will ich für ſie kämpfen!“ entgegnete der
Jüngling. „Ich bin ein Bürger, ſcheue mich nicht, daß
man es wiſſe, und derjenige, der eine tadelnde Sylbe gegen

meinen Stand wagt, ist ein Esel und anmaßender Schuft, dem ich die Hirnschale einschlagen will, um ihm Sitte und Vernunft zu lehren."

Die Gesellschaft, welche wahrscheinlich gute Gründe hatte, der Tapferkeit des Hauptmanns nicht den Werth einzuräumen, den er ihr selbst zu ertheilen schien, belustigte sich sehr über die Art, mit welcher der erbitterte Bürger den Fehdehandschuh ergriff, und von allen Seiten rief man: „Sturm geläutet! Der Hahn von St. Paul hat wohl gekräht! Zum Angriff jetzt geblasen, sonst möchte der Kriegsmann die Signale mißverstehen und gar an den Rückzug denken!"

Mit einem würdevoll seyn sollenden Blicke um sich schauend, sagte der Hauptmann: „Ihr mißversteht mich, meine Herren, ich will mich bloß erkundigen, ob diesen ritterlichen Bürger Rang und Stand würdig macht, mit einem dienstthuenden Krieger seine Klinge zu messen. Denn Ihr werdet es begreifen, nicht mit Jedermann kann ich mich ohne Nachtheil meines Rufs einlassen. Ist das der Fall, so soll er bald von mir durch ein ehrenvolles Kartel ein Weiteres hören."

„Und Ihr sollt schimpflicherweise durch den Knüttel mich fühlen!" rief der Bürger, schnell aufspringend und sein in einer Ecke liegendes Schwert ergreifend, setzte er hinzu: „Folgt mir!"

„Nach allen Kampfgesetzen habe ich das Recht, den Ort und Form des Zweikampfs festzusetzen," sagte der Hauptmann. „Ich bestimme daher den Irrgarten in Tothill= Fields dazu — zwei unpartheiische Herren sollen Zeugen seyn, und die Zeit — heut über vierzehn Tage bei Sonnenaufgang!"

„Und ich," erwiederte der Bürger, „bestimme die Kegelbahn hier hinter dem Hause zum Kampfplatz, die gegenwärtige ehrenwerthe Gesellschaft zu Zeugen, und den jetzigen Augenblick zur That!" —

Mit diesen Worten warf er seinen Hut auf den Kopf, schlug den Soldaten mit seinem noch in der Scheide befind=

lichen Degen auf den Rücken und lief die Treppe hinab.
Der Hauptmann zeigte keine lebhafte Lust, ihm zu folgen,
doch endlich, von dem Spott und Gelächter der ihn Umge=
benden aufgestachelt, erhob er sich, versicherte der Gesell=
schaft, nur wohl überlegt pflege er zu handeln, und seinen
Hut mit dem Anstande Fähnrich Pistols aufsetzend, stieg er
gemächlich zum Kampfplatz herab, wo sein schnellerer Geg=
ner schon mit entblößtem Degen seiner harrte. Die Gesell=
schaft, welche sich unendlich an dem herannahenden Kampfe
ergötzte, eilte theils an die Fenster, ihn zu beobachten,
theils folgte man den Streitenden selbst zum erwählten
Platz des Gefechts. Nigel konnte sich nicht enthalten, Dal=
garno Vorstellungen zu machen, ob er nicht dazwischen tre=
tend, einem möglichen Unglück vorbeugen wolle?

„Es wäre ein wahres Verbrechen gegen das öffentliche
Interesse," erwiederte Dalgarno. „Zwischen zwei solchen
Originalen kann sich kein Unglück ereignen, welches nicht
der Gesellschaft überhaupt, und der Anstalt des Chevaliers
insbesondere, wirklichen Nutzen gewähren würde. Dieses
Hauptmanns büffellederne Degenkoppel und rothes Wamms
machen mich schon seit einem Monat krank vor Eckel; jetzt
hoffe ich, der kecke Tuchhändler wird den Esel aus seiner
schmutzigen Löwenhaut herausprügeln. Seht, Nigel, der
tapfere Bürgersmann hat etwa einen Kugelwurf hinein auf
der Bahn Posto gefaßt. — Wahrhaftig das wahre Modell
eines geharnischten Schweins; seht nur, wie er mit dem
Fuße prahlend auftritt und seine Klinge schwingt, gleich
als wollte er einige Ellen Kammertuch daran abmessen. —
Seht, da bringen sie den zögernden Kriegsmann herbei
und stellen ihn zwölf Schritt dazwischen, dem stolzen Wi=
dersächer gegenüber. — Seht, der Hauptmann zieht sein
Handwerksgeräth hervor, doch seitwärts schielend, sucht er
als kluger General im schlimmsten Falle sich den Rücken zu
decken. Seht, der tapfere Ladenheld, der bürgerlichen
Sturmhaube kühn vertrauend, womit seine Ehehälfte sein
Gehirn schützend verwahrte, beugt sein Haupt vorwärts.

— Wahrhaftig, dies ist die köstlichste Lust. — Gewiß, er wird wie ein Mauerbrecher gegen den Soldaten anlaufen!"

Es war so, wie Lord Dalgarno es vermuthete; der Bürger, dem es gar Ernst mit seinem Kampfeseifer zu seyn schien, indem er bemerkte, daß der Kriegsmann nicht auf ihn anrückte, drang mit eben so viel Glück als Muth auf ihn ein, hieb ihm durch die Parade, und mächtig seinen Sieg verfolgend, stieß er, wie es schien, den Degen gerade durch seines Gegners Leib, der mit tiefem Stöhnen der Länge nach zu Boden sank.

Dem Sieger, der überrascht die eigene That anstaunte, riefen jetzt zwanzig Stimmen zu: „Hinweg, hinweg mit Euch! — Flieht! flieht! — Zur Hinterthür hinaus! — Berget Euch in Whitefriars, oder sonst über's Wasser nach der Bankseite, während wir den Pöbel und die Wache ab=zuhalten suchen!"

Den besiegten Feind auf der Erde zurücklassend, folgte der Sieger dieser Weisung, und entfloh in möglichster Eile.

„Beim Himmel," sagte Dalgarno, „ich hätte nie ge=glaubt, daß jener Bursche so lange Stand halten würde, bis er verwundet sey. Gewiß Furcht allein hat ihm die Glieder gelähmt. Seht, sie heben ihn auf!"

Steif und starr schien der Körper des Kriegsmanns zu seyn, als ihn einige der Gäste von dem Fußboden aufrich=teten; als sie aber begannen, sein Wamms zu öffnen und die nirgends vorhandene Wunde zu suchen, da raffte der Krieger seine Lebensgeister schnell zusammen, und sich wohl bewußt, daß dies Speisehaus nicht länger ein Schauplatz war, auf welchem er seine Tapferkeit rühmend preisen könne, nahm er rasch Reißaus, und begleitet von dem Hohngelächter der Gesellschaft, entlief er so schnell er ver=mochte.

„Auf meine Ehre!" rief Dalgarno, „er schlägt mit seinem Sieger gleichen Weg ein. Ich hoffe zum Himmel, er wird ihn überholen, und der tapfere Bürger wird glau=ben, ihn verfolge der Geist des Ermordeten!"

„De par Dieu, Mylord!" rief der Chevalier, „blieb

er noch einen Augenblick hier, wir hätten ihn in einen Scheuerlappen statt Leichentuch eingehüllt, um ihn als Geist eines großen Fanfaron zu bezeichnen."

„Ihr werdet uns indessen verbinden, Herr Chevalier," sagte Lord Dalgarno, „wie es auch Euer eigener achtungs= werther Ruf erfordert, wenn Ihr Eure Diener beauftragt, den Kriegsmann künftighin mit Knütteln zu empfangen, wenn er sich je hier noch zu zeigen wagte."

„Ventre saint gris, Mylord, das laßt meine Sorge seyn!" rief der Chevalier. „Seyd gewiß, die Mägde sollen das Spülwasser dem grand poltron in's Gesicht gießen."

Als man hinlänglich den kurzweiligen Vorfall belacht hatte, begann die Gesellschaft sich in kleinere Parthien zu theilen. Einige nahmen von dem Kampfplatz Besitz, ihn seiner eigenthümlichen Bestimmung zurückgebend, und bald erklangen hier wieder nur die technischen Ausbrücke des Spiels, indem sie jene sprüchwörtliche Behauptung wahr machten, welche sagt: Beim Kegelspiel würden drei Dinge verschwendet: Zeit, Geld und Flüche.

Im Hause selbst beschäftigte man sich mit Karten= und Würfelspiel; L'hombre, Basset, Träschack, Primero und an= dere damals übliche Spiele kamen in Gang, während auch die Würfel in mancherlei Arten benutzt wurden; doch schien man eben nicht außerordentlich hoch zu spielen, und alles höchst anständig und rechtlich zuzugehen. Auch fiel nicht das Geringste vor, welches dem jungen Schotten einigen Zweifel an der Versicherung seines Freundes hätte erregen können, daß hier Leute von Rang und Erziehung sich ver= sammelten und ihre Zerstreuungen nur ehrenvollen Grund= sätzen angemessen wären.

Lord Dalgarno schlug seinem Freunde kein Spiel vor, und spielte auch selbst nicht, sondern schlenderte von einem Spieltisch zum andern, machte Bemerkungen über das Glück der Spielenden und ihre Geschicklichkeit in der Benutzung desselben, und unterhielt sich mit den vornehmsten und an= gesehensten Gästen. Endlich, wie es schien, ermübet von diesem Umhertreiben, erinnerte er sich plötzlich, daß Bur=

hage diesen Abend Richard den Dritten spiele, und daß er
einem Fremden, wie Lord Glenvarloch, in London keine
köstlichere Unterhaltung verschaffen könne, als wenn er ihn
zu jener Vorstellung führe. „Wenn nicht" — setzte er flü=
sternd hinzu — „ein väterliches Verbot das Theater so gut
wie die Spetsehäuser untersagt."

„Nie hörte ich meinen Vater von Schauspielen reden,"
sagte Lord Glenvarloch. „Es ist ein Erzeugniß der neue=
ren Zeit und noch unbekannt in Schottland. Doch wenn
das, was ich zu ihrem Nachtheil vernahm, wahr ist, so
zweifle ich sehr, daß er sie gebilligt hätte."

„Gebilligt?" rief Dalgarno aus. „George Buchanan
selbst schrieb Tragödien, und sein Mündel, so gelehrt und
weise als er, verschmäht nicht, sie darzustellen und zu sehen.
Es ist also fast Hochverrath, sich dessen zu weigern. Die
rechtlichsten Männer Englands schreiben für die Bühne, die
schönsten Weiber Londons drängen sich in die Schauspiel=
häuser. Vor der Thür harren zwei Hengste unserer, welche
uns mit Blitzesschnelle durch die Straßen tragen sollen; der
Ritt wird das genossene Mahl verdauen, die Weindünste
zerstreuen helfen; also zu Pferde! — Guten Abend, meine
Herren! Guten Abend, Chevalier de la Fortune!"

Lord Dalgarno's Diener harrten ihrer mit den beiden
Pferden. Die jungen Leute saßen auf, der Eigenthümer
bestieg einen Araber, sein Lieblingsroß; einen eben so schö=
nen, vorzüglich zugerittenen spanischen Zelter erhielt Lord
Nigel. Während sie nach dem Schauspielhaus ritten, suchte
Dalgarno das Urtheil seines Freundes über die Gesellschaft,
in welche er ihn eingeführt hatte, zu erforschen, um die Ein=
wendungen zu widerlegen, welche sich ihm vielleicht dagegen
aufdrangen.

„Weshalb blickst Du so trüb, mein sinniger Neuling?"
fragte er. „Weiser Sohn der Almamater der niederländi=
schen Gelehrsamkeit, was fehlt Dir? War das Blatt des
Weltlebens, welches wir zusammen durchlaufen haben, min=
der schön geschrieben, als Du es zu erwarten berechtigt
warst? Tröste Dich und stoße Dich nicht an einige kleine

Mängel. Du kannst bestimmt seyn, so manches Blatt durch-
zulesen, wie dunkel auch die Schande mit ihren rußigen
Flügeln es geschwärzt haben mag. Erinnere Dich, reiner
Nigel, daß wir in London, nicht in Leyden sind, das Leben,
nicht Berufsweisheit zu studiren. Tritt mannhaft gegen
die Vorwürfe Deines zu zarten Gewissens in die Schranken, Freund! und wenn Du als guter Rechenmeister die
Handlungen des Tages zusammenstellst, dann, ehe Du auf
Deinem Kissen ruhend die Rechnung abschließest, sage dem
anklagenden Geiste dreist in den Schwefelbart hinein, daß
wenn Deine Ohren auch das Geklapper jener Teufelskno-
chen vernahmen, Deine Hand sie nicht schüttelte — daß
wenn Deine Augen das lärmende Balgen zweier zürnenden
Bursche sahen, Deine Klinge sich nicht für ihren Streit
entblößte.“

„Das mag alles sehr klug und witzig seyn,“ entgegnete
Nigel, „doch gestehe ich offen, ich sehe nicht ein, warum Eure
Herrlichkeit und andere Leute von Stande, mit welchen wir
speisten, sich nicht einen Versammlungsort gewählt haben,
der für das Eindringen solcher prahlenden Wichte gesichert
und mit einem bessern Ceremonienmeister, als jener fremde
Abenteurer, versehen ist.“

„Alles soll verbessert werden, Sanct Nigel,“ entgegnete
Dalgarno, „wenn Du, als ein neuer Peter der Einsiedler,
einen Kreuzzug gegen die Würfel, den Becher und gesellige
Zusammenkünfte predigen willst. Wir wollen in der Kirche
zum heiligen Grabe uns versammeln, auf dem Chore speisen, in der Sakristei unsern Wein trinken, der Pfarrer soll
jeden Kork selbst lüften, der Küster bei jedem Toast Amen
sagen! Kommt, Freund, erheitert Euch, verbannt diese un-
gesellige, mürrische Stimmung. Glaubt mir, daß die Puritaner, welche uns menschliche Schwächen und Thorheiten
zum Vorwurf machen, dagegen wahrhaft teuflische Laster,
Arglist, heimtückische Heuchelei und alle Anmaßung des
geistlichen Stolzes besitzen. Vieles im Leben muß man
sehen, wäre es auch nur, um es scheuen zu lernen. Shakspeare, der den Tod überlebte und Euch eben jetzt ein Ver-

gnügen darbieten wird, welches nur er allein zu geben ver=
mag, er läßt den tapfern Falconbridge sagen:

> Der ist ein Bastard gegen seine Zeit
> Der nicht für Menschenkenntniß regen Sinn hat.
> Nicht andere täuschend üb' ich das Erlernte,
> Doch lern' ich es, um Täuschung zu vermeiden.

Doch wir haben die Pforten des Fortunatheaters erreicht,
wo der unvergleichliche Shakspeare selbst seine Vertheidi=
gung führen mag. Nun Lutin, und Ihr andere Lümmel
dort, gebt die Pferde den Reitknechten und bahnt uns den
Weg durch's Gedränge!"

Sie saßen ab, und Lutins eifrige Anstrengungen, der
tobend mit dem Ellenbogen sich Raum zu machen suchte,
laut seines Gebieters Namen und Stand ausrufend, mach=
ten ihnen Raum durch die Haufen der murrenden Bürger
und lärmenden Lehrbursche; an der Thür wußte Lord Dal=
garno schnell Sitze für seinen Gefährten und sich selbst auf
der Bühne zu verschaffen, wo sie mit andern Elegants ihres
Ranges Gelegenheit hatten, indem sie das Stück während
der Aufführung kritisirten, ihren schönen Anzug und modi=
sches Benehmen zur Schau zu stellen, und so zu gleicher
Zeit einen sichtbaren Theil des Schauspiels und eine wich=
tige Partei der Zuhörer abgaben.

Zu tief und innig von dem hohen Reiz der Darstellung
angezogen, war Nigel durchaus unfähig, die seinem Platze
geziemende Rolle zu spielen. Alle Zauberkraft jenes Ma=
gikers, der in dem Innern einer hölzernen Bude die langen
blutigen Kriege der Häuser York und Lancaster lebendig
darzustellen wußte, ja die berühmtesten Helden dieser beiden
Geschlechter zwang, in alter Tracht und Sitte dem Grabe
zu entsteigen, ihr eigenthümliches Seyn zur Unterhaltung
und Belehrung der Lebenden treu zu entfalten, drang tief
in des Jünglings Seele. Burbage, als vollkommenster
Darsteller Richards des Dritten geachtet, bis Garrik er=
schien, spielte den Tyrannen und Usurpator mit solcher
Wahrheit und Lebendigkeit, daß, als die Schlacht von Bos=
worth durch seinen Tod beendigt war, Lord Glenvarlochs

Einbildungskraft seltsam zwischen Wirklichkeit und Täuschung schwankte, ja, er sich fast gewaltsam seinen Träumereien entreißen mußte, da ihm im ersten Augenblick höchst befremdend seines Gefährten Erklärung, König Richard solle mit ihnen im Gasthof zum Meerweibchen zu Abend speisen, ins Ohr drang.

Ein kleiner Theil der jungen Leute, mit denen sie zu Mittag speisten, vereinte sich mit ihnen, und ihre Anzahl ward durch die Einladung einiger der vorzüglichsten Schöngeister und Poeten, welche selten in dem Theater Fortuna fehlten, vermehrt, die nur zu gern stets bereit waren, einen vergnügten Tag mit einer lustigen Nacht zu beschließen. Zum Gasthofe begab sich jetzt die ganze Gesellschaft, wo sie zwischen den reichlich kreisenden Bechern, bei hoch erregten Lebensgeistern und dem wetteifernden Witz ihrer lebendigen Gefährten, die fröhliche Prahlerei eines Zeitgenossen, B. Johnsons, wahr zu machen schienen, worin er den Barden mahnt an

     jenes Dichterfest,
  Wo von Begeisterung entzündet,
  Nur heil'ge Glut der Mann empfindet,
  Und mehr als Speisen und als Wein
  Dein Lied wußt' alle zu erfreun.

Dreizehntes Kapitel.

  Laß nur den stolzen Fisch die Angel fassen,
  Dann zieh die Schnur, so ist er Dir gewiß.
  Wenn er sich wehrt, laß in den weiten Fluthen
  Nur unbemerkt den Faden weit sich spinnen,
  Er bleibt dir doch gewiß, nur darf Geduld
  Und Achtsamkeit nicht fehlen, um geschickt
  Des Felsens spitz'ge Ecken, die ihn schützen,
  Und in der Tiefe allen Hindernissen,
  Die seinen Fang erschweren, auszuweichen.
    Albion, oder der Doppelkönig.

Selten wird ein lauter, fröhlicher Tag dem darüber Nachdenkenden eben so reizend, als in dem Augenblicke des Genusses erscheinen. Mindestens war dies nicht der Fall

bei Nigel Olifaunt. Ja es bedurfte eines Besuches seines
neuen Freundes, ihn ganz mit sich auszusöhnen; aber früh
am Morgen schon erschien auch Lord Dalgarno und begann
die Unterhaltung sogleich mit der Frage: Wie ihm die Gesellschaft des vergangenen Abends gefallen habe?

„Vortrefflich," entgegnete Lord Glenvarloch; „nur würde
mir der Witz noch besser gefallen haben, wäre er ungezwungen aufgesprudelt. Eines jeden Erfindungsgabe schien sich
auf die Folter zu spannen, und jeder ausschweifende Einfall
die Hälfte Eurer Schöngeister in angestrengtes Studium
zu versenken, irgend etwas zu ergrübeln, welches ihn übertreffen könnte."

„Und warum sollen sie das nicht?" fragte Lord Dalgarno. „Wozu sind jene Leute da, als uns durch ihre geistigen Fechterkünste zu unterhalten? Gott verdamme mich,
der unter ihnen, welcher sich unthätig im Kampfe zeigte,
müßte auf verdorbenes Bier und die Gönnerschaft der Bootsleute verwiesen werden. Ich gebe Euch mein Wort, daß
viele hübsche Bursche durch eine Spottrede oder Zerrbild
im Meerweibchen tödtlich verwundet und im elenden Zustande nach dem Hospital gesandt wurden, wo sie noch jetzt
mit andern Narren schmachten."

„Es kann seyn," sagte Lord Nigel, „doch ich kann auf
meine Ehre betheuern, die Gesellschaft des vergangenen
Abends schien mir mehr als einen Mann darzubieten, dessen
Verstand und Wissen ihn eines bessern Platzes in unserer
Gesellschaft würdig machte, oder ihn von einem Orte entfernen sollte, wo er, gelind gesagt, eine so ungeziemend un-
tergeordnete Rolle spielte."

„Ei, über Euer zartes Gewissen!" rief Dalgarno. „Was
ist denn an solchen Auswürflingen des Parnassus gelegen.
Sie sind die eigentlichen Hefen jener edlen Bankets gesal-
zener Heringe und Rheinweins, welche London um so manche
seiner hauptsächlichsten Witzbolde und Spottlichter brachte.
Was hättet Ihr gesagt, wenn Ihr Nasch oder Green gekannt haben würdet, da Ihr Euch für die armseligen Männer, mit welchen wir zu Abend speisten, so verwendet. Es

genügt, daß sie hinreichend Trank und Rausch erhielten, und
so viel genossen haben, daß sie wieder bis zum Abend hin
gesättigt sind, wo sie, wenn sie sich klug zu benehmen wissen,
neue Gönner finden werden, die sie füttern. Ihre übrigen
Bedürfnisse anbetreffend: kaltes Wasser haben sie so lange
die neue Flußquelle anhält, und die parnassischen Gewänder sind von ewiger Dauer."

„Virgil und Horaz erfreuten sich thätigerer Gönner!"
rief Nigel.

„Ei," entgegnete Dalgarno, „diese Bursche sind auch
nicht Virgil und Horaz. Ueberdem haben wir noch eine
andere Art Schöngeister, bei denen ich Euch nächstens einmal einführen will. Unser Schwan vom Avon (Spencer)
hat leider schon ausgesungen, allein wir haben den mann-
haften alten Ben Johnson, der so viel Talent und Gelehrsamkeit besitzt, als irgend ein anderer Dramatiker der tragi-
schen oder komischen Muse. Doch nicht von ihm wollte ich
jetzt sprechen: ich komme, Euch zu bitten, mit mir nach Richmond zu schiffen, wo einige der jungen Fants, die Ihr gestern sahet, eine Versammlung von Schönen mit Musik und
Reimspiel ergötzen wollen. Einige unter diesen Damen
besitzen so wunderbar strahlende Augen, daß sie selbst einen
Sternseher von der Bewunderung der Milchstraße ablocken
könnten. Meine Schwester ist die erste des Kreises, der
ich Euch vorzustellen wünsche, sie hat große Bewunderer bei
Hofe und gilt, obwohl mir eigentlich ihr Lob nicht zusteht,
als eine der ersten Schönheiten ihrer Zeit."

Es war nicht möglich, eine Einladung auszuschlagen,
die von einer der ausgesuchtesten Schönheiten des Hofes an
einen Mann erging, der noch, seiner eigenen Meinung nach,
auf einer so niedrigen Stufe der Weltverhältnisse stand.
Lord Glenvarloch willigte, wie es unvermeidlich war, ein,
und verlebte den Tag in dem Kreise der Schönen und Fröhlichen. Er machte den dienenden Ritter bei seines Freundes Schwester, der schönen Gräfin Blackchester, die zugleich
den Vorrang im Reiche der Macht, des Witzes und der
Mode zu behaupten strebte. Sie war freilich bedeutend

älter als ihr Bruder, und hatte wahrscheinlich schon sechs
Lustrums zurückgelegt. Aber der Mangel der ersten Jugend
wurde durch die kunstvolle Zierlichkeit ihrer Kleidung, der
frühzeitig errungenen Kunde jeder neuen, fremden Mode
und deren geschmackvolle Anwendung auf die Eigenthümlich=
keit ihrer Gestalt und Züge, reichlich ersetzt. So gut als
irgend eine Dame bei der Cour, verstand sie am Hofe dem
Könige in dem bald ernsthaften, scherzhaften, politischen
oder gelehrten Ton zu antworten, den eben seine vorherr=
schende Laune erforderte, und man vermuthete, daß ihrem
persönlichen Einfluß allein ihr Gemahl den hohen Posten
verdanke, den der gichtbrüchige alte Vicomte weder durch
irgend ein Verdienst seines höchst gewöhnlichen Wissens
noch Benehmens erwerben konnte. Viel leichter ward es
der Gräfin, als ihrem Bruder, einen so jungen Höfling,
wie Lord Glenvarloch, mit den Gewohnheiten und Gebräu=
chen einer ihm so neuen Sphäre auszusöhnen. In jeder
gebildeten Gesellschaft sind es die durch Schönheit und Rang
ausgezeichneten Frauen, welche den eigentlichen Ton und
durch ihn die Moral derselben feststellen. Ueberdem übte
Lady Blackchester einen solchen Einfluß bei Hofe oder über
den Hof (denn recht eigentlich konnte man seine Quelle nicht
angeben), der ihr überall Freunde erschuf, und diejenigen
in Schranken hielt, welche etwa geneigt seyn mochten, als
Feinde aufzutreten. Früherhin hatte man sie sehr genau
mit der Buckinghamschen Familie verbunden geglaubt, wie
es noch immer mit ihrem Bruder der Fall war. Ja, ob=
wohl einiger Kaltsinn zwischen der Herzogin und der Gräfin
eingetreten zu seyn schien, so daß sie sich selten sahen, und
erstere sich sehr zurückgezogen zu haben schien, flüsterte man
sich zu, daß der Einfluß der Lady Blackchester auf den mäch=
tigen Günstling durch ihren Bruch mit seiner Gemahlin
nicht gelitten habe.

Wir sind mit den geheimen Hofintriguen jener Zeit
nicht genau genug bekannt, um über die verschiedenen Muth=
maßungen, die jene Umstände erregten, ein gültiges Urtheil
zu fällen. Es genügt, das Lady Blackchester großen Ein=

fluß auf den sie umgebenden Kreis, sowohl durch ihre
Schönheit, ihre Klugheit, als ihren Ruf, höchst intrigant
zu seyn, erlangte. Und daß Nigel Olifaunt, bald diese
Macht empfindend, eine Art Sklave der Gewohnheiten
ward, welche so manchen Mann zu einer bestimmten Zeit
in eine bestimmte Gesellschaft ziehen, ohne daß er dort irgend
ein besonderes Vergnügen findet oder erwartet.

So enteilten mehrere Wochen. Das Speisehaus war
keine unpassende Einleitung dieser Unterhaltungen, und bald
fand der junge Lord, daß wenn die Gesellschaft dort nicht
untadelhaft sey, sie doch den angenehmsten und passendsten
Versammlungsort mit dem modischen Kreise darbot, mit
welchem er Hydepark, die Schauspielhäuser und andere
öffentliche Vergnügungsörter besuchte, oder sich dem lustigen, glänzenden Kreise der Lady Blackchester anschloß. Auch
der ängstliche Abscheu, der ihm den Eintritt in Schauspielhäuser untersagte, erfüllte ihn nicht mehr so allgewaltig; ja
er begann sogar sich den Gedanken zu erlauben, wie es keine
Sünde sey, solche Zerstreuungen, wenn sie nicht übertrieben
würden, zu gestatten, so könne es auch gleichfalls nicht Unrecht seyn, unter denselben Einschränkungen daran Theil
zu nehmen. Aber der Jüngling war ein Schotte, als solcher zum frühen Nachdenken gewöhnt, und durchaus jedem
sorglosen Wagen des Geldes, jeder gedankenlosen Verschwendung, sowohl durch Neigung als Erziehung, unfähig. Ja
wahrscheinlich, als sein Vater mit edlem Abscheu vor dem
Gedanken, seinen Sohn am Spieltische zu wissen, zurück-
schauderte, schreckte ihn die Furcht mehr, ihn als Gewinner,
denn als Verlierender zu sehen. Nach seinen Grundsätzen
stand dem letzteren nur das freilich traurige Schicksal, der
Verlust seines Vermögens, bevor, während ersterem ver-
derbend das noch finsterere Loos, das er befürchtete, drohte,
nämlich sowohl sein zeitliches als ewiges Glück in Gefahr
zu setzen.

Worauf auch der alte Lord diese Vermuthungen gründen mochte, seines Sohnes Benehmen bestätigte sie in so
weit, daß er aus einem bloßen Zuschauer der Hazardspiele

allmälig durch geringe Sätze und kleine Wetten in einer
gewissen Art Theilnehmer daran ward.

Doch konnte man nicht läugnen, daß sein Stand und
Erwartungen ihn wohl berechtigten, einige Goldstücke (denn
höher stieg sein Spiel nie) gegen Leute zu wagen, welche,
nach der Bereitwilligkeit zu urtheilen, mit der sie ihr Geld
verschwendeten, ohne Unbequemlichkeit es verlieren konnten.

Zufällig, denn vielleicht hatte sein böser Genius es so
beschlossen, begünstigte das Glück ausgezeichnet Nigels
Spiel. Mäßig, vorsichtig, kaltblütig, besaß er ein starkes
Gedächtniß und schnelle Berechnungsgabe. Sein kühner,
muthiger Charakter leuchtete jedem noch so oberflächlichen
Bekannten ein, und Niemand würde gewagt haben, ihm in
irgend einer Art einen hinterlistigen Streich zu spielen, oder
gar besonders darauf zu rechnen, ihn durch Furcht zum Nach=
geben zu bringen. Wenn Lord Glenvarloch spielte, war
es gewöhnlich zu vier Personen im regelmäßigen Spiele;
und wenn er fand, daß ihn das Glück verließ, oder er nicht
länger Lust hatte, seinen günstigen Stern zu versuchen, so
wagten die erfahrensten Spieler, die das Haus des Chevalier de Beaujeu besuchten, es nicht, öffentlich ihre Un=
zufriedenheit, daß er als Gewinner sich zurückzog, auszu=
sprechen. Doch als dies sich öfters ereignete, murrten die
Spieler untereinander, sowohl über die Vorsicht, als über
das Glück des jungen Schotten, und waren weit entfernt,
ihn besonders gern in ihrem Kreise zu sehen.

Zu der Fortsetzung dieser einmal angenommenen bösen
Gewohnheit ward Lord Glenvarloch besonders dadurch ver=
lockt, daß sie, seinem natürlichen Stolze schmeichelnd, ihn
der Nothwendigkeit zu überheben schien, neue Geldverpflich=
tungen einzugehen, welche sein verlängerter Aufenthalt in
London ihm nothwendig machte. Er mußte bei den Mini=
stern die Vollziehung gewisser gebräuchlichen Förmlichkeiten
nachsuchen, welche den königlichen Zahlungsbefehl in Wirk=
samkeit setzen sollten, und diese, obwohl man sie nicht ver=
sagen konnte, wurden so verzögert, daß Nigel bald zu glau=
ben begann, ein feindliches geheimes Entgegenwirken

verurſache die Verzögerung ſeiner Geſchäfte. Sein eigener
Wunſch trieb ihn noch einmal mit dem vom König unter=
zeichneten Befehl, bei Hofe zu erſcheinen, zu den Füßen des
Monarchen, zu erforſchen, ob die Zögerung ſeiner Beamten
ſeine königliche Großmuth fruchtlos machen dürfe. Doch
der Lord Huntinglen, der würdige alte Pair, der ſich ſo frei=
müthig zu ſeinen Gunſten verwendet hatte, den Nigel zu=
weilen beſuchte, widerrieth ihm ſehr einen ſolchen Verſuch,
ihn ermahnend, ruhig zu warten, bis die Ausfertigung
der Miniſter ihn von ſeinem gezwungenen Hofdienſt befreie.
Lord Dalgarno vereinte ſich mit ſeinem Vater, ihn von
einer zweiten Erſcheinung bei Hofe abzuhalten, mindeſtens
bis daß er mit dem Herzog von Buckingham ausgeſöhnt
ſey, „wozu ich,“ ſetzte er hinzu, ſich an ſeinen Vater wen=
dend, „ſchon lange meinen Beiſtand angeboten habe, ohne
Lord Nigel vermögen zu können, dem Herzog einige, ja
auch nur die kleinſte Unterwürfigkeit bezeugen zu wollen.“

„Meiner Treu, Malcolm, ich glaube, der junge Menſch
iſt auf richtigem Wege,“ erwiederte der mannhafte alte
ſchottiſche Lord. „Welches Recht hat Buckingham, oder
richtiger geſagt, der Sohn des Sir George Villiers, Huldi=
gung und Unterwürfigkeit von einem Edelmann zu fordern,
der acht Ahnen mehr als er zählt. Ich hörte ihn ſelbſt ohne
eine einleuchtende Urſache ſich Lord Nigels Feind nennen,
und niemals ſoll mein Rath den Jüngling auffordern, ihm
freundliche Worte zu ſagen, ehe er jenes harte widerruft.“

„Dies war auch mein Rath,“ entgegnete Dalgarno,
„aber dann wird mein theurer Vater zugeben, daß es auf
das äußerſte gewagt von unſerm Freunde ſeyn würde, ſo
lange der Herzog ſein Feind iſt, zur Audienz zurückzukehren.
— Beſſer iſt es, es mir zu überlaſſen, den Unmuth, den
einige Ohrenbläſer dem Herzog gegen ihn einflößten, all=
mälig zu dämpfen.“

„Vermagſt Du es, Buckingham von ſeinem Irrthum
zu überzeugen, Malcolm,“ rief ſein Vater, „ſo will ich es
einmal zugeben, daß am Hofe Rechtlichkeit und Freund=
ſchaft bewährt ward. Ich habe oft Dir und Deiner Schwe=

ster gesagt, daß ich im Allgemeinen wenig hier auf Treu und Glauben baue."

„In Nigels Angelegenheiten braucht Ihr meinen Eifer nicht zu bezweifeln," entgegnete Dalgarno, „aber Ihr müßt nicht vergessen, daß ich leiserer und feinerer Mittel bedarf, als diejenigen waren, welche Euch vor zwanzig Jahren zum Günstling erhoben."

„Bei meiner Treu', ich fürchte, das ist der Fall," äußerte sein Vater. „Ich wiederhole Dir, Malcolm, ehe ich Deine Rechtlichkeit und Ehre bezweifeln sollte, lieber will ich mich in die Tiefe des Grabes hinabwünschen. Doch heutzutage will es zuweilen sich ereignen, daß rechtlicher, aufrichtiger Diensteifer bei Hofe nicht so viel gilt, als in meiner Jugend — und doch steigst Du dort."

„O die jetzige Zeit will nicht mehr Euern altväterlichen Diensteifer!" rief Lord Dalgarno. „Wir haben jetzt nicht alle Tage Aufruhr, nicht alle Nächte Mordversuche, wie es am schottischen Hofe Sitte war. Eure schnelle, etwas rauhe Art, mit dem Schwert in der Hand dem Monarchen aufzuwarten, ist nicht mehr nöthig, ja würde eben so unpassend seyn, als Eure altmodischen Diener mit ihren Wappenschildern und Schlachtschwertern bei einem maskirten Hofball. Ueberdem, Vater, übereilter Diensteifer hat auch sein Uebles. Hörte ich doch, und zwar von den königlichen Lippen selbst, daß, als Ihr mit Eurem Dolche den Verräther Ruthven durchbohrt, es mit so wenig Ueberlegung geschah, daß der Dolch einen Viertel Zoll tief in die königliche Lende fuhr. Der König spricht nie davon, ohne den beschädigten Theil zu reiben und anzuführen sein infandum — renovare dolorem. Das kommt nun von den alten Moden her, und daß man ein langes Libbesdaler Fangmesser, statt eines kleinen parmesanischen Dolches trug. Und doch nennt Ihr jenes schnellen, tapfern Dienst, mein theurer Vater. Man sagte mir, der König konnte in vierzehn Tagen nicht aufrecht sitzen, obwohl alle Kissen in Falkland in seinem Staatslehnstuhl zusammengehäuft, ja die des Oberrichters von Dumferlines noch dazu geliehen wurden."

„Es ist eine Lüge!" rief der alte Graf, „eine schänd-
liche Lüge, von einem elenden Horcher zusammengestoppelt!
Wahr ist's, ich hatte einen ordentlichen brauchbaren Dolch,
nicht eine Spicknadel, wie die Eurigen, die zum Zahnstocher
dienen könnten! — Und der schnelle Dienst — zum Henker,
es ist wohl nöthig schnell zu seyn, wenn die Könige, wie
eine halb erwürgte Henne, kreischend über Verrath und
Mord schreien. — Aber Ihr jungen Höflinge versteht nichts
von diesen Dingen, und seyd wenig mehr als die kleinen
grünen Gänse, welche man aus Indien herüber bringt,
deren einziges Verdienst darin besteht, daß sie die eigenen
Worte ihrer Herren nachplappern. So eine Art von Maul-
koser, Schmeichler, Ohrenbläser! Gut, gut, ich bin alt
und mag nicht meine Verhältnisse ändern, sonst zög' ich von
hinnen, und hörte noch einmal den Tay über die Felder
von Campsie hinbrausen."

„Da ertönt eben Eure Mittagsglocke, Vater!" rief
Lord Dalgarno, „welches, wenn das Wild, das ich sandte,
recht zart und wohlschmeckend ist, wohl ein eben so anmu-
thiger Ton seyn möchte."

„So folgt mir, Ihr Jünglinge, wenn's Euch behagt,"
sagte der alte Graf, und begab sich aus dem Pavillon, worin sie sich befanden, von den jungen Männern begleitet,
nach dem Hause.

In ihren geheimen Unterredungen gelang es Dalgarno
mit leichter Mühe, Nigel von einer plötzlichen Erscheinung
bei Hofe abzuhalten, während seine wiederholten Anerbie-
tungen, ihn zuvor bei dem Herzog von Buckingham einzu-
führen, mit entschlossener, verächtlicher Weigerung abge-
lehnt wurden. Achselzuckend, seine Hartnäckigkeit gegen den
besten Rath, den er zu geben vermöge, bedauernd, bat er
Nigel, mindestens ihm die Folgen seines Eigensinnes nicht zur
Last zu legen. Des alten Grafen Tisch und oft im Uebermaaß
gespendeter Wein boten sich sowohl, wie sein bester Rath
und Beistand zur Betreibung seiner Geschäfte stets freudig
seinem jungen Freunde dar. Aber Lord Huntinglens Einfluß war anscheinend glänzender als gehaltreich, und sein

durch die tapfere Vertheidigung des Königs wohl erwor=
benes Verdienst von ihm selbst zu sorglos genützt, und nur
zu leicht von den Günstlingen und Ministern des Königs
umgangen, gewährte ihm und seinen Freunden nie Vor=
theil, wenn nicht bei einigen wenigen Gelegenheiten, wie
in dem Falle Lord Glenvarlochs, der König gleichsam durch
Ueberraschung zu dankbarer Anerkennung gezwungen ward.

Lord Dalgarno, dessen scharfsinnigere Beurtheilung des
englischen Hofes leicht einsah, worin sein Vater fehlte,
sagte zu Nigel: „Nie gab es einen Mann, in dessen Macht
es mehr gegeben war, den Gipfel des Glücks zu ersteigen,
als mein armer Vater. Er hatte sich ein Recht erworben,
die schwindelndste Höhe, Stufe für Stufe, langsam doch
sicher zu erreichen, wenn er die alljährlich ihm verheißene
freie Gnade immer vorsichtig zur Bürgschaft und Grund=
lage der künftig zu begehrenden machte. Aber Euer Glück
soll nicht an eben jener Küste Schiffbruch leiden, Nigel,"
setzte er hinzu. „Wenn mir geringere Mittel zu Gebote
stehen, als er besitzt, oder vielmehr besessen hat, bis er sie
für Wein, Falken, Hunde und solch elendes Zeug verschleu=
derte, so vermag ich viel besser als er meine Hülfsquellen
geltend zu machen, und alle sind für Euch, mein theurer
Nigel, jetzt aufgeboten. Seyd deshalb nicht erstaunt oder
beleidigt, wenn Ihr mich weniger als sonst sehet. Die
Hirschjagd hat jetzt begonnen, und der Prinz verlangt, daß
ich ihn öfter begleite. Auch dem Herzoge muß ich häufig
aufwarten, daß ich, sobald sich Gelegenheit darbietet, Eure
Sache führen kann."

Ernst erwiederte Nigel: „Schon oft wiederholte ich
Euch, ich habe bei dem Herzoge keine Sache zu führen."

„Ei, Du eigensinniger, argwöhnischer Streitgeist!"
rief Dalgarno, „ich verstehe darunter ja weiter nichts, als
Euch eben so dort, wie den Herzog hier bei Euch zu vertre=
ten. Ich will mir ja nur einen Theil des Lieblingssegens
unsers Monarchen aneignen, Beati pacifici!"

Verschiedene Unterhaltungen mit dem alten Grafen und
dessen Sohn über diesen Gegenstand hatten einen gleichen

Ausgang. Hie und da dünkte es ihn freilich, daß durch den
vereinten Einfluß beider, nicht des unsichtbareren der Lady
Blackchester zu gedenken, der, wenn sie sich dessen gleich nie
gerühmt hatte, dennoch nicht minder gewiß war, seine jetzt
so sehr vereinfachte Angelegenheit leicht hätte beschleunigt
werden können. Doch war es eben so unmöglich, die strenge
Rechtlichkeit des Vaters, als die eifrige, dienstfertige Freund=
schaft des Sohnes zu bezweifeln, und eben so wenig konnte
er vermuthen, daß es ihm die Unterstützung der Tochter,
die ihn mit großer Auszeichnung behandelte, in irgend einem
Falle, wo sie ihm nützlich seyn konnte, mangeln würde.

Auch fühlte Nigel die Wahrscheinlichkeit der Behaup=
tung Dalgarno's, daß alle Beamten, die mit seiner Ange=
legenheit zu schaffen hatten, da man den Günstling für
seinen Feind hielt, sich ein Verdienst daraus machen würden,
ihm unzählige Hindernisse in den Weg zu stellen, die er nur
durch Geduld und Ausdauer überwinden könne, wenn er
nicht jene Bresche ausfüllen, d. h. wie Lord Dalgarno sagte,
Frieden mit dem Herzoge schließen wollte.

Ohne Zweifel würde Nigel zu dem sich so vortheilhaft
bewährenden Rath Mr. Heriots seine Zuflucht genommen
haben; aber das einzigemal, wo er ihn nach ihrer Erschei=
nung bei Hofe wiedersah, fand er den würdigen Bürger
mit eiligen Vorbereitungen zu einer Reise beschäftigt, die
er in wichtigen und zugleich für ihn selbst äußerst gewinn=
vollen Geschäften seines Berufs vermöge besonderen Auf=
trags vom Hofe und vom Herzoge von Buckingham unter=
nehmen sollte. Lächelnd sagte der gute Mann bei Erwäh=
nung des Herzogs, er wäre so ziemlich gewiß, daß von
jener Seite die Ungnade für ihn nicht von Dauer seyn
würde. Erfreut ihrer Aussöhnung, äußerte Lord Glenvar=
loch, wie höchst peinlich ihm der Gedanke gewesen sey, daß
Mr. Heriot um seinetwillen dem Unmuthe, vielleicht gar
der Verfolgung eines so mächtigen Günstlings ausgesetzt
seyn möchte.

„Mylord,“ sagte Heriot, „viel würde ich in der That
für Eures Vaters Sohn unternehmen, doch wenn ich mich

recht beurtheile, selbst für einen unbedeutenden Gegenstand würde ich um der Gerechtigkeit willen kühn eben so viel wagen, als ich für Euch unternahm. Da wir uns nun aber einige Zeit nicht sehen werden, muß ich Eurer eignen Klugheit die weitere Betreibung dieser Angelegenheit überlassen." Und so sagten sie einander herzliches Lebewohl.

Noch einige Veränderungen der Lage Lord Glenvarlachs müssen erwähnt werden. Seine gegenwärtige Lebensart und die Vergnügungen, denen er sich hingab, machten es ihm sehr unbequem, so tief in der City zu wohnen; auch mochte er sich wohl ein wenig seiner kleinen Kajüte auf dem Paulswerft schämen und wünschen, etwas mehr seinem Range angemessen umgeben zu seyn, deßhalb hatte er nah an Tempels-Inn eine kleine Wohnung gemiethet. Doch fast bereute er seinen Entschluß, als er sah, wie sein Umzug seinem Wirthe, und besonders dessen freundlicher, dienstfertiger Gattin, Kummer zu machen schien. John Christie, der bei allem Ernste und fast grämlich erschien, äußerte auch hier bloß, er hoffe, daß alles nach Lord Glenvarlochs Wünschen gegangen wäre, und er sie nicht aus Zorn über irgend eine ungeziemende Nachlässigkeit verlasse. Aber Thränen glänzten in Frau Nelly's Augen, als sie die verschiedenen Verbesserungen vorzählte, die sie alle ganz besonders zur Bequemlichkeit seiner Herrlichkeit in seiner Wohnung gemacht hatte.

„Da war eine große Schiffskiste," sagte sie, „welche die Treppe hinauf nach des Ladenburschen Dachkämmerchen geschafft ward, obwohl sie dem armen Jungen kaum 18 Zoll Breite ließ, um bei ihr vorbei in sein Bett zu kriechen, und der Himmel möge wissen, denn sie begreife es nicht, wie man sie die enge Treppe wieder hinab zwingen würde. Dann hätte es runde zwanzig Schilling gekostet, aus der Kammer einen Alkoven zu machen, und doch wäre gewiß für jeden andern Miether, als Se. Herrlichkeit, eine Kammer nützlicher als ein Alkoven. Nun noch alle das Leinenzeug, welches sie zu seinem Bedarf eingekauft. — Doch des

Himmels Wille müsse erfüllt werden — sie müsse sich darein ergeben."

Einen Jeden erfreuen Beweise persönlicher Anhäng=lichkeit, und Nigel, dessen Herz, ihn heimlich mahnte, und Vorwürfe machte, als ob er bei der herannahenden Mor=genröthe des Glücks die bescheidene Wohnung und die lieb=reiche Gefälligkeit seiner demüthigen Freunde, die sich ihm so wohlthuend bewährt hatte, unfreundlich zurücksetze, un=terließ nicht, durch jede mögliche Versicherung und durch so reichliche Bezahlung, als er ihnen nur aufzudringen ver=mochte, ihre Betrübniß bei seiner Entfernung zu mildern; auch versiegelte ein Abschiedskuß von den schönen Lippen seiner Wirthin ihm die erwünschte Verzeihung.

Noch zögerte Richard Moniplies, seinem Herrn zu fol=gen, um zu fragen, ob im Fall der Noth John Christie wohl einem ehrlichen Schotten zur Rückkehr ins Vaterland behülflich seyn wolle. Als er das Versprechen sorglichen Beistandes erhalten hatte, sagte er scheidend, er würde ihn bald daran mahnen. „Denn," setzte er hinzu, „wenn mein Herr dieses Londoner Lebens nicht überdrüssig wird, so weiß ich einen, der es von Herzen ist, nämlich ich selbst, und ich bin sehr entschlossen, Arthurs Sitz (Edinburgh) wiederzu=sehen, ehe ich noch viel Wochen älter bin."

Vierzehntes Kapitel.

Hier, Bingo, hier! — Was läufst du so? — Er hört
Mich nicht. — Fort ist er, fort, und eher noch zu Hause,
Als ich. Solch einen widerspenst'gen Pudel
Sah ich noch nie. Treu liebt er seinen Herrn,
Doch fährt ihm eine Laune durch den Kopf,
Verscheucht Ihr leichter Eurer Damen Grillen,
Als Bingo's tollen Eigenwillen!
                    Der Geistliche und sein Hund.

Richard Moniplies blieb seinem Worte treu. Zwei oder drei Morgen, nachdem sein Herr die neue Wohnung

16 *

bezogen hatte, erschien er vor Nigel, als dieser eben, viel später von seinem Lager sich erhebend, als es sonst seine Gewohnheit war, sich ankleiden wollte.

Als Nigel den Blick auf seinen Diener heftete, bemerkte er in seinem feierlichen Wesen eine Wolke finstern Ernstes, welche entweder eine erhöhete Wichtigkeit oder Mißmuth, vielleicht beides vereint andeutete.

„Was gibt's," sagte er, „was ist vorgefallen, Richard, daß Dein Gesicht jenen fratzenartigen Gebilden dort unten an den Säulen gleicht?" — auf die Tempelskirche deutend, deren gothisches Gebäude ihren Fenstern gegenüberlag.

Richard warf den Kopf etwas zurück auf die Seite, als habe er einen Krampf im Nacken, doch sogleich seine erste Stellung wieder einnehmend, sagte er: „Gleichen, oder nicht. Von solchen Dingen habe ich jetzt nicht mit Euch zu reden."

„Und was hast Du sonst mit mir zu verhandeln?" fragte sein Herr, der gewohnt war, seinem Diener viel Freimüthigkeit zu gestatten.

„Mylord," begann Richard, dann wieder hustend und räuspernd verstummend, als ob ihm das, was er zu sagen hatte, in der Kehle stecken bliebe.

„Ich errathe das Geheimniß, Richard, Du bedarfst einiges Geld; werden fünf Goldstücke Dir hinreichend seyn?"

„Mylord," entgegnete Richard, „es kann wohl wahr seyn, daß ich ein Bischen Geld bedarf, und ich bin ebensowohl betrübt als erfreut, daß es bei Ew. Herrlichkeit überflüssiger als sonst vorhanden ist."

„Betrübt und erfreut, Richard, Du gibst mir Räthsel auf, Freund!"

„Mein Räthsel wird sich sogleich auflösen; ich komme, mir Ew. Herrlichkeit Befehle nach Schottland zu erbitten."

„Nach Schottland? Bist Du toll, Bursche! Kannst Du es nicht abwarten, mit mir dahin zurückzukehren."

„Ich würde Euch wenig Nutzen gewähren, da Ihr die Absicht habt, einen andern Pagen und einen Reitknecht Euch zu miethen."

„Aber Du eifersüchtiger Mensch, wird Dir das nicht Deine eigenen Pflichten um so mehr erleichtern? — Geh, frühstücke und trinke heut doppelt starkes Bier, solche Albernheiten aus Deinem Kopfe zu verbannen. Ich würde Dir über Deine Thorheit zürnen — aber ich denke daran, wie Du im Unglück mir treue Anhänglichkeit bewiesen hast."

„Unglück, Mylord, hätte uns nie trennen sollen; ich sollte meinen, wäre das Schlimmste zum Schlimmen gekommen, würde ich eben so muthvoll wie Ew. Herrlichkeit verhungert seyn, und noch gleichmüthiger, da ich schon einigermaßen daran gewöhnt war, denn wenn ich auch in eines Fleischers Laden erzogen ward, habe ich doch nicht immer viel mit Fleischspeisen zu schaffen gehabt."

„Was ist endlich die Absicht dieses Gewäsches, oder hat es keine andere, als meiner Geduld zu spotten? Du weißt es am besten, daß, wenn ich zwanzig Diener hätte, dennoch der treue Begleiter, der mir im Unglück zur Seite stand, den meisten Werth für mich haben würde. Deshalb ist es ohne allen Sinn, mich mit Deinen feierlichen Launen hier zu plagen."

„Mylord, indem Ihr mich Eures Vertrauens versichert, so ehrt Ihr Euch selbst, wenn ich mit aller Demuth mich so ausdrücken darf, und fühle ich mich dessen auch keineswegs unwürdig. Demungeachtet müssen wir uns trennen."

„Warum denn? Welche Ursache kann uns dazu bestimmen, wenn wir gegenseitig zufrieden sind?"

„Mylord," sagte Richard, „Ew. Herrlichkeit Beschäftigungen sind von der Art, daß ich sie durch meine Gegenwart weder rechtfertigen noch unterstützen kann."

„Was soll das wieder heißen, Schurke?" rief sein erzürnter Gebieter.

„Mit Vergunst, Mylord," entgegnete der Diener, „es ist unbillig, Euch sowohl über mein Schweigen wie über mein Reden zu erzürnen. Könnt Ihr mit Geduld die Gründe meiner Entfernung anhören, so mag es meines Bedünkens vielleicht für jetzt und für die Zukunft desto vortheilhafter

seyn. — Könnt Ihr es nicht, so laßt mich schweigend beur-
lauben und nicht weiter darüber reden."

„Nur zu, Freund! Sagt Eure Meinung, nur vergeßt
nicht, mit wem Ihr sprecht."

„Gut, gut, Mylord! Ich spreche mit Demuth" (nie
blickte Richard mit aufgeblähterer Würde um sich, als bei
diesem Worte); „aber denkt Ihr, dieses Würfel- und Kar-
tenspielen, dies Umhertreiben in den Speise- und Spiel-
häusern steht Eurer Herrlichkeit wohl an? Mir mindestens
steht es nicht an."

„Bist Du zum abergläubischen Puritaner geworden,
Du Narr?" fragte Lord Glenvarloch lachend, obwohl es
ihm, zwischen Unmuth und Scham schwankend, fast schwer
ward, heiter zu scheinen.

„Mylord," entgegnete Richard, „ich verstehe Eure Frage
wohl. Vielleicht mag ich so ein Bischen Puritaner seyn,
und ich möchte mir vom Himmel wünschen, daß ich des
Namens würdiger wäre. Doch laffen wir das unberührt.
Ich habe die Pflichten eines Dieners so weit ausgeübt, als
mein nordisches Gewissen es mir gestattete. Ich weiß in
der Fremde mein Vaterland und meinen Herrn tapfer zu
vertreten, selbst wenn ich auch ein klein wenig von der genauen, strengen Wahrheit abweichen müßte. Ja, gern will
ich mit Jedem, der ein ehrenrühriges Wort von ihnen zu
sagen wagt, kühn anbinden. Aber das Schwelgen, Spielen, Umhertreiben ist nicht mein Element. Ich kann nicht
frei aufathmen dabei, und wenn ich Ew. Herrlichkeit das
Geld gewinnen sehe, das solch ein armes Geschöpf schwerlich missen kann, — wahrhaftig, wenn es Euch nöthig
wäre, ehe ich Euch von so einem gewinnen sähe, möchte ich
mit Ew. Herrlichkeit über irgend eine Hecke setzen, und dem
ersten Viehhändler, der von Schmidtfield mit dem gelöseten
Gelde für seine Kälber zurückkehrt, zurufen: Steh', Kerl!
— um ihm seine lederne Katze abzujagen."

„Du bist ein einfältiger Tropf," sprach der wider Willen ins Gewissen getroffene Lord; „ich spiele nur um kleine
Summen."

„Ach, Mylord," entgegnete der unbiegsame Diener, „das ist, mit aller Ehrerbietung gesagt, um so schlimmer. Spieltet Ihr mit Eures Gleichen, so würde die Sünde wohl gleich, doch die weltliche Ehre leicht größer seyn. Ew. Herrlichkeit wissen oder könnten mindestens aus eigener Erfahrung, die noch nicht viele Wochen zählt, wissen, daß kleine Summen schwer von denen zu entbehren sind, die keine größeren besitzen; ja ich muß offen gegen Euch seyn, die Leute sprechen darüber, daß Ew. Herrlichkeit nur mit den mißgeleiteten armen Geschöpfen spielen, die nur im Stande sind, ein Geringes zu verlieren."

„Niemand wird das zu sagen wagen," erwiederte Nigel höchst empört. „Ich spiele mit wem ich Lust habe; doch will ich nur zu dem mir gefälligen Einsatz spielen."

„Das ist's grade, was Sie sagen, Mylord," wieder= holte der unbarmherzige Richard, dessen natürliche Neigung zu hofmeistern sowohl, als der Mangel feineren Gefühls ihn nicht ahnen ließ, welche Qual er seinem Herrn berei= tete. „Das sind genau ihre eigenen Worte. Nur gestern noch gefiel es Ew. Herrlichkeit, in dem Spielhause von dem jungen Menschen in dem karmoisinrothen Sam= metwammse und der Hahnenfeder am Hute — den meine ich, der. mit dem prahlerischen Hauptmann sich schlug — etwa fünf Pfund, oder so etwas ungefähr, zu gewinnen. Ich sah ihn durch die Halle stürzen, und wenn er nicht bis auf die Haut ausgeschält war, so habe ich noch niemals einen zu Grunde gerichteten Menschen gesehen."

„Unmöglich!" rief Lord Glenvarloch, „wer ist er? Er sah wie ein wohlhabender Mann aus."

„Alles ist nicht Gold, was glänzt," entgegnete Richard; „Stickerei und vergoldete Knöpfe leeren die Taschen — und fragt Ihr, wer es ist? möglich, daß ich es errathen könnte. doch aber nicht Lust habe, es zu sagen."

„Wenn ich einem solchen Menschen einen Nachtheil zu= fügte, so laßt mich mindestens wissen, wie ich es ihm ver= güten kann," rief Nigel dringend.

„Darein braucht Ihr Euch weiter nicht zu mischen, My=

lord — mit aller Achtung sey es gesagt — für ihn wird schon geziemend gesorgt werden. Denkt seiner nur als eines Menschen, der Hals über Kopf sich in des Teufels Klauen stürzte, und von Ew. Herrlichkeit einen hülfreichen Stoß erhielt, seine Reise zu fördern. — Aber ich will ihn aufhalten, wenn die Vernunft noch etwas über ihn vermag, und so braucht Ew. Herrlichkeit nicht weiter nach ihm zu fragen, denn Eure Kenntniß desselben würde keinen Nutzen, vielleicht gar das Gegentheil bewirken."

„Höre jetzt, Schurke!" rief Lord Nigel, „ich habe Dir aus guten Gründen so viel Freiheit verstattet, doch jetzt mißbrauche meine Geduld nicht länger, und da Ihr gehen wollt — nun so geht in Gottes Namen! — Hier ist Euer Reisegeld!" — Mit diesen Worten gab er ihm Gold, welches Richard Stück für Stück mit größter Pünktlichkeit überzählte. — „Es ist alles richtig! Sind die Goldstücke etwa nicht vollwichtig? Oder was zum Teufel läßt Euch jetzt zögern, da Eure Eil vor fünf Minuten so groß war?" rief der junge Lord, jetzt durch Richards so anmaßend geäußerte Sittenlehren höchst gereizt.

„Die Summe ist ganz richtig," entgegnete Richard mit unerschütterlichem Ernste, „was das Gewicht anbetrifft, obwohl sie in dieser Stadt sehr schwierig sind, und bei jedem Goldstücke, das ein Bischen leichter oder nicht recht gerändert ist, so gewaltig den Mund ziehen, so denk ich, man wird in Edinburgh bei ihrem Anblicke hoch genug springen. Goldstücke sind eben da nicht im Ueberfluß zu haben. Das ist schlimm genug!"

„Um so größer ist also Eure Thorheit!" rief Nigel, dessen Zorn leicht vorüberrauschte, „das Land zu verlassen, wo sie in Fülle sind."

„Mylord, um ganz offen gegen Euch zu seyn, die Gnade des Himmels ist mehr werth, als Goldstücke, wenn der Kobold, wie Ihr jenen Monsieur Lutin zu nennen pflegt — den Ihr aber so gut Galgenstrick nennen könntet, da dieser wahrscheinlich einst sein Ziel seyn wird — wenn er Euch einen Pagen empfiehlt, werdet Ihr wenig solche Leh=

ren, wie die meinigen, hören. Und sollten dies auch meine
letzten Worte hienieden seyn," fuhr er, seine Stimme er=
hebend, fort, "ich muß es sagen, Ihr werdet verleitet und
seyd auf dem Wege, den ehrenvollen Pfad, den Euer Vater
wandelte, zu verlassen. Ja, was noch schlimmer ist, Ihr
seyd im Begriff — mit Eurer Vergunst — am Narrenseil
zum Teufel zu fahren, denn die, welche Euch auf solche
Irrwege verlocken, lachen und spotten Eurer noch oben=
drein."

"Wer lacht?" rief Nigel, der, gleich andern jungen
Leuten, mehr die Lächerlichkeit, als den gerechten Tadel
scheute, "wer wagt es, über mich zu lachen?"

"Mylord, so wahr ich lebe, nein, so wahr ich ein wahr=
hafter Mann bin — und ich hoffe, Ew. Herrlichkeit haben
Richards Zunge stets wahr erfunden — wenn nicht Ew.
Herrlichkeit Ruhm, der Ruf meines Vaterlandes und viel=
leicht zuweilen so ein klein Bischen mein eigener Vortheil
es unnöthig machten, die klare Wahrheit aufzutischen —
ich sage also, so gewiß ich ein zuverläßiger Mann bin, als
ich das arme Geschöpf durch die Halle eilen sah, in der
Garküche, welche — der Himmel vergebe mir das Schwö=
ren — von Gott und Menschen verflucht werden sollte, mit
seinen geballten Fäusten, sein Barret tief wie ein Verzwei=
felnder in die Augen gezogen, da sagte der Kobold zu mir:
Da geht ein junges Küchlein, das Euer Herr gut kahl ge=
rupft hat. Seine Herrlichkeit weiß sich wohl zu hüten, sich
mit einem erfahrenen Spieler einzulassen. — Und so, My=
lord, gerade herausgesagt, die Lakeyen wie die Herren, ja
insbesondere Euer geschworener Busenfreund, Lord Dal=
garno, nennen Euch den Sperlingsfalken. — Ich hatte einige
Lust, Lutin nach jener Rede die Knochen zu zerschlagen,
aber wohl überlegt, das Gewäsch war es nicht werth."

"Solche Ausdrücke erlauben sie sich!" rief Lord Nigel.
"Tod und Teufel!"

"Und des Satans Großmutter dazu," sagte Richard.
"Alle drei sind hier in London geschäftig. — Ueberdies
spotten Lutin und sein Herr über Euch, daß Ihr die Leute

gern glauben machen wollt — ich schäme mich, es auszusprechen — daß Ihr nur zu genau mit der Frau des ehrlichen John Christie bekannt wäret, dessen Haus Ihr verließet, weil es für Eure jetzige Prahlsucht Euch nicht mehr genüge, und bemungeachtet sagen sie — die unsittlichen Lästerer — Ihr rühmtet Euch solcher Gunst, da Ihr doch nicht einmal den Muth zu dem reizenden Kampfe hättet, ja daß der Sperlingsfalk feige genug wäre, vor dem Weibchen eines Käsekrämers zu fliehen."

Er hielt einen Augenblick inne, seinen Herrn betrachtend, dessen Gesicht vor Scham und Wuth glühte, und fuhr dann fort: „Mylord, hierin lasse ich Euch volle Gerechtigkeit in meinem Sinne widerfahren; doch mir auch, denn, dachte ich, er würde in diese Ausschweifungen so tief wie in andere gerathen seyn, hätte Richard ihn hier nicht behütet."

„Mit welchem neuen Unsinn willst Du mich jetzt wieder plagen, doch nur zu, da es das letztemal ist, daß ich mit Deiner Frechheit gequält werde, nur zu, nütze Deine Zeit, so gut es gehen will."

„Das will ich in der That," entgegnete Richard. „Und da mir der Himmel eine Zunge zum Sprechen und Rathen ertheilte —"

„Eine Gabe die Du wahrlich nicht ungebraucht läßt, dies muß Dir Jedermann nachsagen," fiel Nigel ein.

„Gewiß nicht, Mylord," fuhr Richard, mit einem Wink der Hand gleichsam Stillschweigen und Aufmerksamkeit heischend, fort: „So hoffe ich, Ihr werdet späterhin zuweilen meiner Warnungen gedenken, und da ich so eben Euern Dienst verlassen will, ist es wohl geziemend, daß Ihr die Wahrheit erfahrt, damit Ihr die Schlingen wohl erwägen möget, denen Eure Jugend und Unschuld ausgesetzt seyn könnte, wenn ältere, verständigere Leute Euch nicht mehr zur Seite stehen. Da war nämlich ein gut aussehendes, munteres Weibchen von etwa vierzig Jahren oder darüber, Mylord, die gar viel Erkundigungen über Euch einzog."

„Gut, und was begehrte sie von mir?"

„Zuerst, Mylord," erwiederte sein weiser Diener, „da sie mir ein recht anständiges Frauenzimmer schien, das an einer verständigen Unterhaltung Gefallen fand, war ich gar nicht abgeneigt, ihr die meinige zu gönnen."

„Und ich wette darauf, auch nicht unerbittlich, sie von meinen geheimen Angelegenheiten zu unterrichten," rief Nigel.

„Nicht also, Mylord, denn obwohl sie mir mancherlei Fragen über Euern Ruf, Vermögen, Eure hiesigen Geschäfte und solche Dinge vorlegte, hielt ich es nicht für paßlich, ihr immerdar die Wahrheit zu sagen."

„Ich sehe nicht, was Du überhaupt für einen Beruf hattest, dem Weibe Wahrheit oder Lüge über einen sie durchaus nichts angehenden Gegenstand zu sagen."

„So dachte ich auch, Mylord, und so sagte ich ihr nichts davon."

„Und was hast Du ihr denn wirklich gesagt, Du endloser Plauderer," rief Nigel, ungeduldig über das Geschwätz, doch neugierig, das Ende dieser Begebenheit zu erfahren.

„Ich erzählte ihr," entgegnete Richard, „Euer Vermögen und sonstige Angelegenheiten betreffend, einiges, was jetzt zwar nicht wahr ist, aber einst sich so verhielt, und hoffentlich wieder so werden wird, nämlich daß Ihr Eure schönen Güter besäßet, obwohl Ihr jetzt nur ein Anrecht darauf habt. — Recht angenehme Unterhaltungen führten wir darüber, bis sie den Pferdefuß mir zeigte, indem sie anfing, mir von irgend einer Dirne zu munkeln, die es sehr gut mit Ew. Herrlichkeit meine, worüber sie auch gern Euch selbst sprechen wollte, doch als ich solche Dinge hörte, argwöhnte ich, daß sie nicht viel besser sey, als eine —" Hier schloß Richard seine Erzählung mit einem leisen, doch sehr bedeutungsvollen Pfeifen.

„Und was begann Eure Weisheit bei solchen Umständen?" fragte Lord Nigel, der, trotz seines Unmuths, kaum das Lachen unterdrücken konnte.

„Ich schleuderte ihr einen Blick zu, Mylord," sagte

Richard, seine Augenbraunen feierlich in die Höhe ziehend, „welcher brühheiß ins Herz bringend, sie beschämen mußte, solche Wege zu wandeln. Ich warf ihr ihre Abscheulichkeit vor, und drohte ihr, daß sie zur Züchtigung des Untertauchens verdammt werden solle. Sie dagegen schalt mich einen unverschämten nordischen Tölpel, und so trennten wir uns. um uns, wie ich hoffe, nie wieder zu sehen; so trat ich zwischen jene Versuchung und Ew. Herrlichkeit, da sie Euch leicht noch gefährlicher als Spiel= und Speisehäuser werden konnte. Denn Ihr erinnert Euch wohl, was Salomon, König der Juden, von den fremden Weibern spricht — und, sagte ich zu mir selbst, den Würfeln hängen wir schon an, hängen wir uns nun noch an die Weiber — Gott mag dann wissen, wohin wir gerathen können."

„Deine Frechheit verdiente Züchtigung, doch es ist die letzte, welche ich mindestens für jetzt zu verzeihen haben werde; so vergebe ich sie Dir, und da wir uns trennen, will ich nichts weiter hinzufügen, als daß ich denke, was Deine mich betreffenden Vorsichtsmaßregeln angehen, Du hättest meine Handlungsweise meinem eigenen Urtheil überlassen sollen."

„Vielleicht war es so besser," sagte Richard, „vielleicht viel besser so. — Wir sind alle schwache Geschöpfe und können für jeden andern richtiger wählen, als für uns selbst; ja, ich habe immer gefunden, daß ich, außer damals mit der Bittschrift, was jedem andern eben so gut hätte begegnen können, immer viel vorsichtiger in Euren Angelegenheiten, als in meinen eigenen verfahren bin, welche ich, wie es meine Pflicht erforderte, immer den Eurigen unterordnete."

„Ich glaube es Dir gern, denn immer habe ich Dich treu und zuverläßig gefunden. Da London Dir nun so mißfällt, so will ich Dir kurz Lebewohl sagen, Du magst nach Edinburgh zurückkehren, bis ich selbst dahin komme, wo Du, wie ich hoffe, wieder in meine Dienste treten wirst."

„So segne Euch Gott, Mylord," sagte Richard mit gen Himmel erhobenen Augen, „so gnädige Worte hat

Lightning Source UK Ltd.
Milton Keynes UK
UKOW021713200613

212602UK00013B/614/P